진보 대통령 vs 보수 대통령

진보 대통령 vs 보수 대통령 대통령 어젠다를 통해 본 한국 정치

1판1쇄 | 2011년 9월 30일

지은이 | 한귀영

펴낸이 | 박상훈
주간 | 정민용
편집장 | 안중철
책임편집 | 윤상훈
편집 | 이진실, 최미정
제작·영업 | 김재선, 박경춘

펴낸 곳 | 폴리테이아
등록 | 2002년 2월 19일 제300-2004-63호
주소 | 서울시 마포구 합정동 413-7번지 1층(121-883)
전화 | 편집_02.739.9929 제작·영업_02.722.9960 팩스_02.733.9910
홈페이지 | www.humanitasbook.co.kr

인쇄·제본 | 현문_031.902.1424

값 15,000원

ⓒ 한귀영, 2011
ISBN 978-89-92792-23-3 93400

이 도서의 국립중앙도서관 출판시도서목록(CIP)은 e-CIP홈페이지(http://www.nl.go.kr/ecip)
와 국가자료공동목록시스템(http://www.nl.go.kr/kolisnet)에서 이용하실 수 있습니다.(CIP제
어번호: CIP2011003918)

진보 대통령 VS 보수 대통령

대통령 어젠다를 통해 본 한국 정치

한귀영 지음

폴리테이아

차
례

저자 서문 ● 9

1부 | 무엇을 말하려 하는가

1장 책을 집필한 이유 ● 15
  1. 진보의 위기와 보수의 위기, 그리고 통치의 위기 ● 15
  2. 진보 정부를 실증적으로 독해하는 방법 ● 17
  3. 통치의 정치학이 필요하다 ● 19
  4. 왜 어젠다인가 ● 22
  5. 어젠다와 대통령 지지의 관계 ● 25
  6. 여론조사에 대한 몇 가지 변명 ● 27
  7. 나무가 아니라 숲을 보는 방법으로서 여론 읽기 ● 30

2장 어떻게 서술했는가 ● 32
  1. 어떤 데이터를 사용했는가 ● 32
  2. 어떻게 유형화했는가 ● 34
  3. 어떻게 분석했는가 ● 36
  4. 어떤 방법을 사용했는가 ● 41
  5. 어떻게 서술했는가 ● 43

2부 노무현 대통령의 어젠다와 통치

3장 노무현 대통령의 어젠다 • 47
  1. 전반적인 정치 환경 • 47
  2. 주요 어젠다와 유형화 • 54
  3. 어젠다의 내용과 평가 • 65

4장 노무현 대통령이 선택한 어젠다와 대중의 평가 • 78
  1. 어떤 분야에 집중했는가 • 78
  2. 어떤 어젠다에 주력했는가 • 85
  3. 어떤 성격의 어젠다를 선택했는가 • 99

5장 노무현 대통령의 어젠다는 대통령 지지에 어떤 영향을 미쳤는가 • 112
  1. 어떤 분야의 어젠다가 지지율 상승을 이끌었는가 • 112
  2. 대통령의 주도권 행사는 지지율 상승에 어떤 영향을 미쳤는가 • 125
  3. 어떤 성격의 어젠다가 지지율 상승을 이끌었는가 • 136

3부 | 이명박 대통령의 어젠다와 통치

6장 이명박 대통령의 어젠다　　　　　　　　　　● 155
　　1. 전반적인 정치 환경　　　　　　　　　　　　● 156
　　2. 주요 어젠다와 유형화　　　　　　　　　　　● 159
　　3. 어젠다의 내용과 평가　　　　　　　　　　　● 166

7장 이명박 대통령이 선택한 어젠다와 대중의 평가　● 171
　　1. 어떤 분야에 집중했는가　　　　　　　　　　● 171
　　2. 어떤 어젠다에 주력했는가　　　　　　　　　● 172
　　3. 어떤 성격의 어젠다를 선택했는가　　　　　● 174

8장 이명박 대통령의 어젠다는 대통령 지지에 어떤 영향을 미쳤는가　● 179
　　1. 어떤 분야의 어젠다가 지지율 상승을 이끌었는가　　　● 179
　　2. 대통령의 주도권 행사는 지지율 상승에 어떤 영향을 미쳤는가　● 183
　　3. 어떤 성격의 어젠다가 지지율 상승을 이끌었는가　　　● 186

4부 | 결론 : 노무현·이명박 대통령을 통해 미래의 대통령을 말한다

9장 노무현·이명박 대통령의 통치에 대한 평가 ● 197
  1. 왜 어젠다인가 ● 197
  2. 노무현 대통령의 어젠다를 어떻게 평가할 것인가 ● 200
  3. 이명박 대통령의 어젠다를 어떻게 평가할 것인가 ● 210
  4. '열망에서 실망으로'의 사슬을 어떻게 끊어야 하는가 ● 214
  5. 임기 후반 이명박 대통령은 어떻게 어젠다를 관리해야 하는가 ● 225

10장 2012년 대선, 보수 진영과 진보 진영은 어떤 어젠다를 제기해야 하는가 ● 232
  1. 통치 경험을 대선에 적용하기 ● 232
  2. 대선의 시대정신 ● 236
  3. 민심의 거대한 변화 ● 239
  4. 대선의 이슈 ● 244
  5. 대선의 어젠다 ● 251
  6. 2012년 대선과 한국 정치 ● 258

■ 참고문헌 ___264   ■ 표·그림 차례 ___266   ■ 회귀분석표 ___269

일러두기

1. 한국사회여론연구소^{KSOI}에서 시행한 조사는 기관명을 언급하지 않고 조사 일자만 밝혀 괄호 안에 표기했다.
2. 인용문에서 저자가 첨가한 내용은 대괄호([ ])로 표기했다.
3. 법령명은 국가법령정보센터 표기를 기준으로 했다.
4. '고^{故} 노무현 전 대통령' 표기는 빈번하게 쓰인 점을 고려해 '노무현 대통령' 으로 했다.

저자 서문

인생은 참 아이러니하다. 석사까지 사회학을 전공했던 필자는 사회통계 과목을 가장 힘들어했고 게을리했다. 사회통계는 여론조사와 밀접히 관련되어 있다. 그런데 나이 서른이 넘어서는 여론조사 전문가로 행세했고, 박사 논문도 여론조사를 가지고 썼다. 통계에 별로 재주가 없던 필자가 여론조사를 업으로 삼을 수 있었던 것은 여론조사는 대중의 여론을 다루는 수단일 뿐, 여론을 바라보고 해석하는 '시야'와 '시각'이 더 중요하기 때문이다.

사실 필자는 개개인의 목소리가 수치로 전환되어 여론이라는 이름으로 나오는 것이 아직도 가끔은 낯설다. 여론조사를 통해 드러난 수치는 이 시대를 살아가는 사람들의 절절한 삶을 담지 못하는 '건조한 결과치'일 뿐이라고 생각하기 때문이다.

하지만 '개별자'로서 인간의 삶이 지닌 뜨거움 못지않게 '전체'로서 대중의 삶의 모습을 조망하고 파악하는 것은 매우 중요하다. 정책을 통해 대중을 움직이고자 하는 정치 영역에서는 특히 그렇다. 어느 후보가 몇 퍼센트의 지지를 얻었는지, 어떤 정책에 대한 찬성 여론이 몇 퍼센트인지가 숫자로 나타난 결과는 대중 개개인의 열망과 절절함의 합이다. 복잡한 통계 방법을 통해 가공된 수치보다, 가장 단순한 수치 그 자체가 힘이 있고 중요한 것도 그래서다.

여론은 대중의 열망이 담긴 그릇이다. 과거와 현재의 여론을 보면 미래에 대중의 열망이 어떻게 움직일지가 어렴풋이 나타난다. 인간의 삶이 그렇듯이 여론 또한 과거와 현재 없이 미래가 존재하지는 않기 때문이다. 대중의 열망의 흐름과 변화를 포착하기 위해 직관과 통찰이 더 중요할 수 있다. 하지만 직관과 통찰만으로 대중의 생각을 분석하는 데는 한계가 있다. 또 직관과 통찰에 기반을 둔 대부분의 분석은 논쟁과 갈등에 노출되기 쉽다. '갈등들 간의 갈등'이 만연해 있는 한국 정치에서는 특히 그렇다. 여론조사 수치로 나타나는 대중 여론이 권위를 갖는 이유이기도 하다.

한국 정치에 만연한 '갈등들 간의 갈등'의 구조·원인·해법을 살필 방법으로 필자는 여론조사라는 실증적 방법에 의존했다. 주장을 앞세우기보다는 근거를 통해 차분히 검증하고자 시도했다. 2012년 대선을 앞두고 한국 정치가 조금씩 성장하고 진보하기 위해 반드시 필요한 과정이라고 생각했다.

필자가 한국사회여론연구소KSOI에서 6년간 일한 경험은 여론의 실체를 오롯이 접할 수 있는 소중한 시간이었다. 데이터 자체에 몰입하기보다는 현실 정치라는 맥락을 통해 데이터를 볼 수 있었기에 더 풍부한 시야를 확보할 수 있었다. 그 결과물로 격주간 정치 분석 보고서인 『동향과 분석』을 발간했는데, 한국에서 여론을 통해 정치를 분석하는 정기적인 보고서로는 사실상 첫 시도였다. 이 시기와 경험을 거친 덕분에 이 책도 나올 수 있었다.

수많은 여론조사 결과를 다루다 보면 때로는 데이터가 삐걱거릴 때도 있다. 그래도 데이터는 정직하다. 데이터가 정직하다는 것을 망각하는 순간 연구자의 편견과 아집이 비집고 들어올 가능성이 크다.

데이터에 대한 이러한 믿음에 근거해 대통령의 통치를 살펴보고자 했다. 진보 대통령과 보수 대통령이 어떻게 통치해야 하는지를 노무현·이명박 대통령의 경험을 통해 살펴보고자 했다. 진보와 보수라는 이념이 낡은 것으로 치부되고 모두가 탈이념을 내세우는 시대에, 진보 대통령과 보수 대통령의 통치라는 다소 도발적인 문제를 제기했다. 이념에 갇힌 것도 문제이지만 이념을 거부하는 것도 문제라고 생각했기 때문이다. 대중은 이념적으로 사고하지 않지만, 대중이 지향하는 가치는 이념과 분리되어 존재할 수 없다. 이것을 무시할 때 정치가 흔들린다.

진보 대통령을 선택한 대중은 진보 대통령을 통해 자신의 가치를 표출한 것이고, 보수 대통령을 선택한 대중 역시 자신이 지향하는 가치를 표출한 것이다. 따라서 진보 대통령은 진보 대통령다워야 하고 보수 대통령은 보수 대통령다워야 한다. 필자는 진보 대통령답다는 것, 보수 대통령답다는 것이 무엇인지를 대중 여론을 통해 살펴보고자 했다.

이 책이 나오기까지 많은 분들의 도움과 격려가 있었다. 박사논문을 쓰며 거쳤던 제도적 훈련은 이 책을 집필하는 데도 큰 도움이 되었다. 우지숙, 이승종, 박정훈, 강원택, 조성대 선생님, 그리고 김병섭 선생님의 지도와 조언, 관심에 진심으로 감사드린다. 또한 한국사회여론연구소에서의 경험과 성장이 없었다면 이 책이 나오지 못했을 것이다. 김헌태, 정기남, 박왕규, 허동원, 박동현, 이철희, 윤희웅, 김기덕, 윤영훈 씨 등 그 시절을 함께한 한국사회여론연구소 식구들 모두에게 감사드린다. 그리고 조악한 원고가 번듯하게 세상에 존재를 드러낼 수 있던 데에는 후마니타스 출판사의 박상훈 대표를 비롯한 편집부의 공이 컸다. 시사평론가 김종배 선배, 민컨설팅 박성민 대표와의 토론도 책의 방향을 잡는 데 큰 도움이 되었다. 그 밖에도 감사의 말씀을 전해야 할 분들이 많지만 일일이 열거하지 못함을 죄송하게 생각한다. 마지막으로 서울의 아버님과 어머님, 부산의 어머님, 그리고 남편 조형근 씨의 애정과 격려는 늘 힘이 되었다. 이 자리를 빌려 진심으로 감사의 마음을 표한다.

2011년 9월
한귀영

1부
무엇을 말하려 하는가

1장
책을 집필한 이유

1_ 진보의 위기와 보수의 위기, 그리고 통치의 위기

임기 후반, 이명박 정부와 한나라당 내부에서 '보수의 위기'론이 확산되고 있다. 보수가 총체적 위기에 직면했고, 이대로는 차기 집권이 어렵다는 비관론이 지배하고 있다. 노무현 정부 임기 후반기에도 '진보의 위기'론이 강력히 대두했음을 생각하면 흥미로운 일이다. '보수'와 '진보'라는 단어만 바뀌었을 뿐 그 양상은 일치한다.

대통령에 대한 대중의 평가를 보여 주는 일반적인 지표는 대통령 지지도이다. 대통령 지지도에는 대통령의 직무 수행에 관계없이 무조건 지지하는 층이 포함되어 있다. 또한 한국 사회에서의 보수 우위 정치 구도상 보수 성향 대통령이 진보 성향 대통령보다 지지도가 높게 나타나는 경향이 있다. 이와 달리 현 정부에 대한 실망감을 보여 주는 척도인 '선호하는 차기 정부 이념 성향'에 대한 조사 결과를 통해, 여러 대통령을 그들의 정치 환경 및 정치적 자산에 관계없이 공정하게 비교할 수 있다.

그런데 이명박 정부 임기 4년 차에 실시된 한 여론조사에 따르면 국민의 75.2퍼센트가 진보 성향의 차기 정부를 선호했고, 보수 성향 정부를 선호한다는 응답은 21.9퍼센트에 그쳤다(정장선 의원실 2011년 6월 24일 조사). 우리 사회에서 진보라는 단어가 보수에 비해 과잉 선호되고 있다는 사실을 감안해도 보수 정부에 대한 실망감은 매우 높다고 볼 수 있다.

필자가 소속되어 있던 한국사회여론연구소^{KSOI}에서는 노무현 정부 임기 초반부터 정기적으로 선호하는 차기 정부의 이념 성향을 조사해 왔다. 노무현 정부 후반기에도 비슷한 양상이 나타난 바 있다. 임기 3년 차인 2005년 11월에 실시한 한국사회여론연구소의 조사에서는, 선호하는 차기 정부 성향에 대해 보수 정부 49.4퍼센트, 진보 정부 46.0퍼센트로 보수 정부에 대한 선호가 우세했다. 질문을 조금 바꾸어 '산업화 세력'과 '민주화 세력'으로 구분해 질문하면, 산업화 세력에 대한 선호가 월등히 높았다. 진보 진영 또는 민주화 세력에 대한 실망감이 상당히 높았음이 확인된다.

진보 정부가 집권했을 때는 차기 정부로 보수 성향 정부를 원하고, 보수 정부가 집권했을 때는 진보 성향 정부를 원하는 조사 결과만큼 대통령이 직면한 통치 위기를 잘 보여 주는 지표가 있을까?

진보의 위기든, 보수의 위기든 통치 위기가 드러나는 양상은 매우 흡사하다. 대통령의 통치 실패로 '진영의 위기'가 심화되고 정권을 재창출할 가능성도 희박해진다. 구체적 내용은 다를지 몰라도 위기의 본질이 민심 이반에 있다는 점에서는 일치한다.

당연하게도 통치의 위기는 본질적으로 대통령이 민심을 제대

> 대통령은 저마다의 프리즘으로 민심을 읽고 수용하는데, 이 프리즘을 어젠다라고 할 수 있다. 대통령의 프리즘이 잘못된 경우 민심은 왜곡되고 제대로 반영되지 못한다. 대통령이 민심을 읽는 프리즘, 즉 어젠다는 민주적 리더십의 요체다.

로 읽지 못했거나 충분히 수용하지 못했기 때문에 나타난다. 즉 민심과 대통령의 통치가 별개로 존재했기 때문이다.

대통령은 저마다의 프리즘으로 민심을 읽고 수용하는데, 이 프리즘을 어젠다라고 할 수 있다. 대통령의 프리즘이 잘못된 경우 민심은 왜곡되고 제대로 반영되지 못한다.

대통령이 민심을 읽는 프리즘, 즉 어젠다는 민주적 리더십의 요체다.

2_ 진보 정부를 실증적으로 독해하는 방법

노무현 시대를 다룬 기록이 쏟아지고 있다. 노무현이라는 인물은 물론 그가 통치한 시기에 대해 다양한 접근이 시도되고 있다. 이 책은 통치라는 측면에서, 노무현 시대를 실증적으로 독해하고 분석할 필요가 있다는 문제의식에서 출발했다. 노무현이라는 정치인과 당대의 시대적 상황, 대중의 민심은 어떻게 접속했고 어떻게 어긋났는지를 실증적으로 기록하고자 하는 작업의 일환이다.

노무현 대통령은 당선된 지 1년이 채 되지 않은 2003년 11월 원로 지식인과의 오찬에서 "새로운 시대를 여는 첫차가 되고 싶었는데 구시대의 막차가 될 수도 있다."라며 자신을 세종 치세의 기반을 닦은 태종에 비유한 바 있다. 어쩌면 노 대통령은 당선과 동시에 자신의 운명적 한계를 인식하고 이를 받아들였는지도 모른다.

그 운명이란 구체제 청산이었다. 하지만 대중은 새 시대의 첫 차를 원했다. 구체제의 청산은 대중의 관심사가 아니었다. '먹고 사는 문제', 즉 자신의 기본적인 삶의 문제들에 대한 새롭고 진보적인 상상력과 대안을 원했다. 이를 통해 자신의 삶이 나아질 수 있기를 원했다.

노무현 대통령의 통치는 이런 실천을 보여 주지 못했다. 이에 대해 조희연 교수는 "사회경제적 삶의 민주주의가 확장되지 못하고, 빈곤과 실업을 개인의 실패로 모는 신자유주의에 함몰되어, 민주화된 정치 구조에서 계급사회가 오히려 심화되고 있다."라고 평가하기도 했다(경향신문특별취재팀 2007). 고세훈 교수는 "독재의 목을 베었다고 민주주의가 자동적으로 완성되는 것은 아닌 것이다."라고 말하기도 했다.

노무현 대통령의 통치가 부정적으로 평가되고 진보의 위기론이 여전함에도, 지금 진보 진영에 다시 기회가 오고 있다. 이명박 정부에 대한 실망감이 확산되고 보수의 위기를 말할 정도로 외부적 환경이 변화하면서, 진보 진영에 가능성이 생기고 있다.

하지만 통치의 비전은 여전히 부재하다. 다시 진보 성향의 정부가 들어선다 하더라도 통치의 위기가 반복될 가능성이 높다. 오류를 되풀이하지 않기 위해서라도 노무현 시대를 실증적으로 독해할 필요가 있다. 개별 정책이나 인물에 대한 접근이 아니라, 통치 전반을 분석적으로 살펴보는 작업이 요구된다.

이 책에서는 노무현 대통령이 제기한 어젠다를 통해 노무현 시대와 진보 정부를 분석적으로 검토하고자 한다. 아울러 이명박 임기 초반까지 다루는데, 이를 통해 두 정부를 비교해 봄으로써 좀 더 입체적으로 메시지를 제시해 보고자 한다.

물론 노무현 정부를 진보 정부라고 할 수 있을지에 대해서는 논란이 많다. 하지만 출범했을 당시 언론 등에서 넓은 의미의 '진보 정권'으로 규정했고, 노무현 대통령 자신도 '진보'라는 표현을 자주 사용했다. 무엇보다 한나라당 등 보수 성향에 기반을 둔 정부와 구분하기 위해서도 다소의 논란을 무릅쓰고 진보 정부라고 지칭하고자 한다. 이는 '민주 대 반민주'라는 과거의 구분법에서 벗어나, 경제·사회 분야를 비롯해 사회 전반에서 표출되는 갈등을 적극적으로 포함할 수 있다는 점에서도 의미가 있다.

3_ 통치의 정치학이 필요하다

대통령 선거의 계절이 오고 있다. 대선은 우리 사회를 구성하는 집단과 계층이 저마다의 이익과 요구를 표출하는 거대한 갈등의 장이다. 그것은 때로 이념이라는 프리즘을 통해 나타나기도 하고 때로는 날것 그대로 뿜어져 나오면서 부딪히기도 한다. 그 에너지가 최대로 응집되고 확대된 끝에 새로운 대통령이 당선된다. "모든 정치의 근저에는 갈등이라는 보편적인 언어가 자리 잡고 있다."라고 본 샤츠슈나이더 E. E. Schattschneider(2008)의 말은 대선 국면에서는 특히 타당하다(샤츠슈나이더는 현대 정치학의 고전이라고 할 만한 『절반의 인민주권』 The Semisovereign People을 쓴 미국의 정치학자다).

하지만 대통령으로 당선된 직후에는 완전히 다른 상황이 펼쳐진다. 신임 대통령에게 포용과 통합을 요구하는 목소리는 거부할 수 없는 절대적 명제가 된다. 대선을 치르면서 분열되고 갈라진 국민들을 한데 모으는 '사회 통합'의 역할이 매우 중요하게 부각되는 것이다.

> 신임 대통령이 갈등을 피하고 사회를 통합하는 역할을 한다는 것이 말처럼 쉬울까? 아니, 통합의 역할을 수행하는 것이 좋은 통치를 위한 절대 조건인가? 이 책에서는 이 질문에 대한 해답을 구해 보고자 한다.

일견 불가능하고 모순되어 보이기까지 하는 이런 요구는, 대통령제의 제도적 특성을 고려하면 불가피하게 제기되는 것이기도 하다. 당선 과정에서는 국민 모두가 아닌 기껏해야 절반의 지지로 당선되지만, 일단 대통령이 되고 난 뒤에는 '국가수반'의 역할을 수행하리라는 기대를 받는다. 신임 대통령이 갈등을 피하고 사회를 통합하는 역할을 한다는 것이 말처럼 쉬울까? 아니, 통합의 역할을 수행하는 것이 좋은 통치를 위한 절대 조건인가? 이 책에서는 이 질문에 대한 해답을 구해 보고자 한다.

좋은 통치자는 어떻게 탄생하는가? 선거는 좋은 통치자를 가리는 중요한 관문이지만, 그 자체로 충분하지는 않다. 선거 과정에서는 좋은 통치자로 기대를 한껏 모았던 인물이 막상 직무를 수행하자 실망을 불러일으키는 경우가 적지 않다. 선거를 통해 선출된 대통령이 취임한 지 얼마 되지 않아 지지도가 수직 하락하는 현상이 반복되고 있다. 하지만 지금까지 통치자, 특히 대통령에 대한 관심은 누가 지도자로 선출될 것인가에 집중되었다. 어떻게 해야 좋은 대통령이 만들어지는가에 대한 관심은 피상적인 수준에 그쳤다.

재선을 허용하는 미국과 달리 대통령의 임기를 5년 단임으로 제한한 것도 좋은 통치자가 만들어지기 어렵게 한다. 학습을 통해 배울 가능성이 적기 때문이다. 좋은 대통령이 된다는 것은 대통령의 인격적 요인, 당시의 시대적 과제와 정치 환경 등과 분리해 사고할 수 없기에 지금까지 좋은 대통령을 가리는 덕목은 도덕적 일반론에 머무르는 경우가 많았다.

선거 때에는 과도한 관심과 열정이 분출하지만 막상 통치가 시작되면 어김없이 신임 대통령에 대한 실망이 쌓이는 현상은, 결과적으로 좋은 통치나 좋은 통치자에 대한 관심을 떨어트렸다. 그 결과 누가 대통령이 되든지 간에 달라질 게 없다는 회의론이나 숙명론이 고개를 들고 있다.

하지만 좋은 통치자를 만드는 것은 선거에서 대통령을 선출하는 것 이상으로 중요하다. 선거 과정에서 제시된 대통령의 공약, 좋은 사회에 대한 상*들은 누구나 제시할 수 있는 '이상'이지만, 이를 실천하는 것은 통치를 통해서만 가능하다. 선거 과정에서 국민이 지도자에게 열망과 기대를 품는 것도 중요하지만, 통치 과정에서 국민의 기대를 채우고 실질적인 성과를 구현해 내야 비로소 국민이 행복해질 수 있다.

2012년 대통령 선거를 앞두고 차기 대통령에 대해 정가와 언론의 관심이 집중되고 있으며, 임기 후반에 접어든 대통령은 레임덕의 위기에 직면해 있다. 누가 차기 대통령이 될지는 중요하다. 하지만 지금 이 순간이든 다음번 정부에서든 대통령이 좋은 통치를 펼치는 것은 훨씬 중요하다. 대중이 직면하고 있는 절박한 삶의 문제에 관심을 갖는 것, 공동체의 미래에 대한 가능성을 제시하고 현실화하는 것은 결국 통치를 통해서 가능하기 때문이다. 이런 문제의식을 바탕으로 이 책에서는 '통치의 정치학'을 살펴보고자 한다.

4_ 왜 어젠다인가

대통령의 통치에 활용되는 수단은 다양하다. 법률안 제출권과 거부권, 각료 임명권 등은 대통령이 지닌 막강한 권한이다. 하지만 이보다 훨씬 중요한 것은 바로 대통령이 제기하는 어젠다이다.

> 어젠다는 공동체가 지향해야 할 중요한 가치가 무엇인지를 제시해 대중의 실질적 삶에 영향을 미친다. 어젠다는 대중의 욕망과 대통령의 관심이 만나는 공간이자 정치와 민의가 수렴하는 공간이다.

어젠다는 공동체가 지향해야 할 중요한 가치가 무엇인지를 제시해 대중의 실질적 삶에 영향을 미친다. 어젠다는 대중의 욕망과 대통령의 관심이 만나는 공간이자 정치와 민의가 수렴하는 공간이다.

어젠다는 대중의 실질적인 삶과 분리되어 존재하지 않기에 대중의 실생활이 담겨 있고, 그들의 언어로 표현된다. 대중 누구나가 자기 문제로 받아들이고 공감할 수 있는 어젠다만이 생명력을 획득할 수 있다. 그때 비로소 대통령도 통치에 필요한 동력을 얻을 것이다. 어젠다는 대중이 대통령을 평가하는 민주적 수단이다.

그런 점에서 어젠다는 시민이 일상적으로 정부를 통제할 수 있는 수단이기도 하다. 대의제 민주주의에서는 시민의 위임을 받은 대통령이 어젠다를 통해 대중이 원하는 것을 가시화하고, 그 과정에서 자신에 대한 지지를 확인하고자 한다. 이런 방식으로 시민에 의한 정부 통제가 이루어진다. 어젠다가 대통령의 주관적 의지와 판단에 의해서만 제시되어서는 안 되고, 대중의 요구에 반응해야 하는 이유이기도 하다.

대통령은 다양한 방법으로 어젠다를 제시한다. 일반적으로는 취임사, 신년 연설, 광복절 경축사 등의 국정 연설을 통해 중요한 어젠다를 밝힌다. 대통령이 가장 중시하는 문제와 가치가 무엇이며 이를 어떻게 풀어 갈지는 물론 그 결과로 전망할 수 있는 공동체의 미래 모습까지, 누구나 이해할 수 있는 쉬운 언어로 담긴다. 그 밖에 비정례적인 연설과 발언을 통해서도 어젠다를 제기한다.

대통령이 중요한 어젠다를 제기하고 나면 어젠다에 대한 여론을 파악하고자 긴급 여론조사가 실시된다. 여론이 우호적이면 대통령은 어젠다를 지속적으로 추진할 동력을 얻는 한편, 대통령의 지지도까지 상승한다. 반면에 여론이 부정적이면 대통령에 대한 지지도가 정체하거나 하락한다.

어젠다에 대한 여론이 우호적이라는 것은, 대중이 겪는 삶의 문제를 직시하고 포용하려는 시도가 어젠다에 잘 반영되었음을 의미한다. 아울러 그 문제를 해결하고자 제시한 대안이 대중이 원하는 방향과 다르지 않다고 평가할 수 있다. 즉 대통령이 대중이 원하는 바를 정확히 포착하고 이를 어젠다에 담았을 때 대중은 대통령에게 관심과 지지를 보낼 것이다. 마찬가지로 실질적인 삶의 문제를 외면당한 대중은 대통령을 외면할 것이다.

그렇다면 대통령은 대중의 지지를 얻기 위해 어떤 어젠다를 제기해야 하는가? 대통령의 어젠다에 대해 그동안 제기된 주문은 공통적으로, 갈등을 야기할 만한 어젠다는 피하고 합의를 도출할 수 있는 어젠다를 제시해야 한다는 것이었다.

하지만 갈등적 요소가 포함되지 않은 대통령 어젠다는 사실상 존재하지 않는다. 공동체의 성원마다 중시하는 문제나 가치가 다르고, 이에 따른 차이와 갈등을 피할 수도 없기 때문이다. 갈등이 없는 어젠다는 성립할 수 없다.

따라서 대통령이 제기하는 어젠다가 어떤 갈등을 주요 내용으로 하느냐가 더욱 중요한 문제라 할 수 있다. "모든 정치의 근저에는 갈등이라는 보편적인 언어가 자리 잡고 있"으며, 현대사회에서 정부의 역할은 갈등의 규모를 다루는 데 있다(샤츠슈나이더 2008).

대통령의 어젠다와 관련해 굳이 갈등을 언급한 것은 좋은 통치를 위해 대통령이 제기해야 하는 어젠다는 그동안 상식적으로 당연하다고 간주되어 왔던 통념에 반할 수 있기 때문이다.

이 책은 대통령의 통치 수단인 어젠다에 주목해 어젠다가 대통령 지지에 미치는 영향과 그 동학을 규명하고자 한다. 현대적 의미의 대통령 통치술을 다룬다고도 할 수 있다. 좋은 정치를 위해서는 좋은 통치자가 만들어져야 하고, 좋은 통치의 바탕이 되는 것은 어젠다이다.

마키아벨리는 『군주론』에서 다음과 같이 서술한 바 있다.

왜냐하면 국가의 지도를 그리는 자들은 산이나 다른 높은 곳의 모습을 파악하기 위해서는 아래로 내려가고 낮은 곳의 모습을 파악하기 위해서는 산 위로 올라가기 때문입니다. 마찬가지로 인민의 성격을 잘 이해하기 위해서는 군주가 될 필요가 있고, 군주의 성격을 잘 이해하기 위해서는 평범한 인민이 될 필요가 있습니다(마키아벨리 2008).

이 책도 여기에서 출발한다. 대통령의 통치를 살펴보기 위해 대중이 어떤 이슈를 매개로 어떤 메커니즘을 통해 대통령을 지지하는지에 주목하려는 것이다. 아울러 대통령이 대중의 요구에 반응해 어떤 어젠다를 주요하게 제기했는지도 살펴볼 것이다.

마키아벨리의 표현대로, 제기된 어젠다는 대통령의 입장에서 본 인민의 모습이고 어젠다에 대한 대중의 평가는 인민의 입장에서 본 대통령의 모습이라 할 수 있다.

5_ 어젠다와 대통령 지지의 관계

대통령이 제기한 어젠다가 적절한지 여부를 어떻게 확인할 수 있을까? 이때 일반적으로 수용되는 평가 기준은 아마 여론조사 방식일 것이다. 앞서 언급했듯이 대통령이 중요한 어젠다를 제기하고 나면 어김없이 여론조사가 실시된다. 여론조사는 대통령이 제기한 어젠다를 어떻게 평가하는지 대중에게 묻는 방식으로 진행된다.

하지만 이것만으로는 충분하지 않다. 어젠다에 대한 찬성 여론이 높다는 것이 지금, 반드시, 우선적으로 관련 정책을 추진해야 함을 의미하지는 않기 때문이다. 어떤 어젠다는 찬성 여론은 높지만 지지하는 층이 절박하게 선호하지 않을 수도 있고, 어떤 어젠다는 찬반 여론은 팽팽하지만 찬성하는 층이 절박하게 원할 수 있다. 표층에 드러난 찬반 여론과 별개로 심층의 '결'이 중요하다.

이 점에서 어젠다에 대한 평가가 대통령 지지에 어떤 영향을 미치는지, 즉 어젠다에 대한 찬성이 대통령 지지로 이어지는지 여부를 살펴볼 필요가 있다. 어젠다에 대한 찬반 평가에는 제한된 정보만이 담겨 있다. 하지만 어젠다에 대한 찬성이 대통령 지지로 이어지는 과정을 살피면 어젠다에 대한 찬성은 물론, 대중 개개인이 그 어젠다를 얼마나 강렬히 원하는지를 비롯한 다양한 판단을 확인할 수 있다.

여기에서 대통령이 어젠다를 제기하는 것, 즉 대통령의 언급(말)만으로 어젠다와 어젠다가 대통령 지지에 미치는 영향을 평가한다는 것이 타당한지 의문을 제기할 수도 있다. 또는 어젠다의 세부적인 내용, 어젠다를 추진하는 실제 과정과 그 성과가 훨씬 중요하다고 주장할 수도 있다.

그러나 정치는 말로 이루어지는 인간 행위다. 정치인이 대중과 만나는 가장 일상적 방식도 '말'이다. 정치에서 말은 구체적인 정책을 이끈다. 말이 먼저 정치적 공간을 열어야, 정책도 사람도 예산도 그 안으로 들어온다. 대중은 정치인의 '말'을 통해 희망과 기대를 품게 되고, 또 실망하기도 한다.

이 점에서 공동체의 미래에 대한 대통령의 비전이 담긴 대통령의 '말'은 매우 중요하며 대중이 대통령을 평가하는 가장 중요한 틀이다.

6_ 여론조사에 대한 몇 가지 변명

이 책에서는 대통령의 어젠다와 대통령 지지의 관계를 살펴보기 위해 여론조사 데이터를 활용했다. 그런데 여론조사에 대한 회의론이 갈수록 깊어지고 있다. 여론조사라는 도구의 신뢰성에 대한 공격부터, 여론조사가 '민심'을 제대로 반영하는지를 둘러싼 본질적 비판에 이르기까지 다양한 양상을 보인다. 하지만 더 유력한 방법이 나타나지 않는 한 여론조사 방식을 거부하기는 어렵다.

필자가 여론조사 기관에 몸담고 있을 때 자주 받았던 질문 가운데 하나는 '여론조사 항목에 대해 대중이 알고 응답하는가'였다. 이런 질문에는 전문적 식견과 지식이 없는 대중이 대통령의 주요 정책(어젠다)에 응답할 수 있는지, 그렇게 도출된 결과를 신뢰할 수 있을지에 대해 부정적이고 냉소적인 입장이 깔려 있다.

사례를 하나 들어 보자. 이명박 정부의 핵심 어젠다 가운데 하나인 미디어법은 신문사와 대기업이 방송사 지분을 확보하는 것과 신문사와 방송사가 교차 소유하는 것에 대한 허용을 주요 내용으로 한다. 2009년 6월, 미디어법을 추진하려는 측과 반대하는 측 사이의 갈등이 최고조에 이르자 여야는 미디어발전국민위원회라는 사회적 합의 기구를 만들었다. 그런데 이 기구에서 여론조사 내용을 반영할지 여부를 놓고 논란이 일었다.

야당 추천 위원은 국민 여론을 수렴하기 위해 여론조사를 도입해야 한다고 주장한 반면 여당 추천 위원은 이에 반대했다. 한 여당 추천 위원은 미디어법 여론조사를 반대하는 근거로 "정책에 관한 여론조사는 국민들이 이해하시기 어려운 부분도 있고, 국회의원들 중에서도 미디어법에 대해 정확하게 모르는 분들이 계실 것"이라며 "앞으로 모든 쟁점 법안에 대해 여론조사를 한다는 것은 적절치 않다. 국회의 고유한 입법권을 스스로 포기하는 형국이 된다."라고 말한 바 있다.

정치인들이 대중 여론에 대해 갖는 부정적인 시각을 보여 주는 대목이다. 대중의 의견을 반영하기 위해 고안된 여론조사가 오히려 일반 대중이 무지로 인해 공적 업무를 관장할 만한 능력이 없음을 드러내는 역설적 상황에 처했다. 이처럼 어젠다에 대한 대중의 평가를 무의미하게 여기면, 대중이 정부를 평가하고 통제하는 것은 과연 가능한지의 문제가 생긴다.

하지만 "민주주의는 평범한 사람들을 위한 것"이고 "평범한 사람들의 요구에 민감하게 반응하도록 고안된 정치체제"다(샤츠슈나이더 2008). 여론조사 역시 마찬가지다. 일반 대중 가운데 누구도 정부 정책의 세부적인 사항을 판단할 만큼 충분한 지식과 전문성을 가질 수는 없다. 전문가조차 한 분야에서만 전문가일 뿐이다.

전문적 식견이 없는 대중이 어젠다에 대해 판단할 수 있는 것은, 판단하는 데 세부적인 지식까지 필요하지는 않기 때문이다. 판단은 지식의 양이나 전문성을 기반으로 이루어지는 것이 아니

> 전문적 식견이 없는 대중이 어젠다에 대해 판단할 수 있는 것은, 판단하는 데 세부적인 지식까지 필요하지는 않기 때문이다. 판단은 지식의 양이나 전문성을 기반으로 이루어지는 것이 아니다. 대중은 대통령이 제기한 어젠다가 자신의 삶의 문제를 담고 있는지, 그리고 삶을 변화시키고 개선해 줄 수 있는지를 놓고 판단한다.

다. 대중은 대통령이 제기한 어젠다가 자신의 삶의 문제를 담고 있는지, 그리고 삶을 변화시키고 개선해 줄 수 있는지를 놓고 판단한다.

대통령이 제기하는 어젠다가 아무리 고매한 가치를 담았더라도, 대중의 삶에 대한 고민이 담겨 있지 않다면 외면당할 가능성이 높다. 이런 이유에서 어젠다에 대한 대중의 평가가 중요하다는 점은 분명하다.

한편, 여론조사의 정확성을 지적하는 비판도 거세다. 실제 이명박 정부 아래에서 시행된 여러 선거를 앞두고 실시한 여론조사 결과가 개표 후의 실제 결과와 어긋났다. 결과의 정확성이 떨어지는 이유에 대해 여론조사의 방법, 특히 전화 조사 방식의 한계와 관련된 다양한 문제가 제기되고 있다. 그리고 이를 보완하기 위해 (기존의 전화번호부 방식이 아닌) 무작위로 전화를 해 표본을 추출하는 RDD$^{Random\ Digit\ Dialing}$ 등 새로운 방식들이 도입되기도 했다.

개별 여론조사 결과만 놓고 보면 불안정할 수 있지만, 그 불안정성 속에는 일관된 흐름이 있다. 이명박 정부 시기의 여론조사에는 보수 진영에 유리한 흐름이, 실제 선거에서는 진보 진영에 유리한 결과가 나타났다. 이명박 정부가 출범한 이후 대중이 정치적 의사 표현에 부담을 느끼고 있다는 지적과 맥락을 같이 하는 결과라고 할 수 있다. 즉 여론조사 결과가 흔들리는 현실은 정치적 상황과 무관하지 않다.

7_ 나무가 아니라 숲을 보는 방법으로서 여론 읽기

대통령이 처한 통치의 위기에 대해 많은 분석가들이 저마다의 진단과 처방을 제시한다. 가령 노무현 대통령이 지지도가 떨어지면서 위기에 처했을 때, 진보파 논객들이 진보적 어젠다를 제대로 제기하지 못했기 때문이라고 주장했다면, 보수파 논객들은 대통령의 좌파 정책(어젠다) 때문이라고 주장하는 식이다.

하나같이 나름의 데이터를 근거로 주장을 펼친다. 상당수의 데이터가 여론조사 결과다. 여론조사 결과가 상이한 맥락에서 상이한 주장을 뒷받침하는 근거로 활용되고 있는 것이다.

이에 대해 '여론조사 결과 자체가 이처럼 불안정하다면 신뢰하기 어렵지 않은가'라는 비판도 제기될 수 있다. 대중의 여론은 거대한 숲이다. 그런데 국면마다 실시되는 여론조사는 숲의 지형을 알려 주기보다는 나무의 모습을 보여 주는 데 주력한다.

대중의 여론을 어떻게 조망할 수 있을까? 아마도 분석가의 통찰력과 직관이 중요할 것이다. 수많은 데이터보다 눈 맑고 통찰력 있는 사람이 제시하는 진단과 처방이 적절할 수도 있다. 하지만 현실에서는 저마다 자신의 통찰력과 혜안을 내세우기에 어떤 분석이 더 통찰력을 갖추었는지를 판단하기는 쉽지 않다.

이 책에서는 대중 여론을 거시적으로 조망하기 위해 되도록 많은 데이터를 축적해, 이를 기반으로 진단과 처방을 내리는 방식을 채택했다. 몇 줄의 결론을 내기 위해 노무현 정부 5년과 이명박 정부 2년을 합해 7년간 실시한 여론조사 데이터를 바탕으로 거대한 데이터 툴을 만들었다. 이에 대해서는 2장에서 자세히 살펴볼 것이다.

어쩌면 이 책은 정치 현실과 미래에 대해 더 풍부한 분석을 기대한 독자들의 바람에 못 미칠 수도 있다. 하지만 우리 사회에서 벌어지는 수많은 논쟁은 '약한 근거'를 바탕으로 '강한 주장'을 펼친다는 특징을 보인다. 약한 근거를 감추기 위해 더 강한 주장이 제기된다. 그럴수록 차이를 바탕으로 한 대화와 소통은 요원해진다. 우리 사회의 갈등적 정치 문화를 낳은 중요한 원인 가운데 하나도 약한 근거다. 따라서 강한 근거에 입각한 '합리적 주장'이 필요하며, 이를 위해서도 문제를 차분하게 분석하고 접근할 필요가 있다. '우직하게' 데이터를 통해 현실을 분석하고 미래의 실천을 끌어내고자 했다.

2장
어떻게 서술했는가

1_ 어떤 데이터를 사용했는가

 필자는 2003년부터 2008년까지 약 6년 동안 한국사회여론연구소에서 여론조사 책임자로 일했다. 다른 여론조사 기관과는 달리 한국사회여론연구소에서는 격주 단위로 자체적으로 여론조사를 기획하고 분석해 보고서를 발간했다. 따라서 상당히 안정된 데이터를 얻을 수 있었고, 매 시기 중요 이슈나 어젠다는 물론 그 흐름을 일관된 틀로 파악할 수 있었다.
 조사할 때마다 가장 중요한 관심사는 '대통령 지지율이 상승했는가, 하락했는가', '무엇 때문에 변화했는가', '특정 시점에 대통령이 제기한 어젠다는 지지율에 어떤 영향을 미쳤는가' 등이었다. 매 조사마다 대통령 지지율이 달라진 이유를 분석하다 보니 대통령 지지율 변화에 대한 사후적·결과적 해석에만 급급하면서 정작 중요한 흐름을 놓치고 있을지 모른다는 안타까움이 들었다.
 다행히도 뒤늦게 박사 논문을 준비하면서 이 문제를 좀 더 깊이 다룰 수 있는 기회가 생겼다. 특정 시기나 단면이 아니라 일정한 국면을 대상으로 한다면 대중 여론을 좀 더 잘 포착할 수 있으리라고 생각했다. 특히 대통령이 제기하는 이슈나 어젠다는 다양한데 특정 시점의 조사에서는 일부만 포함되어 분석이 제한된다. 이를 일정 국면으로 확장하면 훨씬 다양한 어젠다를 비교 분석해 볼 수 있다고 생각했다.

그런데 대통령이 제기한 어젠다들을 하나의 분석틀 안에 포함한다 하더라도 그 내용이 매우 다양하고 광범위하기 때문에 비교하기가 쉽지는 않았다. 따라서 어젠다를 일정한 틀로 분류하는 작업을 거쳐야 했다.

대통령의 어젠다를 유형화하면 어젠다가 대통령 지지에 미치는 영향을 여러 대통령 간에 비교할 수 있으며, 일정한 경향성을 발견하고, 더 나아가 이론화할 수도 있으리라고 판단했다.

이 같은 문제의식 아래 2003년 5월부터 2009년 10월까지 약 7년, 2개 행정부에 걸친 방대한 데이터를 경험적으로 분석했다. 엄밀한 경험적 방법론을 따랐다는 것은 이 책의 강점이지만, 같은 이유로 내용이 다소 딱딱해질 수 있다. 따라서 분석의 앞뒤에 당시의 정치 현실에 대한 설명을 덧붙여 독자의 이해도를 높이고자 했다. 또한 복잡한 분석 때문에 길을 잃지 않도록, 필자가 강조하고자 하는 문제에 대해서는 여러 번 반복해 그 내용을 요약정리했다. 그 때문에 다소 중복되는 느낌을 갖게 되더라도 널리 이해해 주기를 부탁한다.

2_ 어떻게 유형화했는가

임기 전반에 걸쳐 대통령이 제기하는 어젠다는 매우 다양할뿐더러 방대하다. 게다가 (어젠다를 제기할 때의) 상황은 물론 대통령이라는 인물적 요인이 결합되어 산출되는 어젠다는 여러 변수에 종속적일 수밖에 없다. 개별 어젠다를 세세히 살펴볼 수 없을 뿐만 아니라, 그렇게 하더라도 현실 정치에 주는 실천적 함의를 끌어내기는 쉽지 않다. 무엇보다 대중은 어젠다를 평가할 때 개별 어젠다의 내용 하나하나를 세밀히 검토한 후 판단하지 않는다. 어젠다가 지향하는 방향이 자신의 의견과 같은지 여부에 대한 판단이 중요하게 작용할 것이다. 따라서 어젠다를 묶을 일정한 유형이 필요하다.

대통령에게 투표하지 않은 층보다 투표한 층이 대통령에게 요구하는 바가 더 구체적이고 강력할 것이다. 이들은 자신들의 요구에 대통령이 더 강력히 반응하기를 바란다. 이들이 대통령을 지지한 데는, 대통령이 다른 후보와 차별화된 어젠다를 제시했고 그 어젠다에 대해 자신들도 공감할 수 있었다는 점이 크게 작용했다. 따라서 지지층은 자신들의 가치에 부합하며 뚜렷한 정체성을 지닌 어젠다를 요구하고, 요구가 반영되었을 때 지지를 보낼 가능성이 높다. 반면에 반대 진영과 차별화되지 않은 어젠다에는 실망할 가능성이 높다. 이를 각각 '갈등형 어젠다'와 '타협형 어젠다'로 분류할 수 있다.

갈등형 어젠다는 대통령이 지지층의 요구에 강

> 지지층은 자신들의 가치에 부합하며 뚜렷한 정체성을 지닌 어젠다를 요구하고, 요구가 반영되었을 때 지지를 보낼 가능성이 높다. 반면에 반대 진영과 차별화되지 않은 어젠다에는 실망할 가능성이 높다. 이를 각각 '갈등형 어젠다'와 '타협형 어젠다'로 분류할 수 있다.

> 대중이 어젠다를 판단할 때는 과연 대통령이 어느 정도로 중요하고 절박하게 생각하면서 우선순위를 상정하는지, 즉 주도권을 행사하는지를 고려한다. 대통령이 강력한 주도력을 행사하면서 에너지를 집중한 어젠다를 '동원형 어젠다'로, 그렇지 않은 소극적 어젠다를 '반응형 어젠다'로 분류할 수 있다.

력히 반응하는 어젠다로 '정파의 수장'이라는 위상이 더 중요하게 작용한다. 따라서 대통령을 지지하지 않는 진영에서 거세게 반대할 가능성이 높아 정치적 갈등으로 확산될 수 있다. 반면에 타협형 어젠다는 대통령이 '국가수반' 입장에서 어젠다를 제기하기에 (진보적·보수적) 정체성은 희석된다. 야당도 사안에 따라 타협할 수 있다. 어젠다의 성격에 따른 이 같은 분류는 정치과정에서 나타나는 특징을 고려했을 뿐, 무엇이 더 옳은지를 따지는 규범적 차원과는 다소 거리가 있다.

한편, 대통령은 많은 어젠다를 의욕적으로 제기하지만 이 모두를 제대로 다룰 수 있는 것은 아니다. 대통령이 실질적으로 자신의 에너지를 투여할 수 있는 어젠다는 일부에 불과하다. 따라서 대중이 어젠다를 판단할 때는 과연 대통령이 어느 정도로 중요하고 절박하게 생각하면서 우선순위를 상정하는지, 즉 주도권을 행사하는지를 고려한다.

대통령의 우선순위가 자신들이 생각하는 어젠다의 우선순위와 일치할 때 대통령을 지지할 가능성이 높아진다. 이렇듯 대통령이 강력한 주도력을 행사하면서 에너지를 집중한 어젠다를 '동원형 어젠다'로, 그렇지 않은 소극적 어젠다를 '반응형 어젠다'로 분류할 수 있다.

앞서도 언급했듯이 대통령 어젠다에 영향을 미치는 요인은 매우 많다. 그럼에도 대통령의 어젠다와 대통령 지지의 관계를 살펴보려는 것은 대통령 통치를 살피는 데 나침반으로 쓸 수 있으리라고 기대하기 때문이다.

특정 시기에 어떤 어젠다를 어떻게 제기해야 하는지는 대통령 리더십의 본질적 문제이며, 이에 대한 구체적 방법을 제시하기는 어렵다. 다만 대통령이 현재 어느 방향에 서있는지, 또 어떤 방향으로 가야 하는지를 판단할 때 기준이 될 만한 과거 행정부의 경험이 있다면 적어도 방향을 잃는 잘못을 저지르지는 않을 것이다.

3_ 어떻게 분석했는가

대통령의 어젠다는 어떻게 정의하느냐에 따라 크게 달라진다. 예를 들어 대통령이 임기 중에 추진하고자 하는 정책 과제를 모두 어젠다로 간주한다면 한 행정부 내에서도 수백 개 내지 그 이상도 될 수 있다. 따라서 이 책에서는 대통령이 연설문 또는 다른 형식을 통해 직접 발언한 것 가운데 구체적 법안의 형태를 띠는 것 또는 이슈와 대안이 담긴 정책적 제언을 어젠다로 간주했다.

대통령이 의지를 보이는 어젠다는 신년 연설이나 광복절 경축사에서 제기되는 경우가 많기에 연설문을 분석해 어젠다를 도출했다. 그런데 이 책에서 분석하고자 하는 것은 대통령 어젠다 그 자체가 아니라 어젠다에 대한 대중의 의견이다. 따라서 〈표 2-1〉과 같은 과정을 거쳐 어젠다를 추출했다.

첫 번째 단계에서는 대통령 연설문의 내용을 분석해 어젠다를 추출했다. 두 번째 단계에서는 대통령이 비정기적 발언 등을

표 2-1 | 어젠다 추출 과정

	자료	분석 방법
1단계	대통령의 취임사, 신년 기자회견, 광복절 연설문을 통해 어젠다 추출	내용 분석
2단계	한국사회여론연구소에서 매 여론조사 시 작성한 '사건일지'(당시 주요 사건, 대통령 발언, 이슈 등을 정리)를 참고해 대통령의 어젠다에 해당하는 발언·이슈를 추출	내용 분석
3단계	한국사회여론연구소의 여론조사 항목 중 대통령 발언이나 대통령이 연설문 등에서 언급한 어젠다에 해당하는 여론조사 항목 추출	해당 설문 항목 추출

통해 제시한 어젠다를 포착하고자 했다. 마지막 단계에서는 내용 분석을 통해 도출된 항목을 한국사회여론연구소의 여론조사 항목과 비교해 해당되는 여론조사 항목을 추출했다.

이런 과정을 거쳐 27개 항목의 어젠다가 추출되었고 이에 해당하는 설문은 총 1백 개다. 이를 다시 어젠다의 내용에 따라 범주화했다. 정치·행정 분야, 경제·사회 분야, 외교·통일·국방 분야로 나누어 각 어젠다를 구분했다.

다음으로 이 같은 과정을 통해 도출된 어젠다를 앞서 살펴본 방식에 따라 동원형/반응형 어젠다와 갈등형/타협형 어젠다로 유형화했다. 자의적인 유형화를 막기 위해 전문가들의 판단을 빌렸다. 노무현 정부와 이명박 정부 시기, 대통령의 국정 운영에 깊이 관여했거나 당시 상황을 잘 알고 있는 전문가 5인을 각각 선택해 이들의 의견을 종합해 반영했다.

이런 과정을 거친 결과 노무현 대통령 어젠다 27개 항목 가운데 15개 항목이 동원형으로, 12개 항목이 반응형으로 분류되었으며, 갈등형과 타협형에 해당하는 어젠다는 각각 14개 항목, 13개 항목으로 나타났다.

분야별로 살펴보면 정치·행정 분야에서는 해당 어젠다 9개

표 2-2 | 노무현 대통령 시기 어젠다 유형화 결과

	유형 1		유형 2	
	동원형	반응형	갈등형	타협형
정치·행정 분야(9개 항목)	7	2	5	4
경제·사회 분야(12개 항목)	3	9	5	7
외교·통일·국방 분야(6개 항목)	5	1	3	3

항목 가운데 7개가 동원형으로 분류되었고 2개만이 반응형으로 분류되었다. 이에 반해 경제·사회 분야에서는 해당 어젠다 12개 항목 가운데 9개가 반응형으로 분류되었고 3개만이 동원형으로 분류되었다. 국가수반의 위상이 강한 외교·통일·국방 분야에서는 동원형 어젠다가 훨씬 우세했다.

또한 정치·행정 분야에서는 갈등형이, 경제·사회 분야에서는 타협형이 우세했다. 노무현 대통령이 정치 개혁을 명분으로 정치·행정 분야 어젠다에 주력했음을 알 수 있다. 반면에 경제·사회 분야 어젠다에는 상대적으로 소극적인 모습을 보였음이 드러난다. 노무현 대통령에게 자주 제기된 비판, 즉 정치 개혁 어젠다에 치중하면서 국민의 삶의 문제에 대한 비전을 제시하지 못했다는 비판이 타당했음을 보여 주는 결과다.

이명박 대통령의 임기 초반 어젠다도 동일한 과정을 거쳐 최종적으로 15개의 정책 어젠다가 연구에 포함되었다. 분석에 포함된 최종 설문 항목은 총 26개다. 임기 초반 이명박 대통령의 정책 어젠다 15개 항목을 노무현 대통령 시기와 동일하게 정치·행정 분야, 경제·사회 분야, 외교·통일·국방 분야로 구분하면 각각 4개, 9개, 2개씩으로 나타난다. 대통령의 주도권 행사 여부

표 2-3 | 이명박 대통령 시기 임기 초반 어젠다 유형화 결과

	유형 1		유형 2	
	동원형	반응형	갈등형	타협형
정치·행정 분야(4개 항목)	3	1	3	1
경제·사회 분야(9개 항목)	5	4	5	4
외교·통일·국방 분야(2개 항목)	1	1	2	-

와 어젠다의 성격에 따라 유형화하면, 동원형은 9개 항목, 반응형은 6개 항목으로 나타났으며, 갈등형과 타협형을 분류했을 때는 각각 8개, 7개 항목이었다.

분야별로 살펴보면 정치·행정 분야의 경우 해당 항목 4개 중 3개가 동원형이었고 1개만이 반응형으로 분류되었다. 갈등형과 타협형의 분류에서도 각각 3개, 1개 항목으로 나타났다. 이명박 대통령도 노무현 대통령과 유사하게 정치·행정 분야에서 동원형과 갈등형으로의 편향이 두드러졌음을 알 수 있다. 하지만 경제·사회 분야는 반응형과 동원형이 팽팽했다. 해당 항목 9개 중 동원형 5개, 반응형 4개로 나타나 정치·행정 분야 못지않게 경제·사회 분야 어젠다에도 주력했다고 볼 수 있다. 2007년 대선에서 이명박 대통령이 '경제 살리기'로 국민들의 기대를 모으며 당선되었던 데서 어느 정도 예견될 만한 결과다.

앞서 제시된 대통령의 어젠다는 시기별로 상이하게 분포되어 있으며 대통령 지지에 미치는 영향에서도 차이가 있을 것이다. 따라서 이 책에서는 노무현 대통령의 재임 기간 총 5년(60개월)을 20개월씩 세 시기로 구분해 초·중·후반으로 나누었다.

대통령 집권 기간은 보통 주요 사건을 기준으로 시기를 구분

표 2-4 | 노무현 대통령 시기 임기 구분

	시기	지지도 특징	주요 이슈
초반	2004년 10월까지	지지도의 진폭이 큼 (하락-상승-하락)	탄핵, 4대 쟁점 법안, 행정 수도 이전을 둘러싼 여야 갈등 심화
중반	2006년 6월까지	대연정 제안 이후 약세 지속	대연정 제안, 2006년 5월 지방선거에서 여당 참패
후반	2007년 12월까지	레임덕 위기 속 10퍼센트대 낮은 지지도	부동산 가격 폭등, 열린우리당 분당

한다. 그중에서도 대통령 임기 중에 치러지는 여러 차례의 선거를 중요한 기준으로 삼곤 했는데, 선거 결과가 나쁘면 대통령의 영향력이 현저히 약화되면서 대통령이 추진하는 과제 전반에 대해 부정적 여론이 증가하고 그 결과 대통령 지지도도 낮아졌기 때문이다.

하지만 이 같은 임기 구분 방식은 다분히 자의적이다. 한 명의 대통령을 대상으로 할 때는 유의미하지만 여러 대통령을 비교할 때는 적합하지 않다. 이 책에서 임기를 20개월씩 나누어 초·중·후반으로 구분한 것도 이를 고려했기 때문이나.

노무현 대통령의 임기 초반 20개월은 대통령에 대한 기대감이 최고조에 이르는 허니문 시기를 지나, 탄핵 등 여야 간 극한적 갈등을 거치며 대통령 지지율의 하락과 상승이 반복되었던 시기다. 또한 대통령이 제기한 핵심 어젠다(행정 수도 이전, 4대 쟁점 법안 등)를 놓고 사회적 논란이 극심했던 시기다.

임기 중반 20개월은 2005년 여름 대연정을 제안한 이후 대통령의 지지 기반이 흔들리기 시작하고, 2006년 5월 지방선거에서 당시 여당이었던 열린우리당이 참패한 이후 이른바 레임덕 현상이 시작되기 직전까지의 시기다. 그리고 레임덕이 본격화된 시기인 임기 후반에는 부동산 가격 폭등 등 사회경제적 위기와 열린우리당의 분당 등 정치적 위기가 심화되었다.

이 책에서 사용된 설문 조사 자료는 노무현 대통령 시기 56회(4만1,600개 표본), 이명박 대통령 시기 15회(1만8백 개 표본)로 총 71회에 이른다.

4_ 어떤 방법을 사용했는가

이 책에서는 여론조사 데이터를 통계적으로 분석하는 방법을 사용했다. 구체적으로는 유형별 어젠다와 대통령 지지의 인과관계를 살펴보기 위해 로지스틱 회귀분석과 교차 분석 방법을 사용했다.

로지스틱 회귀분석을 위해 대통령 어젠다를 독립변수로, 대통령 지지 여부를 종속변수로 하는 회귀식을 작성했다. 그리고 독립변수로 대통령 어젠다 외에도 성, 연령, 교육 수준, 소득수준, 지역, 지지 정당 등을 포함했다.

이 같은 작업은 지지 정당, 사회경제적 배경 등과 같은 요인을 통제했을 때도 어젠다가 대통령 지지에 영향을 미치는지를 좀 더 엄격히 검증해 보기 위해 실시되었다. 현실에서는 특정 어젠다를 지지한다고 했을 때 그 어젠다의 내용을 보고 지지하기보다는 지지 정당에 따라 영향을 받는 경우가 많기 때문이다.

로지스틱 회귀분석을 통해 어젠다와 대통령 지지의 관계가 유의미하게 나온다면 이는 두 변수가 관계가 있다는 사실을 의미한다. 그러나 우리의 관심사인, 대통령 지지에 긍정적 또는 부정적 영향을 미치는 어젠다가 무엇인지에 대한 정보를 주는 것은 아니다. 어젠다가 대통령 지지에 미치는 정치적 효과가 크다는 것은 지지층의 결집 효과뿐 아니라 반대층의 결집 효과도 높음을 의미하기 때문이다.

이를 보완하기 위해 교차 분석을 통해 지지층 결집 효과가 높은 어젠다와 반대층 결집 효과가 높은 어젠다를 구분했다. 유형별로 어젠다에 대한 찬반과 대통령 지지와 반대를 교차 분석하면 '어젠다 찬성, 대통령 지지', '어젠다 찬성, 대통령 반대', '어젠다 반대, 대통령 지지', '어젠다 반대, 대통령 반대'의 네 가지 범주가 도출된다. 교차 분석을 통해 (영향력의 크기를 측정할 수 있지만 방향까지는 가늠할 수 없었던) 회귀분석보다 더 세분화된 범주까지 구분할 수 있다.● 여기서 가장 주목할 만한 범주는 '어젠다 찬성, 대통령 지지' 범주의 규모가 가장 큰 경우일 것이다.

이 같은 통계 방법을 사용해 분석을 해보면 미처 포착하지 못했던 새로운 사실을 발견할 수 있을 뿐만 아니라 당연시했던 사실을 검증할 수 있다. 우리 사회처럼 하나의 이슈를 놓고 이념과 정치적 노선에 따라 사실 판단이 상이하게 나타나는 사회일수록 경험적 사실에 대한 검증이 절실하다. 그래야만 비로소 자신의

● 어젠다가 대통령 지지에 영향을 미친다는 회귀분석 결과는, 교차 분석에서의 '어젠다 찬성, 대통령 지지'와 '어젠다 반대, 대통령 반대' 범주가 구분되지 않은 채 섞여 있는 상태라고 할 수 있다.

오류를 인정하고 상대방의 의견을 존중하면서 논쟁도 깊어지고 실천적 성과도 커지기 때문이다.

5_ 어떻게 서술했는가

이 책은 대통령의 개별 어젠다가 아니라 유형화된 어젠다를 분석했으나 되도록 어젠다를 둘러싼 상황적 맥락을 보완해 이해를 돕고자 했다. 또한 전문적 분석 방법은 되도록 축약하고 교차 분석 등을 주로 사용해, 통계 방법을 어려워하는 이들도 쉽게 읽을 수 있게 했다.

2부에서는 노무현 대통령 임기 동안의 어젠다를 집중 분석했다. 3장에서는 전반적 정치 환경과 주요 어젠다의 내용, 유형화 과정에 대해 상세히 서술했다. 4장에서는 노무현 대통령이 시기별로 어떤 어젠다를 집중적으로 제기했는지를 검토했고 어젠다에 대한 여론 지형도 살펴봤다. 5장에서는 노무현 대통령이 선택한 어젠다가 대통령 지지에 미치는 정치적 효과에 대해 분석했다. 대통령의 어젠다가 대통령 지지에 영향을 미쳤는지 여부, 그리고 영향을 미쳤다면 그 영향의 정도와 방향은 어떤지를 살펴봤다.

지금까지 대통령 어젠다와 대통령 지지에 대해 많은 여론조사 결과들이 제시되었지만 이는 특정 국면, 특정 어젠다에 제한된 것이었을 뿐, 임기 전반에 걸쳐 어젠다의 정치적 효과를 조망하고 시기별로 비교하는 작업은 없었다고 해도 과언이 아니다.

따라서 사실상 처음으로 시도되는 작업인 셈이다.

  3부의 6장, 7장, 8장에서는 이명박 정부 임기 초반 20개월을 대상으로, 2부에서 사용한 것과 비슷한 틀로 분석했다.

  결론에 해당하는 4부의 9장에서는 본문에서 새롭게 발견된 바를 토대로 어젠다라는 측면에서 노무현 대통령과 이명박 대통령의 통치를 평가하고자 했다. 10장에서는 2012년 대선을 앞두고 필자가 생각한 바를 담아 보았다. 과거에 대한 경험적 분석을 통해 미래를 이야기해 본 셈이다. 차기 대통령의 통치와 관련해 진보 성향 대통령과 보수 성향 대통령으로 구분해, 각 성향에 따라 어떤 어젠다를 던지는 것이 지지율을 관리하고 통치 연합을 유지하는 데 유리한지에 대해 서술했다.

  자, 이제 본격적으로 분석에 들어가 보자.

2부 노무현 대통령의 어젠다와 통치

3장

노무현 대통령의 어젠다

노무현 시대에 대해 다양한 방식의 평가가 시도되고 있다. 이 책은 대통령의 어젠다를 통해 통치에 접근하는 한편, 개별 어젠다나 개별 정책이 아니라 어젠다 전반을 통해 통치를 조망하고자 한다.

　노무현 대통령은 어떤 어젠다를 제기했으며 이 어젠다들은 어떻게 유형화될 수 있는가? 어젠다라는 틀로 노무현 대통령의 통치를 점검하기에 앞서 노무현 정부 시기 전반적인 정치 환경부터 점검해 보자.

1_ 전반적인 정치 환경

노무현 대통령은 대중의 높은 기대감을 바탕으로 통치를 시작했으나, 임기를 마칠 무렵의 지지도는 20퍼센트 수준에 그쳤다. 〈표 3-1〉에서 드러나듯이 재임 기간 대통령의 평균 지지율은 27.9퍼센트로 30퍼센트에도 미치지 못했다. 소속당의 평균 지지율은 20.8퍼센트, 제1반대당인 한나라당의 평균 지지율은 32.7

표 3-1 | 노무현 대통령 시기별 대통령 지지율, 정당 지지율, 전망적 경제 인식 (단위 : %)

		초반	중반	후반	전체
대통령 지지율	긍정 평가	35.4	27.2	20.2	27.9
	부정 평가	56.2	60.1	71.9	62.3
정당 지지율	열린우리당	28.9	21.4	11.0	20.8
	한나라당	25.4	31.5	42.6	32.7
	민주노동당	8.9	10.1	5.9	8.5
	무당파	28.8	30.6	32.7	30.6
전망적 경제 인식	나빠질 것	30.2	25.2	32.0	28.8
	변화 없을 것	44.5	49.4	53.4	47.4
	좋아질 것	24.4	23.9	13.6	22.6

퍼센트, 그리고 제2반대당인 민주노동당의 평균 지지율이 8.5퍼센트, 무당파층 평균이 30.6퍼센트로 나타났다. 제1반대당의 평균 지지율이 소속당의 평균 지지율보다 10퍼센트포인트 이상 우세했음을 알 수 있다.

2004년 17대 총선을 통해 대통령 소속당인 열린우리당이 과반 의석을 확보하는 데까지 이르렀으나 그 후 국민의 평가는 냉혹했다. 당시 열린우리당은 '무능', '태만', '혼란'이라는 비판을 받았고, 무능한 거대 정당의 위상은 '초식 공룡'에 비유되기도 했다.

한편 전망적 경제 인식은 '낙관 전망' 22.6퍼센트, '비관 전망' 28.8퍼센트, '유지 전망' 47.4퍼센트로 '비관 전망'이 '낙관 전망'보다 높았다. 전망적 경제 인식은 대중이 생각하는 '1년 후 경제에 대한 거시적 전망'이다. 이는 경제에 대한 개개인의 인식과 기대를 포함한다는 점에서 경제성장률과 같은 거시 지표와는 차이가 있다.

노무현 대통령 시기 경제성장률을 포함한 거시 지표는 나쁘지 않았지만 대중이 인식하는 한국 경제의 미래는 그다지 밝지 않았다. 이 같은 현상은 대통령이 정치 개혁에 집중하면서 경제 문제에는 소홀했다는 비판과 밀접하게 관련되어 있다. 실제 노무현 대통령은 경제문제는 보수의 담론이기에 경제를 드러내 놓고 말하지 않았다고 훗날 기록한 바 있다.

> 나는 국정 목표에 경제문제를 걸지 않았다. 너무 당연한 이야기라서, 그리고 여론이 경제문제에 소리를 높일수록 경제정책이 왜곡되고, 국민에게 부메랑이 되었던 지난날의 경험[과 더불어] …… 경제가 다른 모든 가치를 덮어 버리지 않도록 하기 위해서[였다.] …… 그러나 결과[적으로]는 나의 의도와는 관계없이 나는 경제문제에 파묻혀 버렸다. 정치의 공방은 경제를 중심으로 벌어졌고 사람들의 관심은 경제에만 쏠렸다(노무현 2009).

그 결과는 경제에 대한 대중의 폭증하는 관심과 통치에 대한 불만, 그리고 미래 경제에 대한 비관으로 나타났다.

노무현 대통령 재임 기간을 초·중·후반으로 구분해 살펴보면 임기 초반 대통령의 평균 지지율은 35.4퍼센트였고, 소속당의 평균 지지율은 28.9퍼센트, 한나라당의 평균 지지율은 25.4퍼센트로 나타나 소속당이 다소 앞섰으나 한나라당과의 지지율 차이가 크지 않았다. 이와 달리 전망적 경제 인식은 '낙관 전망' 24.4퍼센트, '유지 전망' 44.5퍼센트, '비관 전망' 30.2퍼센트로 임기 초반임에도 '낙관 전망'이 '비관 전망'보다 낮았다.

임기 중·후반으로 들어서면 대통령과 소속당의 지지율 모두 하락하는데, 임기 중반 대통령의 평균 지지율은 27.2퍼센트로, 임기 후반에는 20.2퍼센트로 하락해 선형에 가까운 하락 양상을 나타냈다. 대통령 지지율과 더불어 대통령의 핵심적인 정치적 자산을 구성하는 소속당 지지율도 임기 초반 28.9퍼센트, 중반 21.4퍼센트, 후반 11.0퍼센트로 거의 비슷한 하락 양상을 보이고 있다. 이와 정반대로 한나라당 지지율은 가파르게 상승하는데, 임기 초반 25.4퍼센트, 중반 31.5퍼센트, 후반 42.6퍼센트로 특히 임기 후반 상승세가 두드러진다.

임기 후반 노무현 대통령은 지지도 하락 등 심각한 통치 위기에 직면한 반면, 한나라당은 차기 대선 후보들이 급부상하면서 사실상 유력한 대안 정당으로 인식되었고 그 결과 지지율이 급상승했던 것으로 해석된다. 비슷한 맥락에서 제2반대당이자, 대통령과 이념적 측면에서 일정 부분 스펙트럼을 공유했다고 볼 수 있는 민주노동당의 지지율 역시 임기 후반에는 임기 초·중반 시기의 절반 수준으로 하락했다.

이는 노무현 대통령을 둘러싼 정치 환경이 임기 후반으로 갈수록 급격히 악화되었음을 의미한다. 대통령 소속당은 물론 민주노동당 지지율도 하락한 것은 진보 진영 전반이 위기에 처했음을 보여 주는 대목이다.

전망적 경제 인식의 경우도 전반적 흐름에서 크게 벗어나지 않는다. 임기 후반으로 갈수록 '낙관 전망'은 하락해 임기 후반에는 '낙관 전망' 평균이 13.6퍼센트에 그쳤다. 이에 반해 '비관 전망', '유지 전망'은 모두 상승했다. 임기 후반 한국 경제에 대한 비관론이 심상치 않았음을 알 수 있다. 이 같은 비관적 경제 인

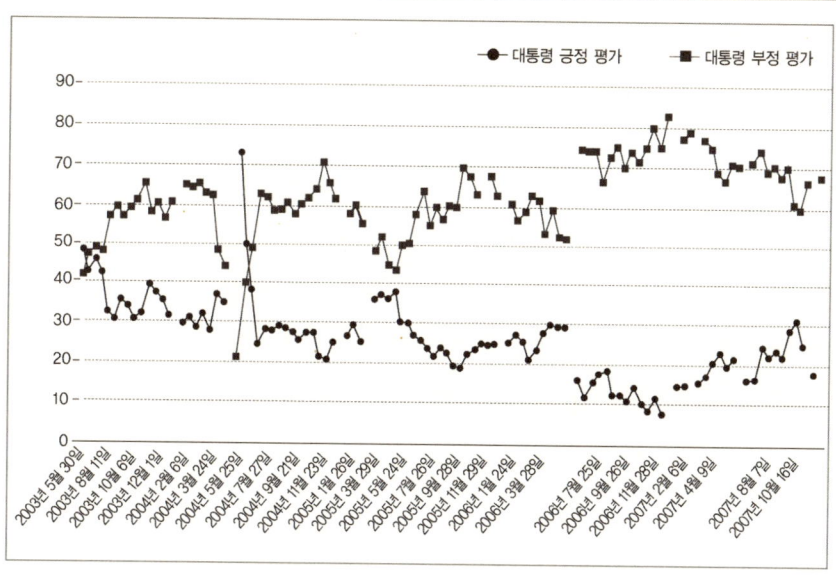

그림 3-1 | 노무현 대통령 지지율 추이 (2003년 5월~2007년 12월; 단위 : %)

식은 성장 및 풍요에 대한 강렬한 열망을 낳으면서 경제성장을 내세운 이명박 후보가 2007년 대선에서 압승할 수 있었던 토양으로 작용했다.

노무현 대통령 지지율이 임기 전반에 걸쳐 변화한 추이를 구체적으로 살펴보자. 〈그림 3-1〉에서 드러나듯이 2003년 5월 말 48.3퍼센트부터 2007년 12월 11일 20.7퍼센트에 이르기까지 단기적인 변동을 보인 몇 시기를 제외하면 노무현 대통령의 국정 지지율도 임기가 지날수록 하락 양상을 나타낸다. 취임 초기 매우 높은 기대감을 보였으나 급격히 하락하면서 취임 후 6개월가량 지난 2003년 8월부터는 30퍼센트대에서 정체했다.

취임 초기 대북 송금 특검과 교육행정정보시스템NEIS, 화물연대 파업 등으로 야기된 노동계와의 갈등은 지지층의 실망으로 이어졌다. 이 책의 분석에는 포함되지 않았지만, 참여정부가 출범한 다음 날 한나라당이 대북 송금 특검을 발의하고 노무현 정부가 이를 수용하면서 호남 등의 전통적 지지층이 흔들리기 시작했다. 대북 송금 특검이 전임 정부인 김대중 정부와 거리를 두겠다는 의도라고 인식되면서 호남 지역을 중심으로 지지층의 실망이 분출되었다.

또한 취임 직후부터 화물연대 파업, 철도 파업 등 노동계와 충돌하고, NEIS 문제로 전교조 등 개혁 세력과도 충돌하면서 개혁 성향층도 비판적 태도를 보이기 시작했다. "결과적으로는 노동 분야에 있어서 참여정부 개혁을 촉진한 게 아니라 거꾸로 개혁 역량을 손상시킨 측면이 크다고 생각한다."(문재인 2011)라는 평가처럼, 임기 초반 진보 정부가 진보 세력과 갈등하면서 통치 역량이 크게 훼손되었던 것으로 보인다.

취임한 지 8개월 정도가 지난 2003년 10월, 최도술 비서관의 불법 대선 자금 문제가 제기된 이후 노무현 대통령은 재신임을 요구했다. 그러나 이는 진정성이 부각되기보다는 통치자에 대한 신뢰를 약화시키며 지지율에도 부정적 영향을 주었다.

당시 노무현 대통령은 "저는 모든 권력적 수단을 포기했습니다. 도덕적 신뢰 하나만이 국정을 이끌어 갈 수 있는 밑천일 뿐입니다. 그 문제에 적신호가 왔기 때문에 이제 국민들에게 겸허히 심판받는 것이 필요하다고 생각합니다."라며 진정성을 내세워 호소했다. 하지만 선거를 통해 선출된 통치자로서 국민에게 책임을 진다는 인상을 주기보다는, 개인의 도덕적 자부심에 타격을 입었다는 문제를 앞세웠기에 대중의 반응도 부정적이었다.

2004년 3월 12일 국회의 탄핵과 4월 15일 총선을 전후해 대통령 지지율이 일시적으로 72.9퍼센트(2004년 5월)까지 치솟는 등 다시 한 번 기회가 주어졌다. 그 기회는 얼마 지나지 않아 사라졌는데, 2004년 6월 39퍼센트로 급락한 이후 지지율은 좀처럼 회복할 기미를 보이지 않았다.

탄핵 사태로 국회 과반 의석을 획득하면서 국민의 기대감이 매우 높았던 시기였음에도 노무현 대통령이 "주택공사(한국토지주택공사)가 사업자 원리에 의해 움직이는 한 원가 공개는 장사의 원리에 맞지 않는다."라며 아파트 분양 원가 공개에 반대한다는 뜻을 분명히 한 것과, 이헌재 경제부총리가 주장한 골프장 경기 부양론을 지지한 발언 등이 지지층 이탈을 불러왔다고 볼 수 있다.

그러다가 2005년 3월 16일 일본 시네마현의 '다케시마의 날' 조례 제정에 대해 '외교 전면전 불사'를 내걸고 강경하게 대응하면서 지지율은 한때 30퍼센트대 후반까지 치솟았다. 그러나 그 효과는 한 달 이상을 가지 못했고, 특히 2005년 7월 대연정을 제안한 뒤에는 지지층에서도 대통령에 대한 기대감이 추락하면서 대통령의 통치가 대중으로부터 멀어져 갔다.

중간 평가적 성격을 띤 2006년 5월 31일 지방선거의 참패는 노무현 대통령의 통치가 대중에게 외면당했음을 보여 준 사건이었다. 그리고 2006년 6월 한미 자유무역협정FTA 협상이 본격화되면서 노무현 대통령은 지지층에게도 외면당해 사실상 사면초

가의 상황에 빠졌다. 그 결과 대통령 지지율이 10퍼센트대로 떨어지기도 했다.

임기 말에는 한미 FTA 타결에 따른 보수층의 지지와 2007년 10월 초 남북 정상회담에 힘입어 지지율이 30퍼센트대로 잠시 복귀했다. 2005년 초 독도 영유권을 둘러싸고 벌어진 한일 갈등이나 2007년 10월 남북 정상회담 개최와 같이 전쟁이나 극적인 외교적 사건이 발생하면 대통령을 중심으로 국민들이 결집하면서 대통령 지지도가 단기적으로 상승하는 현상이 나타나기도 한다. 이 같은 '결집 효과'는 국내 정책보다는 외교 분야에서 발생할 가능성이 높고, 지속되기가 힘들기에 일시적인 효과로 그치는 경우가 많다.

이제 노무현 대통령의 지지율이 변화하는 데 대통령의 어젠다가 어떤 역할을 했는지 차분히 살펴보자. 먼저 노무현 대통령 시기에 제기된 정책 어젠다는 무엇이며, 그 어젠다들은 이 책에서 제시한 기준에 따를 경우 어떻게 유형화될 수 있는지 검토해보자.

2_ 주요 어젠다와 유형화

노무현 대통령이 제기한 정책 어젠다 가운데 이 책에서 다루고 있는 것은 총 27개 항목이다. 구체적으로는 〈표 3-2〉와 같이 정치·행정 분야의 어젠다 9개 항목 중 7개가 동원형으로 분류되었다. 그리고 갈등형과 타협형의 분류에서는 갈등형 6개, 타협형 3

표 3-2 | 노무현 대통령의 주요 어젠다 및 유형화 1 (정치·행정 분야 9개 항목)

어젠다 항목	유형 1		유형 2	
	동원형	반응형	갈등형	타협형
행정 수도 이전 및 공공 기관 이전	○		○	
언론 관련법 개정	○		○	
검찰 제도 개혁 추진	○		○	
대연정 제안	○		○	
개헌 제안	○		○	
분권형 국정 운영 추진	○			○
국가보안법 폐지		○	○	
과거사 규명법		○		○
선거구제 개편	○			○

개로 분류되었다.

    먼저 대통령의 주도권 행사 여부에 따른 동원형과 반응형 분류에서는 행정 수도 이전 및 공공 기관 이전,* 언론 관련법 개정,** 검찰 제도 개혁 추진,*** 대연정 제안, 개헌 제안, 분권형 국

---

* 행정 수도 이전은 임기 초반 가장 중량감 있는 어젠다로 국가 균형 발전이라는 큰 틀에서 제기되었으며 2002년 대선 당시부터 중요한 정책 공약이었다. 2003년 12월 29일 지방분권촉진에 관한 특별법, 국가균형발전 특별법, 신행정수도건설 특별법 등 이른바 '분권 3대 특별법'이 국회에서 통과하며 본격화되었고 그 후 공공 기관 지방 이전과 신행정 수도 후보지 발표 등이 추진되었다.
** "지난 5년간의 투쟁에서 가장 큰 장애는 야당이 아니고 조·중·동이라고 생각합니다. 먼 후일 저는 참여정부에서 가장 보람 있는 정책이 무엇이냐고 물으면 언론 정책, 언론 대응이라고 말할 것입니다."라고 할 정도로 노 대통령은 강력한 의지를 보이며 주도적으로 언론 개혁을 추진했다. 16대 대통령으로 취임하자마자 1차 기자실 개혁을 시도했다. 청와대를 포함한 정부 관

정 운영 추진, 선거구제 개편 등 총 7개 항목이 동원형 어젠다로 분류되었다. 반면에 국가보안법 폐지와 과거사 규명법**** 어젠다는 반응형으로 분류되었다.

　노무현 대통령은 대선 후보 시절인 2002년부터 정치 개혁에 대해 강력한 의지를 표출했기에 정치·행정 분야에 해당하는 어젠다 가운데 상당수가 동원형으로 분류되었다. 그런데 과거사 규명법 어젠다의 경우 대통령이 강력하게 의지를 표명했음에도 오래전부터 시민사회단체의 주도 아래 진행되어 왔기에 반응형으로 분류되었다.

　국가보안법 폐지 어젠다의 경우 노무현 대통령 관련 기록에

공서의 출입 기자실을 개혁해 그동안 주요 방송사와 신문사 기자만 특권적으로 사용했던 곳을 중소 언론과 인터넷 언론 기자들도 사용할 수 있도록 개방했다. 그리고 퇴임 6개월을 남겨 두고 2차 기자실 개혁을 시도해 정부 부처마다 마련했던 기자실을 몇 개로 통합하고, 이메일 브리핑 등을 활성화하되 정부 사무실을 무단으로 출입하는 것을 통제하고자 했다. 하지만 이 같은 시도에 대해 대부분의 주류 언론이 거세게 반발했다. 한편 노무현 정부 시기 언론 개혁의 가장 중요한 쟁점은 언론사 소유주의 권리를 제한하는 문제와 언론 개혁 방식이었다. 신문법 제정, 방송법 개정, 언론피해구제법 제정 등이 이와 관련된 시도였다.

••• 노무현 대통령이 제기한 검찰 개혁의 가장 주요한 목표는 검찰의 정치적 중립성 및 독립의 보장, 그리고 검찰에 대한 민주적 통제였다('노무현 시민학교'에서 문재인의 강연 "노무현의 법치주의"). 이를 위해 두 가지 제도 개혁이 추진되었다. 하나는 검찰과 경찰의 수사권 조정이었고, 다른 하나는 고위 공직자 비리 조사처를 신설하고 이 부처에 수사권을 주는 것이었다.

•••• 과거사 진상 규명과 관련한 법은 논란 끝에 2005년 5월 3일 진실과 화해를 위한 과거사정리 기본법으로 제정되었다.

는 "우리로선 굉장히 많은 노력을 기울였다. 대통령까지도 직접 나서서 모든 노력을 다했다. 여당은 대통령의 '국보법 폐지' 발언 직후에야 부랴부랴 구체적인 작업에 나섰다."(문재인 2011)라고 되어 있어 대통령의 관심이 높았던 것으로 보인다. 하지만 여기서는 이 어젠다를 반응형으로 분류했다. 전문가 설문의 응답 결과, 대통령보다는 여당의 주도 아래 전개되었다고 보았기 때문이다.

한편 어젠다의 성격에 따른 갈등형/타협형 분류에서는 행정수도 이전 및 공공 기관 이전, 언론 관련법 개정, 검찰 제도 개혁 추진, 대연정 제안, 개헌 제안,* 국가보안법 폐지**의 6개 항목이 갈등형으로 분류되었고, 분권형 국정 운영 추진,*** 선거구제 개편,**** 과거사 규명법은 타협형으로 분류되었다.

---

* 노무현 대통령은 2007년 1월 12일 임기를 약 1년 앞두고 권력 구조 개편을 주요 내용으로 하는 개헌안을 다음 달 발의하기로 했다는 내용의 중대 발표를 했다. 대통령 4년 중임제를 도입하고 국회의원 선거와 대통령 선거가 비슷한 시기에 치러지도록 주기를 조정하는 제한적 개헌을 하자는 것이었다. 하지만 4월 12일 약 3개월 만에 개헌안 발의의 조건부 유보를 결정했다.
** 2004년 7월, 광복 이후 최대 거물 간첩으로 몰렸던 송두율 교수가 구속된 지 10개월 만에 석방되면서 국가보안법 존폐 문제를 놓고 논란이 들끓었다. 여기에 "국가보안법은 칼집에 넣어 박물관에 보내야 한다."라는 노 대통령의 발언이 보도되면서 전 사회적 이슈로 확산되었다.
*** 분권형 제도에서는 대통령이 여당 총재의 지위, 공천권, 당직 임명권을 포기하고 중장기 국가 전략 과제에 주력하는 대신, 국무총리를 포함한 내각이 일상적 국정 운영을 책임지는 체제로 책임 총리제를 핵심 내용으로 했다.
**** 노무현 대통령은 지역주의 청산을 명분으로 중대 선거구제로 개편하는 안을 2005년 대연정과 함께 제안하는 등 여러 차례 제기한 바 있다.

앞서 언급했듯이 갈등형 어젠다는 대통령이 지지층의 요구에 강력히 반응하는 어젠다로 '정파적' 성격이 강하기에 야당도 거세게 반대할 가능성이 높아 '갈등형'으로 지칭했다. 반면에 타협형 어젠다는 '정파적' 성격이 크지 않아 야당도 협력하거나 크게 반대하지 않을 것이기 때문에 '타협형'으로 지칭했다.

그런데 과거사 규명법 어젠다는 우리나라 근대사를 어떻게 바라볼지의 문제를 둘러싼 갈등의 산물로 '역사적 내전'의 성격을 지니기에 갈등형에 가깝다. 하지만 오래전부터 시민사회단체의 주도 아래 진행되어 왔고 야당도 일정 부분 수용하면서 여야가 과거사 규명 원칙에 합의했기에 타협형 어젠다로 분류되었다.

대연정 어젠다*의 경우는 대통령이 제안할 당시의 본래 의도를 고려하면 타협형 어젠다로 분류되는 것이 적절할 수도 있다. 정치 문화를 개선하고자 대통령이 권력의 상당 부분을 내놓겠다는 데에 야당이 굳이 반대할 이유가 없기 때문이다. 하지만 실제 현실에서는 야당이 강력히 반대했기에 갈등형 어젠다로 분류되었다. 어젠다의 내용 자체보다는 재신임·탄핵과 같은 '정치적 승부수'의 일환으로 받아들여지면서 거센 반발이 일었기 때

• 2005년 7월 노 대통령은 "대통령제, 지역 구도 다당제, 여소야대 일상화 등으로 인한 이원적 정통성의 문제, 책임 정치가 불가능한 정치 구조"를 개혁한다는 명분으로 대연정을 제안했다. 노 대통령은 대연정과 관련해 "권력을 통째로 내놓으라면 검토하겠다", "새 정치 문화를 열어 갈 수 있다면 2선 후퇴, 임기 단축을 고려하겠다" 등 특유의 직설적 어법으로 여러 차례 의도의 순수성을 강조하며 단호한 의지를 피력하곤 했다.

표 3-3 | 노무현 대통령의 주요 어젠다 및 유형화 2 (경제·사회 분야 12개 항목)

어젠다 항목	유형 1		유형 2	
	동원형	반응형	갈등형	타협형
부동산 안정 대책(종합부동산세 추진)	○		○	
수도권 규제 강화 등 국토 균형 발전	○		○	
한미 FTA	○			○
사학법 개정		○	○	
출자 총액 제한 제도 등 대기업 개혁		○	○	
부동산 규제 강화 조치		○	○	
비정규직 보호법		○		○
NEIS·교원평가제		○	○	
부동산 공급 확대 조치		○		○
국민연금 제도 개혁		○		○
양극화 해소 대책		○		○
성매매 관련법		○		○

문이다.

대연정 어젠다와 관련해 홍미로운 것은 야당의 반대는 물론 대통령의 지지층 내부에서도 반대가 컸다는 점이다. 기존의 갈등형 어젠다가 지지층의 이념적 선호와 부합하면서 야당은 반대하지만 대통령의 지지층은 결집되는 효과를 보였던 것과 대비된다.

노무현 대통령이 제기한 경제·사회 분야의 어젠다를 살펴보자. 〈표 3-3〉과 같이 12개 항목이 해당되는데, 그 가운데 3개만 동원형으로 분류되었고 나머지는 대통령의 주도권이 약한 반응형으로 분류되었다. 그리고 갈등형과 타협형의 분류에서는 갈등형 5개, 타협형 7개로 분류되었다.

먼저 동원형과 반응형 분류에서는 부동산 안정 대책(종합부동산세 추진), 수도권 규제 강화 등 국토 균형 발전, 한미 FTA의 3

개 항목이 동원형으로, 나머지는 반응형으로 분류되었다. 수도권 규제 강화 어젠다는 노무현 대통령이 제기하고 강력히 추진했던 행정 수도 이전, 행정 도시 건설, 공공 기관 이전 등과 같은 균형 발전 정책의 흐름 위에 존재했기에 전문가 설문에서도 동원형으로 분류되었다. 한미 FTA 어젠다 역시 임기 중·후반 노무현 정부가 가장 주력한 경제 분야 어젠다였기에 동원형으로 분류되었다.

그런데 다양한 부동산 관련 정책 중 세금을 통해 유효수요를 관리하는 고강도 해법으로 제안한 종합부동산세(이하 종부세)는 동원형 어젠다로 분류되었다. 반면에 부동산 규제 강화와 부동산 공급 확대 어젠다는 반응형 어젠다로 분류되었다. 이는 대통령이 집값을 잡겠다고 강력한 의지를 표명했음에도 노무현 정부에서 발표된 부동산 대책의 상당수가 집값 폭등 등 사태가 심각해진 이후에 이를 수습하기 위해 소극적으로 제기된 측면이 크다는 것을 반영한다.

한편 2006년 초 노무현 대통령은 한미 FTA 추진과 양극화 해소가 남은 임기 동안 최대 과제라고 강조하는 등 양극화 문제에 심혈을 기울였다. 하지만 양극화 해소 및 동반 성장 어젠다●는 전문가 설문에서 반응형으로 분류되었다. 이는 2004년부터

● 구체적으로는 저출산·고령화·양극화와 같은 장기적이고 구조적인 문제를 해결하고 지속적 성장이 가능하도록 하기 위한 국가 전략으로서 '비전 2030'을 제안했다. 핵심은 동반 성장으로, 선성장 후분배 패러다임을 동반 성장 패러다임으로 전환하는 것이었다.

표면화된 양극화 문제에 대해 정부가 적극 대처하지 않고 상황이 심각해진 다음에야 다양한 대책을 내놓았기 때문이다.

이렇듯 경제·사회 분야의 주요 어젠다들이 사후 대책으로 제기되었기 때문에 대통령이 주도권을 행사하면서 어젠다를 끌어가기에는 역부족이었던 것으로 보인다. 참여정부에 대한 사후 기록에도 다음과 같이 평가되어 있다.

양극화와 비정규직 문제에 대한 참여정부의 대응에는 아쉬움이 많다. 비정규직 보호법을 만들었으나, 외부 용역 등의 형태로 그 법의 적용을 면탈하려는 움직임을 미리 막지 못했다. 정책의 최우선순위를 양극화와 비정규직 대책에 뒀어야 했다고 생각한다(문재인 2011).

갈등형과 타협형 분류에서는 부동산 안정 대책(종부세 추진), 수도권 규제 강화 등 국토 균형 발전, 사학법 개정,* 출자 총액 제한 제도(이하 출총제) 등 대기업 개혁,** 부동산 규제 강화 조치

---

* 사학법 개정 어젠다는 2004년 가을 본격화된 이후 약 1년 동안 대치 과정을 거쳐 2005년 12월 9일 국회의장의 직권 상정 시도 끝에 통과되었다. 당시 핵심 쟁점은 개방형 이사 문제였다.
** 출총제는 재벌의 경제력 집중을 막기 위해 1986년 만들어졌다가, 재계가 폐지를 강력히 요구해 1998년 2월 폐지되었다. 그러나 그 후 대기업집단의 계열사 순환 출자가 급격히 증가했고 위기의식을 느낀 김대중 정부가 2001년 이 제도를 부활시켰다. 그리고 2004년 12월 노무현 정부는 자산 규모 6조 원 이상 기업집단으로 대상을 변경하고 네 가지 출총제 졸업 제도를 도입하는 방안을 발표한 뒤 야당 및 재계의 거센 반발을 무릅쓰고 재벌의 금융 계열사 의결권 축소 등을 담은 공정거래법 개정안을 통과시켰다. 하지만

의 5개 항목이 갈등형으로 분류되었다. 그리고 한미 FTA, 비정규직 보호법, NEIS·교원평가제, 부동산 공급 확대 조치, 국민연금 제도 개혁, 양극화 해소 대책, 성매매 관련법*의 7개 항목이 타협형으로 분류되었다.

한미 FTA 어젠다의 경우 어젠다를 둘러싼 사회적 갈등의 수위는 높았으나 야당이 적극 협력했기에 이 책의 분류 기준에 따르면 타협형 어젠다에 해당된다. 오히려 여당 내에서 반발이 심했다. 노무현 대통령도 자서전에서 한미 FTA 협상에 대해 정치적 지지층이 등을 돌리게 만든 선택이었다고 언급한 바 있다. NEIS·교원평가제의 경우 야당은 협력한 반면, 지지층 내에서는 반대가 상당했다. 타협형으로 분류되었지만 이슈를 둘러싼 사회적 갈등은 만만치 않게 일었다.

비정규직 보호법**도 표면적으로는 갈등형에 가깝다. 하지만

야당은 물론 여당 내에서도 기업 규제 완화 목소리가 높아지기 시작했다. 그 결과 2006년 11월 15일 당정 협의를 거쳐 '대규모 기업집단 시책 개편 방안'이 발표되었다. 이 안에 따르면 출총제 적용 대상 집단은 자산 규모가 6조원에서 10조 원 이상인 기업집단으로, 적용 대상 기업은 해당 집단에 소속된 모든 회사 가운데 자산 규모가 2조원 이상인 회사로 그 범위가 축소되었다. 출자 한도는 순자산의 25퍼센트에서 40퍼센트로 높이는 등 전체적으로 규제가 크게 완화되었다.

• 성매매방지 및 피해자보호 등에 관한 법률을 의미한다.
•• 노무현 정부는 노사정위의 논의를 거쳐 2004년 9월 10일 비정규보호법안 입법을 예고했다. 기간제 사유제한 여부와 파견 근로 부분이 가장 첨예한 쟁점이었는데, 재계 주장에 가까운 방식으로 결정되면서 당초 노사정위 공익위원 안보다 후퇴했다며 노동계가 강력히 반발했다. 재계 역시 "차별시정

이 책에서는 타협형으로 분류되었는데, 논의 초반에는 야당 및 재계의 반발이 컸으나 여야가 서로 양보하면서 합의에 이르렀기 때문이다. "비정규직 문제를 사회 양극화를 해결하겠다는 것이 아닌 노동시장 유연성 확대 측면으로만 접근"한 것도 여야 간 합의에 영향을 미쳤던 것으로 보인다.

즉 어젠다를 놓고 열린우리당과 한나라당은 합의에 이른 반면, 민주노동당을 비롯한 진보 진영 내부의 반대는 상당히 높았던 어젠다로, 갈등의 양상이 여야가 아니라 진보 진영 내부에서 발생했다는 특징을 보인다.

이렇듯 노 대통령의 경제·사회 분야 어젠다의 경우 여야 갈등 못지않게 지지층 내부의 갈등도 컸다. 그 결과 지지층이 통합되지 못하고 분열로 이어지는 경우가 많았다. 갈등이 심화될수록 대통령의 통치도 약화되는 악순환에 놓였다.

노무현 대통령이 제기한 외교·통일·국방 분야의 어젠다를 살펴보면 〈표 3-4〉와 같이 6개 항목이 해당되는데, 그 가운데 이라크 파병을 제외한 5개 어젠다가 동원형으로 분류되었다. 외교 분야라는 특성상 대통령의 주도권이 강력히 실리는 경우가 많음을 알 수 있다. 그리고 갈등형과 타협형의 분류에서는 갈등형 3개, 타협형 3개로 분류되었다.

분야는 노동계가 일방적으로 유리하게 되었다"면서 불만을 드러냈다. 그 결과 2005년 초까지 비정규직법안은 물론, 노사정위 논의도 표류하다가 2006년 11월 30일 기간제 및 단시간근로자보호법, 파견근로자보호법, 노동위원회법 등 비정규직 관련 3법이 국회의장 직권상정으로 국회에서 통과되었다.

표 3-4 | 노무현 대통령의 주요 어젠다 및 유형화 3 (외교·통일·국방 분야 6개 항목)

어젠다 항목	유형 1		유형 2	
	동원형	반응형	갈등형	타협형
대등한 한미 관계 정립 추진	○		○	
평화적이고 외교적인 북핵 문제 해결	○		○	
전시 작전 통제권 환수	○		○	
남북 정상회담	○			○
자주국방 추진	○			○
이라크 파병		○		○

우리 사회에서 대북 정책 및 대미 정책은 진보와 보수를 가르는 중요한 기준으로 작용해 왔기 때문에 갈등형에 속한다. 이에 해당하는 항목이 대등한 한미 관계 정립, 평화적이고 외교적인 북핵 문제 해결, 전시 작전 통제권(이하 전작권) 환수 등이다.

한편 이라크 파병은 노무현 대통령이 주도적으로 제기한 어젠다가 아니라 미국의 요구를 수용한 어젠다라는 점에서 반응형 어젠다로 분류된다. 또한 어젠다에 대해 야당도 동의하고 협력했다는 점에서 타협형 어젠다에 해당된다. 오히려 여당 및 지지층 내에서 반발하는 등 내부 갈등이 컸다는 특징을 보인다. 즉 지지층 내부에서 깊은 갈등이 발생하면서 내부 분열로 이어졌다.

3_ 어젠다의 내용과 평가

임기 초반의 주요 어젠다 | 이제 시기별로 노무현 대통령이 어떤 어젠다를 제기했는지, 어젠다에 대한 대중의 평가는 어떠했는지를 개략적으로 살펴보자.

임기 초반은 신임 대통령에 대한 기대감이 높기 때문에 대통령도 자신이 추구하고자 하는 개혁 과제를 집중적으로 제기하는 경향이 나타난다. 노무현 대통령도 임기 초반 다양한 개혁 과제를 제기했는데, 경제·사회 분야보다는 정치·행정 분야에 주력했다.

정치·행정 분야에서는 행정 수도 이전과 국가보안법 폐지, 언론 관련법 개정, 과거사 규명법 등 이른바 4대 개혁 입법에 주력했다. 4대 개혁 입법 자체에 대한 여론은 국가보안법 폐지를 제외하면 대체로 우호적이었다. 언론 관련법 개혁 어젠다의 경우, 핵심 내용인 신문 등의 진흥에 관한 법률(이하 신문법) 개정에 대한 찬성 여론은 대체로 50퍼센트를 상회했고, 과거사 규명법에 대한 찬성 여론도 60퍼센트 내외로 비교적 높게 나타났다. 반면에 국가보안법 폐지에 대해서는 지지율이 30퍼센트 내외에 그쳤다.

여론이 우호적이라는 것과 정부가 다른 과제보다 이 과제에 전력할 것을 요구하는 것은 별개의 문제다. 2004년 3~4월 탄핵 사태를 거치고 2004년 4월 총선에서 열린우리당이 과반 의석을 획득하면서

> 노무현 대통령도 임기 초반 다양한 개혁 과제를 제기했는데, 경제·사회 분야보다는 정치·행정 분야에 주력했다. 정치·행정 분야에서는 행정 수도 이전과 국가보안법 폐지, 언론 관련법 개정, 과거사 규명법 등 이른바 4대 개혁 입법에 주력했다.

정치 환경은 매우 유리하게 변화했다. 하지만 노무현 대통령은 대중의 삶과 유리된 정치 개혁에 몰입하면서, 결과적으로 '그들만의 개혁'을 추진했다.

국민의 관심이 '정치 개혁'에 있지 않았지만 노무현 대통령은 지지층 중에서도 핵심 지지층을 포함한 일부 고관심층 중심의 정치 개혁에 치중하고 경제 분야는 도외시했다. 그 방식도 대체로 급진적이었기에 대통령 반대층이 결속하는 부정적 결과로 이어졌다. 이에 대해 노무현 대통령은 다음과 같이 평가한 바 있다.

> 국민의 관심이 '정치 개혁'에 있지 않았지만 노무현 대통령은 지지층 중에서도 핵심 지지층을 포함한 일부 고관심층 중심의 정치 개혁에 치중하고 경제 분야는 도외시했다.

> 내가 대통령이 되고 나자 민주주의에 대한 사람들의 관심은 완전히 사라져 버렸다. 모든 사람들의 관심은 경제다. …… 사람의 가치, 인간의 존엄, 평등의 가치, 역사의 진보, 이런 이야기가 아니라 돈 이야기를 중심에 놓고 이야기를 한다는 것이 마음이 썩 내키는 일은 아닐 것이다(노무현 2009).

한편 임기 초반 경제·사회 분야에서 비중이 큰 어젠다는 대기업 개혁과 부동산 규제 강화 조치였다. 부동산 규제 강화를 위한 구체적 조치는 2003년 10월 29일 '주택 시장 안정 종합 대책'에서 잘 드러나는데, 종부세 조기 시행, 다주택자 양도세 중과, 투기 행위 근절 대책, 강남권 수요 분산을 위한 강북 뉴타운과 수도권 인근 고급 주택단지 공급 등이 해당된다.

두 어젠다 모두 임기 초반 경제·사회 분야에서 대통령의 개혁 의지를 드러내는 대표적 어젠다로 간주되면서 높은 지지를 얻었다. 하지만 대통령의 주도력이 충분히 실리지 못했을뿐더러 우선순위 면에서도 정치·행정 분야에 밀리며 여론이 냉각되었다.

'집값은 반드시 잡겠다'며 강력한 의지를 표명했음에도 막상 대통령의 발언과 행보는 이에 배치된 점도 영향을 미쳤다. 대중은 토지공개념 도입과 같은 강력한 규제책을 선호했으나 대통령은 아파트 분양 원가 공개를 백지화하겠다고 밝혔다. 그 결과 여론도 이 같은 대통령의 행보에 대해 '개혁 후퇴이다' 49.4퍼센트, '현실적 조치이다' 37.0퍼센트로 부정적으로 반응했다. 특히 수도권과 30대 등 대통령 핵심 지지층에서 이 같은 회의적 기류가 두드러졌다(2004년 6월 10일 조사).

외교·통일·국방 분야의 가장 중요한 어젠다는 대등한 한미 관계 정립이었다. 전통적인 한미 동맹 관계를 중시하되 지나친 대미 편중 외교에서 벗어나 균형 외교를 지향하는 것이 노무현 정부의 공식 입장이었다. 아울러 한미 동맹을 중시했지만 동시에 한국이 신장된 국력에 걸맞게 자주국방을 달성하려는 의지를 가져야 한다는 입장도 견지했다.

이 같은 정책에 대해 대중의 평가도 대체로 우호적이었다. '한미 동맹 외교 강화' 37.9퍼센트, '자주 외교 강화' 56.7퍼센트로 나타나 노무현 정부의 '대등한 한미 관계 정립' 어젠다가 적지 않은 지지를 얻었음을 알 수 있다(2004년 2월 2일 조사).

하지만 노무현 정부 내부에서도 입장이 삐걱거리기 시작했다. 노무현 정부에 대한 기록은 "안보 정책 조정 회의에서는 통

임기 초반 경제·사회 분야에서 비중이 큰 어젠다는 대기업 개혁과 부동산 규제 강화 조치였다. 두 어젠다 모두 임기 초반 경제·사회 분야에서 대통령의 개혁 의지를 드러내는 대표적 어젠다로 간주되면서 높은 지지를 얻었다. 하지만 대통령의 주도력이 충분히 실리지 못했을뿐더러 우선순위 면에서도 정치·행정 분야에 밀리며 여론이 냉각되었다.

일부뿐 아니라 국정원도 북한의 입장을 좀 더 이해하려는 입장이었던 데 비해, 외교부와 국방부는 한미 동맹을 보다 우위에 놓고 입장이 나뉘는 것이었다."라고 내부의 갈등을 전하고 있다(문재인 2011).

그 결과 대중의 눈에 비춰진 한미 관계도 임기 초반과 달리 다소 혼란스러운 모습이었다. 그 대표적 사례는 2003년 5월 미국 순방에서 "미국이 도와주지 않았더라면 한국전쟁 때 살아남기 어려웠을 것"이라는 발언이었다. 이는 대등한 한미 관계를 지지하던 지지층에게 실망감을 안겼다.

이라크 파병 어젠다는 노무현 대통령과 지지층이 정면충돌한 사례다. 노무현 대통령 자서전에도 나타나듯이 이라크 파병 요청은 미국이 보낸 "고약하지만 수령을 거절하기 어려운 취임 축하 선물"이었고 이라크 파병 결정이 지닌 위험성에 대해 노 대통령은 충분히 인식했던 것으로 보인다. 자서전에는 다음과 같이 기록되어 있다.

> 이라크 파병 문제는 한미 관계 전체를 흔드는 군사·외교정책의 생점이었고 나를 대통령으로 만들어 주었던 지지층의 향배가 걸린 민감한 국내정치 쟁점이기도 했다. 지지층의 소망과 주장을 거역한 데 따른 정치적 손실과 배신자라는 비난을 각오했다. …… 이라크 파병은 옳지 않은 선택으로 역사에 기록될 것이다. 당시에도 그렇게 생각했고 지금도 그렇게 생각한다. 옳다고 믿어서가 아니라 대통령을 맡은 사람으로서는 회피할 수 없는 선택이라서 파병한 것이다. 때로는 뻔히 알면서도 오류의 기록을 역사에 남겨야 하는 대통

령 자리, 참으로 어렵고 무거웠다(노무현재단 2010).

이라크 파병 이슈는 취임 직후부터 지지층과 정면 대립해야 하는 '내부 갈등'적 성격을 지녔고 실제 이라크 파병에 대한 여론은 반대가 대체로 우세했다. 이는 임기 초반부터 통치 기반이 약화되면서 임기 중·후반 통치가 불안정해진 중요한 원인으로 작용했다.

이렇듯 이라크 파병 이슈는 취임 직후부터 지지층과 정면 대립해야 하는 '내부 갈등'적 성격을 지녔고 실제 이라크 파병에 대한 여론은 반대가 대체로 우세했다. 이는 임기 초반부터 통치 기반이 약화되면서 임기 중·후반 통치가 불안정해진 중요한 원인으로 작용했다.

노무현 대통령 임기 초반에는 대통령이 제기한 대부분의 어젠다에 대해 국민적 동의가 높게 나타났다가 시간이 흐르면서 급격히 약화되는 현상이 나타났다. 어젠다에 대한 관리 문제 등 다양한 요인을 들 수 있지만, 대통령의 '파격적 언행'에 따라 신뢰감을 상실한 것도 적지 않은 영향을 미친 것으로 보인다.

노무현 대통령은 취임한 지 얼마 되지 않은 2003년 5월 '대통령 못 해먹겠다' 등의 파격적인 발언을 여러 차례 했으며, 그 밖에도 국민 정서에 어긋나는 발언을 자주 했다. 그 결과 취임 6개월 즈음 여론조사에서 노무현 대통령의 가장 큰 문제로 지적된 것은 '불안정한 언행'이었다. 대통령의 이런 태도는 국민의 불안감을 불러일으키면서 대통령이 제기한 어젠다에도 부정적인 영향을 미쳤다.

임기 중반의 주요 어젠다 노무현 대통령은 임기 초반 탄핵 사태로 대통령직이 중단될 위기를 겪었으나, 그 여파로 17대 총선에서 소속당이 과반 의석을 획득하며 원내 1당으로 올라섰다. 취임 직후와 비교하면 정치적 자산이라는 측면에서 훨씬 유리한 조건 아래 임기 중반을 맞이한 셈이다.

2005년 7월 대연정을 제안하면서 통치 기반이 통째로 흔들렸다. 대연정 제안은 민생 문제를 도외시한 결과로 비쳤으며, 경제를 외면하고 정치로 정국을 돌파하려 했다는 비판에 직면하면서 역효과를 낳았다.

실제 임기 3년차에 접어든 2005년 초반에는 대통령 지지율도 30~40퍼센트 수준으로 상승했다. 당시 미국 방문 등 순방 외교의 효과가 있었고, 2005년 3월 일본과의 독도 영유권 분쟁에서 강경한 태도를 취하면서 대통령 반대층에서도 기대를 보이는 흐름이 나타났다. 분권형 국정 운영 등 권력 분산 시도도 긍정적으로 비춰지면서 지지율 상승에 기여한 것으로 보인다.

하지만 2005년 7월 대연정을 제안하면서 통치 기반이 통째로 흔들렸다. 노무현 대통령의 의도대로 대연정 제안은 타협형 정치를 위한 획기적 제안이었는지도 모른다. 노 대통령은 대연정과 관련해 "권력을 통째로 내놓으라면 검토하겠다."처럼 특유의 직설적 어법을 통해, 의도가 순수하다고 호소하는 한편 강력히 추진하겠다는 의지를 피력했다.

하지만 대연정 어젠다는 반대층은 물론 지지층으로부터도 외면을 받았다. 대연정에 대한 찬성 여론은 35.1퍼센트(2005년 7월 12일 조사)에서 시작해 시간이 흐를수록 오히려 하락해 31.9퍼센트(2005년 8월 30일 조사)에 그쳤다. 제안 직후, 대연정의 대상인 한나라당 지지층이 반대한 것은 물론, 이들에 비해 정체성 면에서 대통령과 훨씬 가까운 민주노동당 지지층이 이탈했다. 곧이어 열린우리당 지지층의 지지 강도도 약화되었다. 결국 진보적 성향의 지지층까지 이탈하면서 사실상 통치 연합이 해체되기에 이르렀다.

대연정 제안은 민생 문제를 도외시한 결과로 비쳤으며, 경제를 외면하고 정치로 정국을 돌파하려 했다는 비판에 직면하면서 역효과를 낳았다.

대연정 제안이 실패로 돌아가면서 노무현 대통령은 사실상 정치·행정 분야에서 적극적인 어젠다를 제기하지 못했다. 호남지역 등 고정 지지층 일부를 제외하면 통치 기반이 현저히 흔들리면서 이후 대통령이 어떤 어젠다를 제기해도 반응하지 않는 상황, 즉 대통령 어젠다의 탄력성이 거의 0에 수렴하는 상황에 이르게 되었다.

물론 외교 분야에서 북핵 문제를 평화적으로 해결하려는 노력 등으로 지지층의 기대에 일정하게 부응할 수 있었다. 대북 문제는 우리 사회에서 보수와 진보가 부딪히는 이념 갈등의 핵심 축임에도 북핵 문제의 평화적 해결을 지지하는 여론이 대체로 우세했다. 특히 2005년 하반기 북핵 문제 해결을 위해 정부가 제안한 내용, 즉 북한 경수로 건설 지원, 대북 송전안, 북핵 포기 시 파격적 경제 지원 제안 등에도 우호적인 여론이 형성되었다.

비슷한 맥락에서 노무현 대통령의 대북 포용 정책 기조에 대해서도 큰 틀에서 동의가 우세했다. 2006년 10월 북한 핵실험 사태로 한반도에 긴장이 고조되기 전까지 정부의 대북 포용 정책에 대해 유지 및 일부 수정 여론이 3분의 2에 이를 정도였다.

이는 대북 정책을 둘러싸고 진보와 보수 간의 이념 갈등이 적지 않음에도 우리 사회에서 대북 화해 협력 정책에 대한 합의가 어느 정도 정착되었기 때문으로 보인다.

하지만 국내 정책 분야에서 이미 무너진 통치 연합을 재구축하기에는 역부족이었다. 여기에 한미 FTA 추진이 진보적 시민 사회단체의 완강한 반대에 부딪히면서 사실상 지지 기반이 붕괴되었다. 2005년과 2006년에 절정에 이른 부동산 가격 폭등은 종부세를 비롯해 노무현 대통령이 임기 초반부터 야심 차게 제기했던 부동산 관련 정책들을 무력화했다.

그 결과 대통령 반대층은 물론 지지층도 모든 것을 '노무현 탓'으로 돌리는 '노무현 디스카운트' 현상이 나타났다. 2006년 지방선거에서 여당이 참패한 이후, 대통령이 어떤 어젠다를 제기해도 대중이 반응하지 않았으며, 임기 초반 지지를 보낸 어젠다에 대해서도 무조건 반대하는 상황에 이르렀다.

2006년 초부터 정책적 역량을 집중한 양극화 해소 어젠다도 지지층의 관심과 지지를 회복하지 못했다. 성장 중심의 경제 노선을 탈피해 새로운 경제 패러다임을 제시한 것으로 인식되지도 않았고 지지층의 이익에 부합하지도 못했다. 즉 임기 중·후반 양극화 해소에 모든 것을 걸고 통치 기반을 복구하려 했던 모든 시도가 실패한 것이다.

양극화 해소에 대한 여론은, 시급한 대책이 필요하지만 정부가 제시한 구체적 대책은 미덥지 않다는 것으로 요약될 수 있다. 양극화를 해소하겠다는 목적으로 제기된 구체적인 정책에 대해서는 여론이 부정적이지 않았다. 하지만 정부가 양극화 해결을 위해 사회 안전망 종합 복지 대책으로 8조6천억 원을 투입하기로 하는 등 적극적 의지를 보였음에도, 미비하다는 의견(48.5퍼센트)이 획기적 조치라는 긍정적 평가(37.0퍼센트)보다 높았다(2005년 10월 13일 조사).

이미 상황이 심각해진 상황에서 정부가 뒤늦게 내놓은 대책으로는 대중을 만족시킬 수 없었다.

> 양극화 해소를 위한 '비전 2030'은 국가 운영의 패러다임 자체를 바꿔 버리는, 경제정책을 사회정책화하고, 사회정책을 경제정책화하여 그동안 등한시했던 사회정책을 경제정책과 동등한 비중으로 다루는 한편, 50여 가지에 이르는 세부 정책을 이야기했습니다. …… 하지만 너무 늦게 제시했다는 결정적인 한계가 있습니다. 그러기에 실행을 위한 실질적인 재원 확보 및 투여를 시도할 수가 없었고, 할 수 있는 부분에 있어서도 상대적으로 점증적인 방식을 취했던 것입니다(이창곤 2010a).

임기 후반의 주요 어젠다 | 대통령의 정치적 자산이 풍부한 임기 초·중반까지 노무현 대통령은 국민이 많은 관심을 기울이고 이해관계도 밀접한 경제·사회 분야보다는 정치·행정 분야 어젠다에 주력했다. 2006년 지방선거에서 참패한 이후 와해된 통치 기반을 회복하기 위해 노무현 대통령이 제시한 어젠다 역시 개헌안 제안과 남북 정상회담처럼 정치·행정 분야 및 외교·통일·국방 분야에서 나왔다.

개헌안 제안은 지지층이 관심을 보이기도 했으나 야당이 강력하게 반대해 무산되었다. 차기 대선을 염두에 둔 정략적 카드로 비판받으면서 반대층의 결속이 강화되는 역효과를 낳기도 했다. 반면에 남북 정상회담 성사는 정치적 지지층은 물론 반대층에서도 성과를 인정받으며 지지율 상승으로 이어졌다.

임기 후반 노무현 대통령은 뒤늦게나마 경제·사회 분야의 어젠다들을 적극 제기했다. 2006년 부동산 가격 폭등이 절정에 이르고 이에 따른 양극화 문제가 심각한 수준에 이르면서 다양한 해결책을 제시했지만 국민의 관심과 기대를 모으지는 못했다. 특히 종부세를 포함한 강력한 부동산 규제 정책은 노무현 대통령의 정치적 반대층은 물론 지지층에서도 외면을 받았다.

그 결과 부동산 가격 폭등이 절정에 이르던 2006년 3월 조사에서 참여정부의 부동산 정책 전반에 대한 신뢰도는 거의 바닥 수준인 16.4퍼센트까지 떨어졌다. 정부에 대한 신뢰가 추락하면서 대통령이 어떤 어젠다를 제기해도 국민들이 외면하는 현상이 나타났던 것이다.

임기 후반, 지지층의 요구에 부합하는 개혁적·진보적 성격의 경제·사회정책을 제시해 지지층을 결집하고자 시도했으나 사실상 실패했던 것으로 보인다.

한편 임기 후반 대통령이 가장 주력한 어젠다인 한미 FTA는 정치적 지지층 내부의 완강한 반대에 직면했다. 한미 FTA에 대

> 임기 후반 노무현 대통령은 뒤늦게나마 경제·사회 분야의 어젠다들을 적극 제기했다. 2006년 부동산 가격 폭등이 절정에 이르고 이에 따른 양극화 문제가 심각한 수준에 이르면서 다양한 해결책을 제시했지만 국민의 관심과 기대를 모으지는 못했다. 임기 후반, 지지층의 요구에 부합하는 개혁적·진보적 성격의 경제·사회정책을 제시해 지지층을 결집하고자 시도했으나 사실상 실패했던 것이다.

그림 3-2 | 한미 FTA에 대한 여론 추이 (단위 : %)

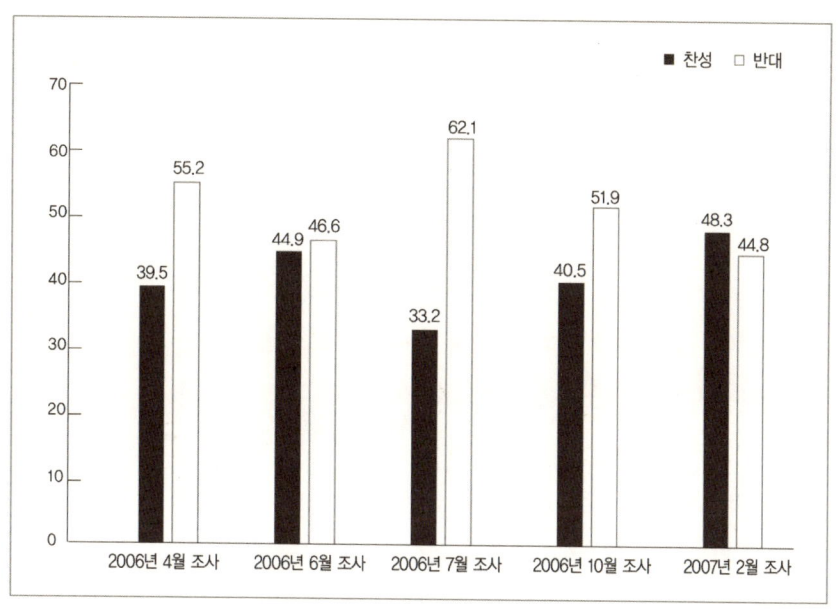

한 찬성 여론은 시기에 따라 등락을 반복했지만 대체로 40퍼센트 내외에 그쳤던 반면, 반대 여론은 50~60퍼센트로 과반을 훌쩍 넘었다. 한미 FTA 협상이 진행되는 내내 반대 집단의 결속력이 훨씬 강력했는데, 한미 FTA 체결에 따른 손실은 뚜렷한 데 반해, 창출될 이익은 모호하다고 간주했기 때문이다.

물론 한미 FTA가 타결된 직후에는 대통령의 중대 성과로 인정되면서 한미 FTA에 대한 평가도 긍정적으로 바뀌고 대통령 지지율도 상승했다. 2007년 4월 3일 조선일보-갤럽 조사에서는 찬성 58.5퍼센트, 반대 30.6퍼센트, 같은 날 한겨레-리서치플러스 조사에서는 찬성 56.7퍼센트, 반대 32.5퍼센트로 나타난 바 있다. 그리고 한미 FTA 체결 직후 노무현 대통령 지지율은 23.0퍼센트로 나타나 2주일 전의 19.9퍼센트에서 3.1퍼센트포인트 상승했다.

하지만 한미 FTA 어젠다는 지지층의 선호와 어긋나면서 대통령 지지층의 상당수가 이탈하는 결과로 이어졌다. 그로 인해 야당과는 타협에 도달했지만 지지층의 비판에 직면하면서 대통령의 통치 기반이 크게 훼손되었다. 한미 FTA가 체결된 이후 일부 긍정적 평가에도 불구하고 그 과정에서 드러난 통치 연합의 약화·해체가 온전히 복원되었다고 보기는 어려울 듯하다.

> 한미 FTA 어젠다는 지지층의 선호와 어긋나면서 대통령 지지층의 상당수가 이탈하는 결과로 이어졌다. 그로 인해 야당과는 타협에 도달했지만 지지층의 비판에 직면하면서 대통령의 통치 기반이 크게 훼손되었다.

비정규직 보호법 어젠다도 정치적 지지층으로부터 미흡하다는 비판을 받으면서 전반적으로 낮은 평가를 받았다. 비정규직 보호에 대한 국민 여론은 '비정규직을 제한하지 않으면 양극화와 빈부 격차가 더욱 가속화될 것이다' 45.5퍼센트, '비정규직을 제한하면 노동의 유연성이 떨어져 고용 기회가 줄어들 것이다' 42.5퍼센트로 팽팽했다(2005년 4월 26일 조사).

그러나 정부의 비정규직 보호법에 대해서는 부정적 평가가 높았는데, 국회를 통과한 비정규직 보호법의 효과에 대해 '부담을 느낀 기업들이 비정규직을 해고하는 등 부정적 효과가 더 클 것이다'라는 응답이 54.3퍼센트로 '비정규직에 대한 차별을 줄여 나가는 등 긍정적 효과가 더 클 것이다'라는 응답 38.6퍼센트에 비해 높았다(2007년 1월 23일 조사).

이는 (법안 자체에 문제가 있다고 보는 사람들 외에) 비정규직 보호라는 정부의 취지 자체에 공감하는 이들조차, 노무현 정부에 대한 신뢰가 크게 하락한 상황에서 정부가 추진하는 정책 전반에 대한 불신감이 높았기 때문으로 보인다. 또한 비정규직 보호법을 둘러싼 이해관계가 복잡하다고 할지라도 비정규직 보호라는 본래의 취지를 충분히 부각시키면서 정치적 지지층의 관심을 끌어들여야 하나 그러지 못했던 것도 낮은 지지로 나타났다.

4장
노무현 대통령이 선택한 어젠다와 대중의 평가

이 장에서는 노무현 대통령이 어떤 어젠다를 제기했으며, 그 어젠다에 대한 대중의 평가는 어떠했는지를 살펴볼 것이다. 분석단위는 개별 어젠다가 아니라 유형으로 묶인 어젠다이다. 개별 어젠다를 하나하나 살펴보는 것도 반드시 필요한 작업이지만, 여기에서는 노무현 대통령 시기의 통치를 전체적으로 조망하기 위해 어젠다의 내용과 성격, 대통령의 주도권 행사 여부 등을 기준으로 유형화해 살펴보고자 한다.

1_ 어떤 분야에 집중했는가

임기 전반에 걸쳐 노무현 대통령은 어떤 분야의 어젠다를 집중적으로 제기했을까? 정치·행정 분야, 경제·사회 분야, 외교·통일·국방 분야로 구분했을 때, 각 분야에 해당하는 어젠다 항목 및 설문 빈도는 정치·행정 분야가 9개 항목 39회, 경제·사회 분야가 12개 항목 44회, 외교·통일·국방 분야가 6개 항목 17회로 나타났다.

표 4-1 | 노무현 대통령 시기 임기 전체 분야별 어젠다의 빈도 및 지지율

	빈도	지지율(%)
정치·행정 분야	39	53.2
경제·사회 분야	44	52.1
외교·통일·국방 분야	17	55.0

전체적으로는, 외교정책 관련 분야보다 정치와 경제 등 국내 정책 분야의 어젠다가 더 빈번히 제기되었음을 알 수 있다. 그리고 정치·행정 분야와 경제·사회 분야는 비슷했다.

어젠다에 대한 국민의 평가, 즉 찬반 지지율은 정치·행정 분야, 경제·사회 분야, 외교·통일·국방 분야가 각각 53.2퍼센트, 52.1퍼센트, 55.0퍼센트로 나타나 외교·통일·국방 분야가 가장 높았다. 그리고 노무현 대통령의 평균 지지율은 27.9퍼센트에 그쳤지만 대통령이 제기한 어젠다의 지지율은 상당히 높았다는 점이 흥미롭다. 이는 대통령 어젠다는 지지하지만 이것이 대통령 지지로까지 이어지지 않았음을 의미한다. 그 원인도 이 책의 주요 문제의식 가운데 하나인데 이후 차츰 규명하고자 한다.

임기 초반 | 노무현 대통령 임기를 초·중·후반으로 구분해 살펴보면 앞서 언급한 것과 다소 상이한 양상이 나타난다. 대체로 임기 초반은 국민이 대통령에게 높은 기대감을 보이고, 대통령의 개혁 의지도 충만한 시기다.

이 시기 어젠다 빈도는 정치·행정 분야가 20회, 경제·사회 분야가 11회, 외교·통일·국방 분야가 11회로 나타났다. 대통령

표 4-2 | 노무현 대통령 시기 임기 초반 분야별 어젠다의 빈도 및 지지율

	빈도	지지율(%)
정치·행정 분야	20	51.5
경제·사회 분야	11	55.0
외교·통일·국방 분야	11	52.5

이 제기한 어젠다의 절반 정도가 정치·행정 분야에 집중되었음을 알 수 있다. 노무현 대통령이 임기 초반 정치·행정 분야 어젠다에 주력했음을 보여 주는 대목이다.

정치·행정 분야에 속하는 어젠다 가운데 국가보안법 폐지(6회), 행정 수도 이전(4회), 언론 관련법 개정(3회) 등은 설문 빈도가 높았다. 일정 기간 동안 사회적 관심이 집중되고 논란이 크게 일었던 이슈이기 때문이다.

반면에 이 시기 경제·사회 분야에 속하는 어젠다들은 대기업 개혁(3회), 부동산 규제 강화 조치(2회), 사학법 개정(2회)을 제외하면 중요도가 떨어졌고 사회적 반향도 크지 않았다.

한편 외교·통일·국방 분야는 이라크 파병(9회)이 압도적 비중을 차지했고, 대등한 한미 관계 정립(1회)과 자주국방 추진(1회) 등이 해당되었다.

앞서 언급했듯이 임기 초반 노무현 대통령은 정치·행정 분야의 어젠다를 집중적으로 제기했다. 하지만 어젠다에 대한 평균 지지율 측면에서는 정치·행정 분야와 경제·사회 분야 어젠다가 각각 51.5퍼센트, 55.0퍼센트의 지지율을 얻어, 경제·사회 분야 어젠다의 지지율이 훨씬 높았다.

그리고 외교·통일·국방 분야 어젠다의 평균 지지율도 52.5

> 임기 초반 노무현 대통령은 '새 시대의 첫차'의 역할을 접고 '구시대의 막차'를 표방하면서 정치 개혁을 완수하는 데 주력했다.

> 하지만 대선 후보 시절과 막상 대통령으로 당선된 이후에는 국민의 기대감도 상이하다. 국민은 자신의 삶과 직접적으로 관련된 경제·사회 분야에 더 관심을 가졌고, 대통령이 이 분야의 어젠다를 제기했을 때 더 높은 지지를 보냈던 것으로 보인다.

퍼센트에 이르는 등 높게 나타났다. 많은 국민이 반대했던 이라크 파병 어젠다가 큰 비중을 차지하고 있었음에도 평균 지지율이 높았다. 국내 정책과 달리 외교 분야에서는 국가수반으로서 대통령의 주도권을 인정하고 지지해 주는 분위기가 일정 부분 형성되었기 때문으로 보인다.

임기 초반 노무현 대통령은 '새 시대의 첫차'의 역할을 접고 '구시대의 막차'를 표방하면서 정치 개혁을 완수하는 데 주력했다. 대선 당시 노무현 대통령을 지지했던 층도 권위주의 탈피, 지역주의 해소 등과 같은 정치 개혁 어젠다에 열렬히 환호했다.

하지만 대선 후보 시절과 막상 대통령으로 당선된 이후에는 국민의 기대감도 상이하다. 국민은 자신의 삶과 직접적으로 관련된 경제·사회 분야에 더 관심을 가졌고, 대통령이 이 분야의 어젠다를 제기했을 때 더 높은 지지를 보냈던 것으로 보인다.

임기 중반 | 임기 중반으로 접어들자 노무현 대통령은 경제·사회 분야에 좀 더 주력하는 모습을 보인다. 어젠다가 제기된 빈도를 놓고 보면 정치·행정 분야가 18회로 임기 초반(20회)과 비교해 약간 감소했다. 외교·통일·국방 분야도 임기 초반과 비교해 11회에서 4회로 감소했다. 임기 초반 집중되었던 이라크 파병 어젠다가 빠지면서 이 분야 어젠다 빈도도 크게 줄어든 것이다. 경제·사회 분야만이 임기 초반 11회였던 것이 임기 중반 17회

표 4-3 | 노무현 대통령 시기 임기 중반 분야별 어젠다의 빈도 및 지지율

	빈도	지지율(%)
정치·행정 분야	18	54.5
경제·사회 분야	17	54.0
외교·통일·국방 분야	4	55.9

로 크게 증가했다. 양극화 심화, 부동산 가격 폭등 등의 사회경제적 상황이 반영된 결과다.

이 시기 정치·행정 분야에 속하는 어젠다 항목은 대연정 제안(3회), 개헌 제안(3회), 검찰 제도 개혁 추진(3회), 행정 수도 이전(2회), 분권형 국정 운영 추진(2회), 선거구제 개편(2회), 과거사 규명법(2회), 언론 관련법(1회) 등이다.

그리고 경제·사회 분야에 해당하는 어젠다로는 부동산 규제 강화(5회)가 가장 많이 제기된 가운데, 수도권 규제 강화(2회), 한미 FTA(2회), 사학법 개정(2회), 양극화 해소책(2회), NEIS·교원평가제(2회), 부동산 공급 확대(1회), 국민연금 제도 개혁(1회) 등으로 나타났다. 외교·통일·국방 분야의 어젠다는 평화적 북핵 문제 해결(4회)만이 해당되었다.

유형별 어젠다에 대한 평균 지지율을 살펴보면 정치·행정 분야 54.5퍼센트, 경제·사회 분야 54.0퍼센트로 국내 정책 분야 어젠다는 비슷했다. 외교·통일·국방 분야는 55.9퍼센트의 지지율을 나타내 국내 정책 분야보다 높았으며 임기 초반(52.5퍼센트)과 비교해도 상승했다. 이 분야의 어젠다가 평화적 북핵 문제 해결이라는 단일 항목임을 고려할 때 적어도 이 이슈에 대해서는 보수층의 반대가 있었음에도 지지 여론이 안정적이었다는 점을

보여 준다.

정치·행정 분야 어젠다에 대한 평균 지지율도 임기 초반에 비해 상승했다. 이 시기 대통령이 제기한 어젠다의 상당수가 권력 분산을 통한 타협형 국정 운영을 추구했다는 점과 무관치 않을 것이다. 비록 대연정 제안이 재신임 제안이나 탄핵 사태와 같이 정략적 제안으로 받아들여지면서 야당의 강력한 반발에 직면했지만 본래의 의도는 타협형 국정 운영이었다는 점도 이 같은 추론을 뒷받침해 주고 있다.

경제·사회 분야 어젠다는 임기 초반에 이어 여전히 높은 지지율을 유지했다. 적어도 이 시기까지는 부동산 가격 폭등 등 대중의 사회경제적 삶의 문제 해결을 위한 대통령의 노력에 대해 국민이 기대감을 갖고 있었음을 시사한다.

이 시기 어젠다에 대한 평균 지지율은 임기 초반보다 더 높게 나타나는 등 전반적으로 안정되어 가고 있었다. 하지만 임기 중반 대통령에 대한 평균 지지율은 27.2퍼센트로 임기 초반 평균 지지율 35.4퍼센트와 비교해 대폭 하락했다. 대통령 어젠다에 대한 찬성 여론이 대통령에 대한 지지로 이어지지 못했음을 시사한다. 대통령의 불안정한 언행, '좌측 깜빡이를 켜고 우회전하는' 식의 혼란스러운 행보 등의 탓으로 대선 당시 대통령을 지지했던 층조차 대통령에 대한 신뢰를 거두었기 때문이다.

임기 후반 | 재선이 제도적으로 금지된 한국 대통령제의 경우, 보통 임기 4~5년차에 접어든 대통령은 레임덕의 위기를 피하기

표 4-4 | 노무현 대통령 시기 임기 후반 분야별 어젠다의 빈도 및 지지율

	빈도	지지율(%)
정치·행정 분야	1	55.6
경제·사회 분야	16	47.6
외교·통일·국방 분야	2	63.3

어렵다. 노무현 대통령의 경우도 예외는 아니어서 임기 후반 20개월 동안에는 어젠다 제기 횟수가 확연히 줄어들었다. 이는 통치력의 약화를 의미한다.

이 시기 어젠다가 제기된 빈도는 정치·행정 분야 1회, 경제·사회 분야 16회, 외교·통일·국방 분야 2회로 나타났다. 특히 정치·행정 분야의 어젠다가 현격히 감소했음을 알 수 있다. 반면에 경제·사회 분야 어젠다는 임기 후반에도 다수 제기되었다. 양극화를 포함한 사회경제적 문제 해결이 시급했음을 시사한다.

정치·행정 분야에 속하는 어젠다는 개헌안 제안(1회) 등 1개 항목이고, 경제·사회 분야에 해당되는 어젠다로는 한미 FTA(5회), 종부세(2회), 부동산 규제 강화(2회), NEIS·교원평가제(2회), 국민연금 제도 개혁(2회), 비정규직 보호법(2회), 부동산 공급 확대(1회) 등이 있었다. 그리고 외교·통일·국방 분야에는 전작권 환수(1회), 남북 정상회담(1회) 등이 속했다.

유형별 어젠다에 대한 평균 지지율은 정치·행정 분야 55.6퍼센트, 경제·사회 분야 47.6퍼센트, 외교·통일·국방 분야 63.3퍼센트로 나타났다. 정치·행정 분야의 경우 평균 지지율이 높았으나 해당 어젠다가 1개에 그쳐 적극적 의미를 부여하기 어렵다.

주목할 만한 것은 경제·사회 분야 어젠다의 평균 지지율이

경제·사회 분야 어젠다의 평균 지지율은 임기 초·중반과 비교해 크게 하락했다는 점이다. 경제·사회 분야 어젠다는 대중의 삶과 밀접히 연관되어 있기에 노무현 대통령은 뒤늦게나마 대중의 요구를 수용하면서 이 분야에 집중했다. 하지만 임기 후반 대통령의 평균 지지율도 20.2퍼센트에 그치는 등 신뢰가 추락했다. 이 상황에서 대통령이 어떤 어젠다를 제기해도 국민들이 외면한 것으로 보인다. 2006년 절정에 이른 부동산 가격 폭등이 핵심적인 계기였다.

한편 외교·통일·국방 분야 어젠다는 임기 초·중·후반 각각 52.5퍼센트, 55.9퍼센트, 63.3퍼센트를 나타내 임기에 관계없이 높은 지지율을 나타냈다. 이 분야의 경우 새로운 이슈를 제기하기보다는 기존 이슈의 연장선에서 국민의 지지 여부를 묻는 경향이 있다. 이런 이유로 여론의 변동 폭이 크지 않다. 하지만 대통령의 통치력이 하락한 상황에서, 외교 분야 어젠다만으로 지지율을 높이는 데는 한계가 있었다.

2_ 어떤 어젠다에 주력했는가

대통령의 주도권 행사를 기준으로 동원형 어젠다와 반응형 어젠다로 구분할 때 노무현 대통령의 어젠다는 임기 전체에 걸쳐 각각 47회와 53회로 나타나 반응형이 다소 우세했다. 대통령의 정치적 자산은 제한되어 있어 대통령이 제기했더라도 강력히 주도

표 4-5 | 노무현 대통령 시기 임기 전체 동원형/반응형 어젠다의 빈도 및 지지율

	정치·행정 분야		경제·사회 분야		외교·통일·국방 분야		계	
	빈도	지지율(%)	빈도	지지율(%)	빈도	지지율(%)	빈도	지지율(%)
동원형	28	55.4	11	46.2	8	59.1	47	52.4
반응형	11	47.0	33	53.9	9	50.2	53	51.6

권을 행사할 수 있는 어젠다는 소수로 한정될 수밖에 없다. 따라서 어젠다 분야별로, 시기별로 어떤 어젠다에 주력했는지가 중요하다.

동원형 어젠다 47회를 분야별로 살펴보면 정치·행정 분야 28회, 경제·사회 분야 11회, 외교·통일·국방 분야 8회로 나타나 정치·행정 분야에 주력했음이 확인된다.

한편 어젠다에 대한 평균 지지율은 동원형 52.4퍼센트, 반응형 51.6퍼센트로 거의 비슷한 가운데 동원형이 근소한 차이로 우세했다. 하지만 분야별로는 차이가 뚜렷했는데, 먼저 정치·행정 분야만을 놓고 보면 노무현 정부 전반에 걸쳐 동원형 어젠다의 평균 지지율은 55.4퍼센트로 나타나 반응형 47.0퍼센트보다 월등히 높았다. 정치 개혁을 주요 내용으로 하는 정치·행정 분야 어젠다 중에서도 동원형 어젠다가 대중적 지지도 높았다.

경제·사회 분야의 경우, 동원형/반응형 어젠다에 대한 지지율은 각각 46.2퍼센트, 53.9퍼센트로 반응형 어젠다가 훨씬 우세해 정치·행정 분야와 대비를 이룬다. 대통령이 적극적으로 제기하고 주도권을 행사한 어젠다들이 막상 대중의 지지를 확실히 얻지 못했음을 시사한다. 이 분야의 경우 어젠다로 나타나는 대통령의 열망과 의지가 대중의 관심 및 이익에 부합하지 못했던

표 4-6 | 지지 정당별 이라크 파병 어젠다 찬성 평균 지지율 (단위 : %)

	열린우리당 지지층	민주노동당 지지층	무당파층	한나라당 지지층
지지율	54.9	38.7	48.3	58.1

것이다.

외교·통일·국방 분야 어젠다의 평균 지지율은 동원형 어젠다(59.1퍼센트)가 반응형 어젠다(50.2퍼센트)보다 훨씬 우세했다. 대통령의 재량권 및 주도권이 강력히 인정되는 분야이기에, 동원형 어젠다가 매우 높은 지지를 얻었던 것으로 해석된다.

이 분야의 반응형에 해당되는 어젠다는 이라크 파병뿐이다. 이라크 파병 어젠다는 취임 직후부터 지지층과 정면 대립해야 하는 '내부 갈등'적 성격을 지녔으며 실제 여론도 반대가 대체로 우세했다. 특히 2002년 대선에서 노무현 대통령을 투표한 층에서는 파병 반대 여론이 일관되게 높았다. 파병 반대가 가장 완강했던 2003년 11월 3일 한국사회여론연구소 조사에서는, 2002년 대선 노무현 투표층만 놓고 보면 파병 반대 55.5퍼센트, 파병 찬성 42.6퍼센트로 반대가 더 우세했다. 이라크 파병을 놓고 대통령의 선택과 지지층의 선호가 엇갈리고 있음이 확인된다.

또한 〈표 4-6〉에서 드러나듯이 이라크 파병에 대한 찬반 여론 평균을 지지 정당별로 살펴보면 집권당(열린우리당) 지지층보다 반대당(한나라당) 지지층에서 찬성 여론이 더 높았다. 해당 기간은 취임 직후부터 2004년 7월까지로 이라크 파병 어젠다가 핵심 이슈로 부각되던 시기다.

임기 초반 | 임기 초반에는 대통령이 주도권을 행사한 동원형 어젠다가 13회, 대통령의 주도력이 약한 반응형 어젠다가 29회로 반응형이 월등히 우세했으나 분야별로 차이가 컸다. 정치·행정 분야에서는 동원형 어젠다 11회, 반응형 어젠다 9회로 동원형이 더 우세했다. 하지만 외교·통일·국방 분야와 경제·사회 분야에서는 반응형 어젠다가 압도적으로 우세했다. 사실상 이 시기 동원형 어젠다의 대부분이 정치·행정 분야에 집중되었다.

임기 초반에는 보통 신임 대통령에 대한 기대감으로 대통령 지지도도 높고 야당도 비판을 자제하는 등 정치 환경이 비교적 우호적이다. 그럼에도 노무현 대통령의 경우 동원형 어젠다를 제기한 빈도가 적었다.

2003년 2월 취임 직후부터 2004년 4월 총선까지는 소속 정당이 소수당에 머무른 분점 정부 상황이었다. 소수당 소속 대통령이었기에 정책 주도권을 확보하기가 쉽지 않았던 것으로 보인다. 실제 2004년 4월 총선에서 대통령 소속당인 열린우리당이 과반 의석을 획득해 원내 1당의 지위를 획득한 이후(단점 정부) 노무현 대통령은 주도권을 활발히 행사했다.

임기 초반 각 유형에 해당하는 어젠다 항목을 살펴보면 정치·행정 분야의 동원형 어젠다(11회)에는 행정 수도 이전(4회), 언론 관련법 개정(3회), 검찰 제도 개혁 추진(2회) 등이 포함되어 있었다. 그 밖에 선거구제 개편(1회), 분권형 국정 운영 추진(1회) 등이 해당되었다. 행정 수도 이전과 같은 단일 어젠다 항목에 대해 여러 차례 여론조사가 실시되었다는 것은 그 어젠다가 대통

표 4-7 | 노무현 대통령 시기 임기 초반 동원형/반응형 어젠다의 빈도 및 지지율

	정치·행정 분야		경제·사회 분야		외교·통일·국방 분야		계	
	빈도	지지율(%)	빈도	지지율(%)	빈도	지지율(%)	빈도	지지율(%)
동원형	11	57.7	0	-	2	61.8	13	57.7
반응형	9	41.4	11	55.0	9	50.2	29	49.0

령 통치의 중요한 축이었음을 의미한다. 한편, 정치·행정 분야 반응형 어젠다에는 과거사 규명법(3회), 국가보안법 폐지(6회)가 포함되었다.

경제·사회 분야에서 제기된 어젠다는 모두 반응형으로 분류되었다. 동원형 어젠다가 하나도 없다는 것은 노무현 대통령이 경제·사회 분야 어젠다에 대해 소극적으로 임했음을 의미한다. 아울러 대통령에 대한 기대감이 가장 높은 임기 초반에 이 분야에 대한 관심 및 정책적 준비가 상대적으로 약했음을 의미한다.

이는 노무현 대통령이 정치 분야에 집중하면서 경제·사회 분야에서는 설득력 있는 비전을 제시하지 못했다는 비판이 타당했음을 시사한다. 이 분야의 반응형 어젠다를 구성하는 주요 항목은 대기업 개혁(3회), 부동산 규제 강화 조치(2회), 사학법 개정(2회) 등이었다.

외교·통일·국방 분야의 경우에는 동원형 어젠다(2회)에 대등한 한미 관계 정립(1회)과 자주국방 추진(1회)이 포함되며 반응형 어젠다(9회)는 대부분 이라크 파병(9회)으로 구성되었다. 이라크 파병이 9회나 나타난 것은 임기 초반 이라크 파병 어젠다가 사

회적 파장이 큰 쟁점 이슈로 장기간 지속되었기 때문이다.

이 시기의 동원형/반응형 어젠다에 대한 평균 지지율은 각각 57.7퍼센트, 49.0퍼센트로 동원형이 월등히 우세했다. 분야별로 상세하게 살펴보면 정치·행정 분야의 경우 동원형 57.7퍼센트, 반응형 41.4퍼센트로 동원형이 월등히 우세했다. 정치·행정 분야에서 동원형에 해당하는 어젠다 중에서도 특히 높은 지지율을 얻은 항목은 언론 관련법 개혁과 검찰 제도 개혁 추진이다. 반면에 행정 수도 이전에 대해서는 비판 여론이 더 우세했다.

검찰 개혁에 대한 여론을 살펴보면, 임기 초반 검찰의 제도 개혁에 대해 필요하다는 여론이 83.7퍼센트에 이르렀다(2004년 8월 31일 조사). 검찰 개혁의 핵심 축인 고위 공직자 비리 조사처 신설에 대해서도 찬성 여론이 64.1퍼센트에 이르렀다(2004년 7월 1일 조사). 또한 검경 수사권 조정에 대해서도 찬성이 약 65퍼센트 수준에 이르는 등 여론 상황이 매우 우호적이었다.

주목할 만한 점은 시간이 경과해도 이 같은 여론 지형에 거의 변화가 없었다는 점이다. 다른 어젠다들이 초반에는 높은 지지를 얻다가 시간이 지나면서 지지 여론이 약화된 것과 비교된다. 하지만 고위 공직자 비리 조사처 신설 문제는 여론의 지지를 얻었음에도 정치 엘리트 내부의 반발에 직면하면서 실패했다.

고위 공직자 비리 조사처 신설은 선거를 통해 이루어지는 수직적 책임성vertical accountability을 넘어 수평적 책임성horizontal accountability을 확보할 수 있는 중요한 문제였다. 국가기구 간의 상호 감시와 견제를 통해 시민에 대한 공직 담당자의 책임성을 확보할 수 있기 때문이다. 하지만 성사되지는 못했고, 그 여파로 노무현

> 임기 초반에는 정치 개혁 등 노무현 대통령의 주요 어젠다에 대한 지지율이 비교적 높게 나타났다. 이는 구체제 청산을 주요 내용으로 하는 이행기의 과제에 대해 대중적 지지가 높았기 때문이다. 하지만 구체제 청산만으로 대중의 개혁 요구를 만족시킬 수 없었다.

대통령의 정치 개혁 구상도 일정 부분 타격을 받았던 것으로 보인다.

한편 행정 수도 이전 어젠다는 노무현 정부가 가장 주력한 어젠다였음에도 대체로 부정적 여론이 높았다. 2003년 12월부터 2004년 하반기까지 찬성 여론은 40퍼센트를 약간 상회하는 데 그친 반면 반대 여론은 50퍼센트를 넘었고, 이 같은 현상이 큰 변화 없이 지속되었다. 그 결과 대통령이 강력한 의지를 보인 정책이었음에도 추진하기가 쉽지 않았다.

임기 초반에는 정치 개혁 등 노무현 대통령의 주요 어젠다에 대한 지지율이 비교적 높게 나타났다. 이는 구체제 청산을 주요 내용으로 하는 이행기의 과제에 대해 대중적 지지가 높았기 때문이다. 하지만 구체제 청산만으로 대중의 개혁 요구를 만족시킬 수 없었다.

구체제 청산에 대한 관심은 지지층 중에서도 고관심층을 중심으로 강력히 존재했지만 다수 대중의 관심은 자신의 삶에 직결된 민생 문제에 집중되어 있었다. 2004년 하반기 노무현 대통령은 구체제를 청산하고자 시도한 정치 개혁인, 이른바 4대 쟁점 법안에 집중했다. 하지만 이 같은 행보는 대중의 관심과 괴리가 있었기에 시간이 흐를수록 대중의 지지도 약화되어 갔다.

이 시기 경제·사회 분야의 어젠다를 살펴보자. 이 분야에서 동원형 어젠다는 없었고, 반응형 어젠다에 대한 평균 지지율은 55.0퍼센트로 나타났다. 한편 외교·통일·국방 분야는 동원형 61.8퍼센트, 반응형 50.2퍼센트로 동원형 어젠다에 대한 지지율이 매우 높았다. 임기 초반에는 분야에 관계없이 대체로 동원형 어젠다가 반응형보다 더 높은 지지를 얻었음을 알 수 있다. 이 시기에는 대통령의 열망과 관심에 대해 대중도 인정하는 경향이 있기 때문이다.

그런데 경제·사회 분야는 대통령의 관심이 적은 분야였음에도 어젠다에 대한 지지율은 높았다. 이 분야에 대해 대중이 많은 관심을 기울였으며 자신의 이익이 걸려 있다고 여겼음을 의미하는 것이다. 만일 대통령이 이 분야에 좀 더 적극적인 관심과 열망을 투여했더라면 더 강력한 지지를 얻었으리라고 가정할 수 있다.

> 경제·사회 분야는 대통령의 관심이 적은 분야였음에도 어젠다에 대한 지지율은 높았다. 이 분야에 대해 대중이 많은 관심을 기울였으며 자신의 이익이 걸려 있다고 여겼음을 의미하는 것이다. 만일 대통령이 이 분야에 좀 더 적극적인 관심과 열망을 투여했더라면 더 강력한 지지를 얻었으리라고 가정할 수 있다.

노무현 대통령 임기 6개월 즈음 한국사회여론연구소 여론조사에서 국정 운영의 최우선 과제로 삼아야 할 것을 묻는 설문에 응답자의 58.6퍼센트가 '경제 회복'을 꼽은 것도 이를 뒷받침한다. 정작 노무현 대통령이 주력한 '정치 개혁'을 최우선 과제로 꼽은 응답자는 7.4퍼센트에 불과했고, 그 밖에 '부정부패 척결' 12.1퍼센트, '북핵 문제 해결 및 남북 관계' 10.4퍼센트 순으로 나타난 바 있다.

임기 중반 | 임기 중반에 들어서면 동원형 어젠다는 24회로 증가하고 반응형 어젠다는 15회로 크게 감소한다. 이 시기 반응형 어젠다의 감소는 외교·통일·국방 분야에서 두드러졌는데, 임기 초반 큰 사회적 파장을 불러일으켰던 이라크 파병 이슈가 다소 잠잠해졌기 때문이다.

분야별로 살펴보면 정치·행정 분야에서는 동원형 16회, 반응형 2회로 나타나 동원형으로 쏠리는 현상이 두드러졌다. 이 분야의 동원형에는 대연정 제안(3회), 개헌 제안(3회), 검찰 제도 개혁 추진(3회), 행정 수도 이전(2회) 등이 해당되었다. 그리고 반응형에는 과거사 규명법(2회) 1개 항목만이 포함되었다.

정치·행정 분야는 노무현 대통령이 가장 집중한 분야로 임기 중반에도 어젠다가 제기된 빈도에서 동원형이 일관되게 높게 나타났다. 이 시기 동원형 어젠다 전체(24회) 가운데 16회가 정치·행정 분야에 속했다. 대통령의 관심 및 통치력이 여전히 이 분야에 집중되었음을 알 수 있다.

경제·사회 분야에서는 동원형 4회, 반응형 13회로 나타났는데 동원형에는 한미 FTA(2회), 수도권 규제(2회)가 해당되었다. 반응형에 속하는 주요한 어젠다로는 부동산 규제 강화(5회), 양극화 해소책(2회), NEIS·교원평가제(2회), 사학법 개정(2회) 등이 있다. 임기 초반에 이어 부동산 규제 강화 등 부동산 관련 어젠다가 경제·사회 분야에서 여전히 큰 비중을 차지했다. 아울러 임기 초반에는 대통령이 주도력을 행사하는 동원형 어젠다가 없었으나 임기 중반에는 4회나 제기되었다.

대통령이 임기 중반에 들어서면서 경제·사회 분야 어젠다에도 주도력을 행사하는 등 적극적인 태도를 보였음을 알 수 있다. 이 분야가 통치의 중요한 축으로 부상했음을 의미하는 것이기도 하다.

외교·통일·국방 분야에서는 북핵의 평화적이고 외교적인 해결(4회) 어젠다가 동원형이자 가장 비중이 높은 어젠다였다. 임

표 4-8 | 노무현 대통령 시기 임기 중반 동원형/반응형 어젠다의 빈도 및 지지율

	정치·행정 분야		경제·사회 분야		외교·통일·국방 분야		계	
	빈도	지지율(%)	빈도	지지율(%)	빈도	지지율(%)	빈도	지지율(%)
동원형	16	53.4	4	48.6	4	55.9	24	51.6
반응형	2	64.2	13	54.9	0	-	15	55.2

기 중반 외교 분야에서 노무현 대통령의 최대의 정책 과제가 북핵 문제였음을 보여 준다.

임기 중반 어젠다에 대한 평균 지지율은 동원형 51.6퍼센트, 반응형 55.2퍼센트로 나타나 임기 초반 동원형이 우세를 보였던 것과 대비된다. 또한 대통령이 주도권을 행사한 동원형 어젠다에 대한 지지율 하락이 인상적이다. 이는 대통령에 대한 기대감이 줄어들면서 어젠다를 통한 대중 설득에 한계를 보였음을 의미한다.

분야별로 살펴보면 정치·행정 분야의 경우 임기 중반으로 접어들면서 동원형 어젠다에 대한 평균 지지율은 53.4퍼센트로 임기 초반과 비교해 다소 하락한 반면, 반응형에 대한 평균 지지율은 41.4퍼센트에서 64.2퍼센트로 대폭 상승했다. 검찰 제도 개혁 어젠다 등은 임기 초반부터 줄곧 지지 여론이 높았다. 하지만 대연정 어젠다 등에 대한 여론이 매우 부정적이었기에 이 분야의 동원형 어젠다에 대한 평균 지지율도 다소 하락했다.

경제·사회 분야의 경우 동원형 48.6퍼센트, 반응형 54.9퍼센트로 나타나 임기 초반과 마찬가지로 반응형 어젠다가 훨씬 높은 지지를 얻었다. 이 분야에서는 임기 중반에 들어서야 비로소 동원형 어젠다가 제기되었다. 그러나 어젠다에 대한 지지율은 낮았다. 노무현 정부의 대표적인 경제 분야의 어젠다이자 대통령이 미래 성장의 돌파구로 과감히 제시했던 한미 FTA 어젠다의 부정적 효과가 컸다.

임기 중반 대통령이 주도권을 행사한 동원형 어젠다만 놓고 보면 외교·통일·국방 분야만 높은 지지율을 보였고 국내 정책 분야에서는 오히려 반응형 어젠다가 더 높은 지지를 얻었다. 이미 임기 중반부터 대통령의 주도권 여하가 어젠다에 대한 평가에 큰 영향을 미치지 못했음을 의미한다. 그만큼 대통령의 통치력이 약화되었다는 의미다. 대연정과 같이 반대층은 물론 지지층 내부의 분열로 이어진 어젠다의 영향이 컸던 것으로 보인다.

반응형 어젠다가 훨씬 높은 지지를 얻었다. 이 분야에서는 임기 중반에 들어서야 비로소 동원형 어젠다가 제기되었다. 그러나 어젠다에 대한 지지율은 낮았다. 노무현 정부의 대표적인 경제 분야의 어젠다이자 대통령이 미래 성장의 돌파구로 과감히 제시했던 한미 FTA 어젠다의 부정적 효과가 컸다.

한미 FTA에 대한 찬성 여론은 시기마다 등락을 반복했지만 대체로 40퍼센트 내외에 그친 반면, 반대 여론은 50~60퍼센트로 과반을 훌쩍 넘었다. 한미 FTA 어젠다는 지지층의 선호와 어긋하면서 대통령 지지층의 상당수가 이탈하는 결과로 이어졌다. 그로 인해 야당과는 타협을 이루었지만 지지층의 분열을 야기하면서 대통령의 통치 기반이 크게 훼손되었다.

외교·통일·국방 분야를 살펴보면 북핵 문제의 평화적 해결이라는 단일 어젠다에 대해 평균 지지율이 55.9퍼센트로 비교적 높게 나타났다. 대북 문제는 우리 사회의 보수와 진보가 부딪히는 이념 갈등의 핵심 축임에도 북핵 문제의 평화적 해결에 대해서는 대체로 지지 여론이 우세했다.

이 시기 대통령이 주도권을 행사한 동원형 어젠다만 놓고 보면 외교·통일·국방 분야만 높은 지지율을 보였고 국내 정책 분야에서는 오히려 반응형 어젠다가 더 높은 지지를 얻었다. 이미 임기 중반부터 대통령의 주도권 여하가 어젠다에 대한 평가에 큰 영향을 미치지 못했음을 의미한다. 그만큼 대통령의 통치력이 약화되었다는 의미다. 대연정과 같이 반대층은 물론 지지층 내부의 분열로 이어진 어젠다의 영향이 컸던 것으로 보인다. 임기 말 한 언론사와의 인터뷰에서 대연정 어젠다의 효과에 대해 언급한 노무현 대통령의 다음 발언은 이를 잘 드러내고 있다.

> 연정은 조금 그······ 바로 내 전략이 보통은 옳았다고 하는 자만심이 만들어 낸 오류입니다. ······ 나는 상대방이 상당히 난처해할 줄 알았어요. ······ 그런데 ······ 수류탄을 (적을 향해) 던졌는데 데굴데굴 굴러 와 막 우리 진영에서 터져 버렸어요(오연호 2009).

임기 후반 │ 임기 후반 동원형 어젠다는 10회로, 임기 중반 24회에서 크게 줄어들었다. 반응형 어젠다 역시 임기 중반 14회에서 9회로 크게 줄어들었지만 동원형 어젠다의 감소폭이 훨씬 컸다. 동원형 어젠다의 감소는 정치·행정 분야에서 두드러져, 임기 중반의 16회에서 1회로 급감했다. 반면에 경제·사회 분야 동원형 어젠다는 7회로 나타나 임기 초·중반에 비해 오히려 상승했다.

구체적으로 살펴보면 정치·행정 분야에서는 개헌 제안 1회뿐이었고, 외교·통일·국방 분야에서도 전작권 환수, 남북 정상회담 등 2개 항목에서 2회만 제기되었다. 반면에 경제·사회 분야에서는 동원형 어젠다(7회)에 한미 FTA(5회), 종부세(2회) 등이 포함되었다. 반응형 어젠다(9회)에는 부동산 규제 강화(2회)를 비롯해 총 5개 항목이 포함되었다.

대통령의 정치적 자산이 하락하는 임기 후반에 들어서면서

표 4-9 | 노무현 대통령 시기 임기 후반 동원형/반응형 어젠다의 빈도 및 지지율

	정치·행정 분야		경제·사회 분야		외교·통일·국방 분야		계	
	빈도	지지율(%)	빈도	지지율(%)	빈도	지지율(%)	빈도	지지율(%)
동원형	1	55.6	7	44.8	2	63.3	10	46.9
반응형	0	-	9	52.3	0	-	9	50.3

오히려 경제·사회 분야 동원형 어젠다가 적극적으로 제기되었다. 대통령이 뒤늦게 경제·사회 분야에 관심을 기울였음을 의미한다. 부동산 가격 폭등 문제, 양극화 심화 문제 등 사회경제적 문제가 심각해지자 대통령도 이에 대한 정책을 강력히 추진하겠다는 의지를 보이며 집중했기 때문으로 보인다.

임기 후반 어젠다에 대한 평균 지지율을 살펴보면 동원형 46.9퍼센트, 반응형 50.3퍼센트로 반응형이 약간 우세했다. 동원형 어젠다는 임기 초·중·후반에 걸쳐 각각 57.7퍼센트, 51.6퍼센트, 46.9퍼센트의 지지율을 보여 임기 후반으로 갈수록 가파르게 하락했다.

동원형 어젠다에 대한 지지율은 대통령에 대한 대중의 관심 및 기대와 밀접하게 연관된다. 따라서 임기 후반 동원형 어젠다를 제기한 빈도와 평균 지지율이 감소한 현상은 대통령의 정치적 자산이 하락하면서 필연적으로 나타난다. 반면에 통치력이 약화되면서 대통령이 외부에서 제기된 어젠다를 수용하는 경향을 보인다. 그리고 반응형 어젠다는 동원형에 비해, 대통령의 정치적 자산이 약화되는 영향을 덜 받았던 것으로 보인다.

분야별로 살펴보면 정치·행정 분야에서 제기된 어젠다는 개헌안 제안 1개 항목이었고, 평균 지지율은 55.6퍼센트로 비교적

높게 나타났다. "대통령과 국회의원의 임기를 맞추는 개헌을 하기가 쉽지 않은데다 노 대통령에게 어떤 유불리도 없다는 점에서 제안 시기는 적절"(문재인 2011)했고 대중도 이를 우호적으로 평가했다. 하지만 한나라당은 물론 여당 내에서도 별 관심을 보이지 않으면서 흐지부지되었다.

외교·통일·국방 분야에서 제기된 어젠다도 모두 동원형으로 분류되었고 평균 지지율은 63.3퍼센트로 높았다. 이 분야에 해당되는 전작권 전환 어젠다에 대해서는 논란이 한창이던 2006년 8월 16일 조사에서 찬성 54.6퍼센트, 반대 42.1퍼센트로 찬성이 우세했다. 남북 정상회담 어젠다에 대한 여론도 상당히 우호적이었다. 남북 정상회담이 한반도의 평화를 정착하는 데 기여할 것이라는 기대가 67.1퍼센트에 이르렀다. 여당은 물론 민주노동당·한나라당 지지층에서도 긍정 평가가 부정 평가보다 월등히 우세했다(2007년 10월 4일 조사).

그 결과 남북 정상회담 직후 노무현 대통령의 지지율도 31.2퍼센트로 한 달 전과 비교해 6.6퍼센트포인트나 상승했다. 임기 후반임에도 남북 정상회담이 국내의 여러 갈등을 봉합하는 효과를 가져오면서 대통령 지지도도 상승했던 것이다.

하지만 어젠다가 가장 집중적으로 제기된 경제·사회 분야의 경우 동원형 44.8퍼센트, 반응형 52.3퍼센트로 나타나 반응형 어젠다의 지지율이 훨씬 높았다. 또한 임기에 관계없이 경제·사회 분야 어젠다는 동원형보다 반응형 어젠다가 더 높은 지지를 얻었다는 점도 특징적이다.

> 다른 분야와 달리 경제·사회 분야에서 노무현 대통령이 주력한 어젠다는 대중의 관심과 선호에 부합하지 못했다. 경제·사회 분야에서 동원형 어젠다의 상당 부분이 한미 FTA 어젠다로 채워졌다는 점은 이에 대한 중요한 단서를 제공한다.

앞서 언급한 바와 같이 이는 다른 분야와 달리 경제·사회 분야에서 노무현 대통령이 주력한 어젠다가 대중의 관심과 선호에 부합하지 못했음을 보여준다. 경제·사회 분야에서 동원형 어젠다의 상당 부분이 한미 FTA 어젠다로 채워졌다는 점은 이에 대한 중요한 단서를 제공한다. 훗날 노무현 대통령도 다음과 같이 언급했다.

> 임기 후반으로 갈수록 동원형 어젠다의 지지율은 하락했으며 국내 정책 분야, 특히 경제·사회 분야에서 더 하락하거나 낮게 나타났다. 대통령의 통치력이 약화된 이후에야 제기되었다는 점, 대중의 관심과 선호에서 어긋났다는 점 등이 주요 원인이다.

2006년 초 한미 FTA 협상 개시를 선언했다. 이것은 대북 송금 특검법 수용, 이라크 파병, 대연정 제안에 이어 정치적 지지층이 등을 돌리게 만든 네 번째 선택이었다(노무현재단 2010).

종합하면 임기 후반으로 갈수록 동원형 어젠다의 지지율은 하락했으며 국내 정책 분야, 특히 경제·사회 분야에서 더 하락하거나 낮게 나타났다. 대통령의 통치력이 약화된 이후에야 제기되었다는 점, 대중의 관심과 선호에서 어긋났다는 점 등이 주요 원인이다. 이와 달리 외교·통일·국방 분야의 동원형 어젠다는 임기 후반에도 큰 변화 없이 높은 지지율이 유지되었다.

3_ 어떤 성격의 어젠다를 선택했는가

어젠다의 성격을 기준으로 갈등형과 타협형으로 구분할 경우, 노무현 대통령 임기 전체에 걸쳐 각각 제기된 빈도는 54회와 46회로 갈등형 어젠다가 더 많았다. 이는 대통령이, 야당이 강력히 반대하는 경우와 같은 갈등적 상황을 무릅쓰고 어젠다를 제기하는 경우가 적지 않았음을 의미한다. 대통령은 국민 전체의 지지가 아니라 기껏해야 절반 정도의 지지로 당선된다. 따라서 지지층의 이익을 대변하는 '정파의 수장'의 위상을 지니는 한편, 당선된 이후에는 '국가수반'의 역할을 수행하리라고 기대되기도 한다.

갈등형 어젠다는 대통령을 지지하는 층의 선호와 이익에 부합하는 어젠다이다. 따라서 지지층은 환호할 수 있지만 반대층과는 정면충돌할 수 있는 위험성도 크다. 일반적으로 신임 대통령은 '개혁'이라는 명분 아래 기존의 정치·사회질서를 새롭게 재편하려는 의지를 보이는데, 특히 이런 경향이 강했던 노무현 대통령도 갈등형 어젠다를 많이 제기한 것으로 보인다.

분야별로 살펴보면 정치·행정 분야에서는 갈등형 어젠다 28회, 타협형 어젠다 11회로 갈등형으로의 쏠림이 두드러졌다. 이에 반해 경제·사회 분야에서는 갈등형 20회, 타협형 24회로 타협형이 좀 더 많았다. 외교·통일·국방 분야에서는 갈등형 6회, 타협형 10회로 타협형이 우세했다. 노무현 대통령이 정치 개혁을 내세워 당선된 만큼 변화에 대한 열망이 정치·행정 분야에 집중되었던 것으로 보인다.

어젠다에 대한 평균 지지율을 살펴보면 갈등형 52.7퍼센트, 타협형 51.5퍼센트로 갈등형이 약간 우세했다. 하지만 분야별로 차이가 컸다. 정치·행정 분야만을 놓고 보면 갈등형/타협형 어젠다에 대

표 4-10 | 노무현 대통령 시기 임기 전체 갈등형/타협형 어젠다의 빈도 및 지지율

	정치·행정 분야		경제·사회 분야		외교·통일·국방 분야		계	
	빈도	지지율(%)	빈도	지지율(%)	빈도	지지율(%)	빈도	지지율(%)
갈등형	28	53.3	20	53.2	6	54.9	54	52.7
타협형	11	55.9	24	49.6	10	55.0	46	51.5

한 평균 지지율은 각각 53.3퍼센트, 55.9퍼센트로 전체 경향과 달리 타협형이 더 높게 나타났다.

경제·사회 분야의 경우에는 갈등형 53.2퍼센트, 타협형 49.6퍼센트로 갈등형이 더 높았다. 외교·통일·국방 분야에서는 갈등형 54.9퍼센트, 타협형 55.0퍼센트로 거의 비슷했다. 정치·행정 분야에서 개혁을 명분으로 하는 갈등형 어젠다를 많이 제기했음에도 정작 여론을 보면 타협형 어젠다를 더욱 지지했다는 점은 역설적이다. 그리고 대중이 겪는 삶의 문제와 맞닿아 있는 경제·사회 분야에서는 갈등형 어젠다가 더 높은 지지를 보였다는 점도 주목할 만하다.

정치보다는 경제에서 좀 더 전면적인 변화가 이루어지기를 바라는 대중의 욕구가 표출되었음을 보여 주고 있다. 한 정치 분석가의 분석은 이를 정확히 지적해 주고 있다.

무엇보다 노 대통령은 '젖 달라는 아이한테는 젖을 주어야 한다'는 여론 제1의 법칙을 어기고 있다. …… 지금 우리 대중은 '밥을 달라'고 외치고 있다. 참여정부 2년간 대중은 '경제'를 외치고, 대통령은 '정치'를 외쳤다. …… 분

명한 것은 대통령이 정치 측면에서 보여 주었던 그 결단과 승부수를 경제 분야에서 보여 준 것을 국민들이 기억하지 못한다는 것이다. 배고픈 아이에게 젖은 안주고 책을 읽어 준다면 아이는 계속 운다(『오마이뉴스』 2005/08/22).

임기 초반 | 임기 초반 어젠다의 유형별 분포는 갈등형 어젠다 23회, 타협형 어젠다 19회로 갈등형이 더 많이 제기되었으나 이 역시 분야별로 차이가 컸다. 정치·행정 분야에서는 갈등형 어젠다 15회, 타협형 어젠다 5회로 갈등형으로의 쏠림이 두드러졌다. 경제·사회 분야에서도 갈등형 7회, 타협형 4회로 갈등형이 좀 더 많았다.

이렇듯 임기 초반 노무현 대통령은 국내 정책 분야에서는 갈등형에 해당하는 어젠다를 더 많이 제기했다. 하지만 외교·통일·국방 분야에서는 갈등형 어젠다 1회, 타협형 어젠다 10회로 타협형이 압도적이었다.

정치·행정 분야에서 갈등형에 해당하는 항목은 행정 수도 이전(4회), 언론 관련법 개정(3회), 국가보안법 폐지(6회) 등이다. 대통령이 기존의 정치 질서를 변화시키려는 과정에서 여야 간의 갈등이 격렬하게 표출되었던 어젠다이다. 아울러 대통령이 강력하게 추진한 동원형 어젠다의 상당수가 갈등형에 속했다. 한편 타협형에는 과거사 규명법(3회) 등이 포함되었다.

이처럼 임기 초반 노무현 대통령은 지지층의 개

> 임기 초반 노무현 대통령은 지지층의 개혁 요구에 부응하기 위해 정치 개혁 어젠다에 정치적 승부수를 던졌다. 하지만 정치 개혁 어젠다는 고관심층의 요구는 높았지만 다수 대중의 관심에는 어긋났다.

표 4-11 | 노무현 대통령 시기 임기 초반 갈등형/타협형 어젠다의 빈도 및 지지율

	정치·행정 분야		경제·사회 분야		외교·통일·국방 분야		계	
	빈도	지지율(%)	빈도	지지율(%)	빈도	지지율(%)	빈도	지지율(%)
갈등형	15	50.6	7	60.7	1	49.0	23	54.3
타협형	5	60.1	4	46.6	10	53.0	19	53.8

혁 요구에 부응하기 위해 정치 개혁 어젠다에 정치적 승부수를 던졌다. 하지만 정치 개혁 어젠다는 고관심층의 요구는 높았지만 다수 대중의 관심에는 어긋났다.

경제·사회 분야에서 갈등형(7회)에 해당하는 어젠다는 대기업 개혁(3회), 부동산 규제 강화 조치(2회), 사학법 개정(2회) 등이다. 그리고 타협형 어젠다(4회)에는 부동산 공급 확대 조치(1회), 성매매 관련법(1회), 신용 불량자 지원책 등 양극화 해소 정책(1회), NEIS·교원평가제(1회) 등이 포함되었다.

외교·통일·국방 분야를 살펴보면, 갈등형 어젠다(1회)에는 대등한 한미 관계 정립(1회)만이 해당되었고, 타협형 어젠다(10회)에는 자주국방 추진(1회)과 이라크 파병(9회)이 포함되었다. 국내 정책 관련 어젠다와 달리 갈등형보다 타협형 어젠다가 더 많았다.

이는 외교 분야의 경우 대통령이 국가수반이라는 위치에서 어젠다를 제기하고 반대당도 이를 수용하는 분위기가 형성되어 있기 때문이라고 해석할 수 있다.

이 시기 어젠다에 대한 평균 지지율을 살펴보면 갈등형 54.3퍼센트, 타협형 53.8퍼센트로 거의 비

정치·행정 분야에서는 갈등형 50.6퍼센트, 타협형 60.1퍼센트로 타협형 어젠다에 대한 지지율이 훨씬 높았다. 대선이라는 큰 정치적 이벤트를 겪고 난 후에는 갈등을 치유하기 위해 신임 대통령에게 사회 통합을 요구하는 경향이 있다. 특히 정치·행정 분야에서 통합적 어젠다에 대한 요구가 높았다.

슷했다. 하지만 분야별로는 차이가 뚜렷한데, 정치·행정 분야에서는 갈등형 50.6퍼센트, 타협형 60.1퍼센트로 타협형 어젠다에 대한 지지율이 훨씬 높았다. 대선이라는 큰 정치적 이벤트를 겪고 난 후에는 갈등을 치유하기 위해 신임 대통령에게 사회 통합을 요구하는 경향이 있다. 특히 정치·행정 분야에서 통합적 어젠다에 대한 요구가 높았다.

경제·사회 분야에서 나타난 경향은 달랐다. 갈등형 어젠다의 평균 지지율(60.7퍼센트)은 타협형 어젠다의 평균 지지율(46.6퍼센트)보다 월등히 우세했다. 이는 경제·사회 분야의 개혁이 훨씬 광범위하게 대중의 지지를 받았음을 의미한다. 정치 개혁이 노무현 대통령의 지지층 중에서도 고관심층을 중심으로 제한적인 관심과 지지를 받았던 것과 대비된다. 또한 대통령이 정파적 수장으로 지지층의 이익 및 선호에 부합하는 진보적 어젠다를 제기했을 때 어젠다에 대한 지지도 높았다.

좀 더 구체적으로 살펴보면 출총제 등 대기업 개혁에 대한 국민 여론은 찬성이 우세했다. 특히 어젠다가 제기된 초기에는 지지 여론이 75.2퍼센트에 이르렀다(2004년 5월 10일 조사). 경제·사회 분야의 주요 개혁정책인 '규제 중심' 부동산 정책이 처음 제기되었을 때는 찬성 여론이 70퍼센트에 육박했다(2003년 10월 20일 조사). 하지만 각종 정책이 시행되었음에도 집값이 계속해 상승하자 정부의 부동산 정책에 대해 회의적 태도가 확산되었다.

사학법 개정 어젠다에 대한 여론도 비교적 우호적이었다. 어젠다를 둘러싼 갈등이 장기간 지속되었음에도 우호적 여론 지형은 달라지지 않았다. 2004년 하반기에는 찬성 여론이 60퍼센트선에 이르렀다. 2005년 여당이 일방적으로 강행 처리해 개정안을 통과한 직후에도 찬성 여론은 56.4퍼센트로 일정 수준을 유지했다(2005년 12월 13일 조사). 이는 사학법 개정안이 '사학 비리 해소'라는 명분을 지녔기 때문으로 보인다.

한편 임기 초반 NEIS 문제, 화물연대 파업과 노·정 간 충돌 등은 노무현 정부가 표방한 개혁적 정체성에 어긋나는 어젠다였다. 지지층 내에서도 적지 않은 반발에 직면하면서 이후 통치에 부정적인 영향을 미쳤다.

참여정부 초기 정부와 노동계의 충돌로 노·정 관계는 첫 단추부터 잘못 채워진 면이 있었다. 노동계가 참여정부에 대한 기대 때문에 처음부터 서두르거나 과욕을 부린 것일지도 모르겠다. 또는 노동계의 높은 기대를 참여정부가 감당 못했을 수도 있다. 어쨌든 결과적으로는 노동 분야에 있어서 참여정부는 개혁을 촉진한 게 아니라 거꾸로 개혁 역량을 손상시킨 측면이 크다고 생각한다(문재인 2011).

종합하면 노무현 대통령은 임기 초반에 약한 지지 기반을 보완하고 통치 연합을 유지하기 위해 국내 정책에서는 갈등형 정책에 치중했다. 하지만 대중은 정치·행정 분야와 경제·사회 분야에서 전혀 다른 평가를 내렸다. 정치·행정 분야에서는 타협형 어젠다가 더 높은 지지를 얻었고, 경제·사회 분야에서는 갈등형 어젠다가 월등히 높은 지지를 얻었다.

> 임기 초반, 대중의 삶의 문제와 관련된 경제·사회 분야에서는 진보적 정체성이 강한 갈등형 어젠다에 대한 요구가 높았다. 이는 대중의 변화 욕구가 정치보다는 경제에 집중되었음을 가리킨다. 하지만 노무현 대통령은 임기 초반 과도하게 정치 개혁에 에너지를 집중했다. 이에 반해 경제·사회 분야에서는 지지층의 이익에 부합하는 개혁적 어젠다를 주도적으로 제기하지 못했다. 그 결과 임기 초반부터 지지율이 하락하는 등 통치의 위기를 겪은 것으로 보인다.

임기 초반, 대중의 삶의 문제와 관련된 경제·사회 분야에서는 진보적 정체성이 강한 갈등형 어젠다에 대한 요구가 높았음을 의미한다. 이는 대중의 변화 욕구가 정치보다는 경제에 집중되었음을 가리키기도 한다. 하지만 노무현 대통령은 임기 초반 과도하게 정치 개혁에 에너지를 집중했다. 이에 반해 경제·사회 분야에서는 지지층의 이익에 부합하는 개혁적 어젠다를 주도적으로 제기하지 못했다. 그 결과 임기 초반부터 지지율이 하락하는 등 통치의 위기를 겪은 것으로 보인다. 노무현 대통령도 이에 대해 다음과 같이 아쉬움을 나타낸 바 있다.

'좌파 정부', '분배 정부'라고 비난만 잔뜩 받았지, 과감한 분배 정책을 쓰지 못했다. 예산을 더 주고 싶었지만 관련 부처에서 사업을 빨리빨리 만들어 오지 않았다. 나는 대통령으로서 민생의 어려움을 풀어 주지 못했다. 국민들에게 너무 미안하다(노무현재단 2010).

임기 중반 │ 임기 중반 갈등형/타협형 어젠다의 제기 빈도는 각각 25회, 14회로 나타나 여전히 갈등형이 우세했다. 임기 초반과 비교해 타협형이 감소한 것은 이라크 파병 어젠다가 잠잠해졌기 때문이다.

분야별로 살펴보면 정치·행정 분야의 어젠다 가운데 갈등형은 12회, 타협형은 6회로 나타나 갈등형이 여전히 우세했다. 갈등형에 해당하는 항목은 대연정 제안(3회), 개헌 제안(3회), 검찰 제도 개혁 추진(3회) 등이다. 임기 초반과 마찬가지로 대통령이 강력하게 추진한 어젠다의 상당수가 갈등형에 속했다. 그리고 타협형에는 분권형 국정 운영 추진(2회) 등이 포함되었다. 이 분야의 갈등형 어젠다는 상당 부분 이념적 성격을 띤다. 따라서 고관심층의 지지는 높았지만 반대층을 중심으로 제기된 비판 또한 강력했다. 즉 반대층이 강하게 결집되면서 대통령의 통치력에도 부정적 영향을 미쳤던 것으로 보인다.

다만 임기 중반에 분권형 국정 운영 추진과 같이 대통령의 권력을 분산시키거나, 선거구제 개편과 같이 야당의 이해관계까지 일정 부분 수용하는 타협형 어젠다가 차지하는 비중이 다소 높아졌다. 이렇듯 반대당과의 갈등을 줄이고자 한 시도는 대통령의 통치 스타일이 다소 달라진 것으로도 해석할 수 있다.

경제·사회 분야에서 제기된 어젠다는 갈등형 9회, 타협형 8회로 비슷했다. 이 분야의 갈등형에 해당되는 어젠다로 부동산에 대한 강력한 규제 조치들이 임기 초반에 이어 큰 비중을 차지하고 있었다. 정책의 성패와는 무관하게 부동산 정책을 통해 지지층의 이익을 충족하고자 했음을 알 수 있다. 그리고 경제·사회 분야의 타협형 어젠다는 임기 초반과 비교해 비중이 증가했을 뿐만 아니라 같은 시기 다른 분야와 비교해도 가장 많이 제기되었다. 노무현 대통령이 다른 분야보다 경제·사회 분야에서 진보적 대안을 제시하는 데 소극적이었다고 해석할 수 있다.

외교·통일·국방 분야에서는 북핵의 평화적이고 외교적인 해결(4회)이 동원형이자 갈등형 어젠다로 절대적 비중을 차지했다. 갈등형 어젠다는 지지층을 결집해 통치 연합을 유지·확대하는 기능을 한다. 따라서 노무현 대통령은 임기 중반 통치 연합을 유

표 4-12 | 노무현 대통령 시기 임기 중반 갈등형/타협형 어젠다의 빈도 및 지지율

	정치·행정 분야		경제·사회 분야		외교·통일·국방 분야		계	
	빈도	지지율(%)	빈도	지지율(%)	빈도	지지율(%)	빈도	지지율(%)
갈등형	12	55.8	9	54.1	4	55.9	25	53.9
타협형	6	52.4	8	52.9	0	-	14	52.8

지하기 위해 정치·행정 분야와 외교·통일·국방 분야의 어젠다를 주로 활용한 반면, 경제·사회 분야의 어젠다는 제한적으로만 활용했다고 볼 수 있다.

이 시기 어젠다에 대한 평균 지지율을 살펴보면 갈등형 어젠다(53.9퍼센트)가 타협형 어젠다(52.8퍼센트)보다 다소 높았다. 분야별로는 정치·행정 분야의 경우 갈등형 어젠다(55.8퍼센트)의 지지율이 타협형 어젠다(52.4퍼센트)보다 높았다. 임기 초반에는 타협형 어젠다의 지지율이 더 높았던 것과 비교된다. 취임 직후에는 중립지대의 층들이 타협형 어젠다를 중심으로 신임 대통령에게 기대감을 보였다. 하지만 이 층이 더는 대통령에게 큰 기대를 걸지 않게 되자 타협형 어젠다의 지지율도 하락한 것으로 보인다.

경제·사회 분야 어젠다에 대한 평균 지지율은 임기 초반에 이어 여전히 갈등형 어젠다(54.1퍼센트)가 타협형 어젠다(52.9퍼센트)보다 높았다. 하지만 임기 초반과 비교하면 갈등형 어젠다 찬성률이 크게 하락했다. 이 시기 '좌측 깜빡이를 켜고 우회전하는' 식의 갈팡질팡 행보를 보인 탓에 개혁과 변화를 원하는 상당수의 대중이 이탈했기 때문으로 보인다.

임기 후반 | 임기 후반에 제기된 갈등형 어젠다는 6회, 타협형 어젠다는 13회로 나타나 타협형의 비중이 월등히 높아졌다. 임기 후반으로 접어들면서 지지층도 왜소해져 갈등형 어젠다를 추진할 만한 동력이 약화되었고 정치 환경도 열악해졌기 때문이다.

분야별로 살펴보면 정치·행정 분야는 개헌안 제안(1회)만이 갈등형으로 나타났다. 경제·사회 분야에서는 갈등형 어젠다(4회)에 종부세(2회), 부동산 규제 강화(2회)가 포함되었다. 타협형 어젠다(13회)에는 한미 FTA(5회), NEIS·교원평가제(2회), 국민연금 제도 개혁(2회), 비정규직 보호법(2회) 등이 해당되었다. 경제·사회 분야에서는 임기 후반으로 갈수록 어젠다가 제기된 빈도가 증가한 점, 특히 타협형 어젠다의 빈도가 증가한 점을 주목할 만하다. 외교·통일·국방 분야는 갈등형 어젠다에 전작권 환수(1회), 타협형 어젠다에 남북 정상회담(1회)이 포함되었다.

임기 후반 어젠다에 대한 평균 지지율은 타협형 어젠다(48.2퍼센트)가 갈등형 어젠다(43.4퍼센트)를 크게 앞섰다. 분야별로는 경제·사회 분야의 경우 갈등형 어젠다(41.0퍼센트)보다 타협형 어젠다(48.2퍼센트)가 우세했다. 임기 중반에 이어 갈등형 어젠다에 대한 지지율이 크게 하락했음을 알 수 있다.

이 시기 경제·사회 분야의 개혁 어젠다에 대한 대중의 실망감은 부동산 정책에서 뚜렷이 나타난다. 임기 초반에는 부동산 가격을 안정화할 목적의 '규제 중심' 정책에 대한 찬성이 70퍼센트에 육박했다(2003년 10월 20일 조사). 하지만 임기 초반부터 이같은 기조가 흔들리면서 정부 정책의 일관성과 추진 의지에 대

표 4-13 | 노무현 대통령 시기 임기 후반 갈등형/타협형 어젠다의 빈도 및 지지율

	정치·행정 분야		경제·사회 분야		외교·통일·국방 분야		계	
	빈도	지지율(%)	빈도	지지율(%)	빈도	지지율(%)	빈도	지지율(%)
갈등형	1	55.6	4	41.0	1	56.4	6	43.4
타협형	0	-	12	48.2	1	68.1	13	48.2

한 회의가 확산되었다. 특히 17대 총선 직후, 여당이 원내 과반 의석을 획득하면서 대통령에 대한 기대감이 새롭게 형성된 시기에 대통령이 분양 원가 공개를 백지화한다고 발언한 것이 보도되었다. 이에 따라 부동산 정책 전반에 대한 신뢰가 크게 흔들렸다. 특히 지지층이 실망감이 두드러졌다.

외교·통일·국방 분야의 경우에는 갈등형 어젠다 56.4퍼센트, 타협형 어젠다 68.1퍼센트로 나타났다. 타협형에 해당하는 어젠다는 남북 정상회담으로 비록 임기 후반에 추진되기는 했으나 국민의 기대감이 매우 높았다. 정상회담이 실제로 이루어진 직후 대통령의 지지율이 상승하는 결집 효과도 나타났다. 갈등형 어젠다도 다른 분야의 어젠다와 비교하면 상대적으로 지지율이 높았다. 이는 임기가 지날수록 지지율이 크게 하락했던 국내 정책 분야와 대비된다. 국가수반으로서 대통령의 권한이 인정되는 경향이 있는 외교 분야의 특성은, 통치력이 현저히 약화되는 임기 후반에도 유효한 것으로 보인다.

요약하면 임기 초반과 비교해 임기 후반 갈등형/타협형 어젠다 모두 평균 지지율이 하락했으나 갈등형의 하락폭이 훨씬 컸다(갈등형과 타협형에서 각각 10.9퍼센트포인트와 5.6퍼센트포인트 하락했다). 갈등형 어젠다는 지지층의 배타적 이익을 추구하는 어

> 임기 초반과 비교해 임기 후반 갈등형/타협형 어젠다 모두 평균 지지율이 하락했으나 갈등형의 하락폭이 훨씬 컸다. 갈등형 어젠다는 지지층의 배타적 이익을 추구하는 어젠다이다. 따라서 갈등형 어젠다에 대한 지지율이 하락했다는 것은 지지층의 열망과 기대가 꺾였음을 의미한다. 대통령이 어떤 갈등 축을 제시해도 지지층조차 반응하지 않으면서 통치가 고립되었다.

젠다이다. 따라서 갈등형 어젠다에 대한 지지율이 하락했다는 것은 지지층의 열망과 기대가 꺾였음을 의미한다.

대통령이 어떤 갈등 축을 제시해도 지지층조차 반응하지 않으면서 통치가 고립되는 현상이 나타났다. 이른바 '참여정부 디스카운트' 현상이 뚜렷해졌고 진보 진영 전반에 대한 불신이 커졌다. 당시 우리 사회를 이끌 세력이 누구인지를 묻는 조사에서 '산업화 세력' 54퍼센트, '민주화 세력' 31.1퍼센트로 나타난 여론은 참여정부의 위기를 단적으로 보여 준다(2006년 11월 28일 조사).

5장

노무현 대통령의 어젠다는
대통령 지지에 어떤 영향을 미쳤는가

앞서 살펴봤듯이 노무현 대통령이 제기한 어젠다의 평균 지지율은 50퍼센트를 상회했다. 하지만 막상 대통령의 임기 평균 지지율은 27.9퍼센트에 불과했다. 어젠다와 대통령에 대한 지지는 때로는 같이, 때로는 별개로 움직인다. 그렇다면 어떤 어젠다가 대통령 지지율과 같이 움직이고 어떤 어젠다가 별개로 움직였는가? 즉 어떤 어젠다들이 대통령 지지율 상승에 긍정적 영향을 주었고, 어떤 어젠다들은 별 영향을 주지 못했는가?

이와 관련된 일반적 통념은 노무현 대통령이 포용적이고 통합적인 성격의 어젠다보다는 갈등적인 성격의 어젠다를 많이 제기했기에 대통령 지지율이 낮았다는 것이다. 과연 사실일까? 몇 가지 기본적인 통계분석을 통해 확인해 보자.

1_ 어떤 분야의 어젠다가 지지율 상승을 이끌었는가

먼저 국내 정책과 관련된 분야, 즉 정치·행정 분야와 경제·사회

표 5-1 | 분야별 어젠다가 노무현 대통령 지지에 미치는 영향력

	정치·행정 분야	경제·사회 분야
어젠다의 기댓값	2.296	1.724

주 : 결과를 도출한 회귀분석표는 부록을 참조.

분야 가운데 어떤 분야의 어젠다가 노무현 대통령 지지에 더 큰 영향을 미쳤는지를 검토해 보자(분석 방법에 대한 자세한 소개는 2장을 참조).

분석해 본 결과, 정치·행정 분야와 경제·사회 분야의 어젠다 모두 대통령 지지에 긍정적인 영향을 미쳤음이 확인되었고 통계적으로도 모두 유의미했다. 〈표 5-1〉에서 정치·행정 분야 어젠다의 기댓값(Exp(B))이 2.296으로 나타났는데, 여기서는 노무현 대통령의 정치·행정 분야 어젠다에 동의하는 사람은 그렇지 않은 사람보다 약 2.3배 높게 노무현 대통령을 지지할 확률을 지녔음을 의미한다. 마찬가지로 경제·사회 분야 어젠다에 동의하는 사람은 그렇지 않은 사람보다 대통령을 지지할 확률이 약 1.7배 높다.

노무현 대통령 시기에는 경제·사회 분야보다는 정치·행정 분야 어젠다를 지지할 경우 대통령 지지로 이어질 가능성이 더 높았음을 알 수 있다. 그 이유는 무엇일까?

공약과 어젠다로 나타나는 대통령의 열망 및 관심은 대중의 관심과 반드시 일치하지 않을 수 있다. 물론 대선을 거치면서 '시대정신'이라는 명분 아래 서로 교감하고 접점을 이룰지라도 막상 대통령에 당선된 뒤에는 서로 간극이 생길 수 있다. 여기에

대통령 단임제라는 제도적 특성도 일정하게 작용했다. 우리나라 역대 대통령들은 당대의 평가보다는 역사적 평가를 더 중시하면서 자신의 열망에 집중하는 경향이 나타나곤 했다.

대통령에 따라서 역사적으로 평가받고자 하는 업적이 상이할 뿐더러 스스로 시대적 과업이라고 판단한 분야에 어젠다를 집중하게 된다. 또한 재선의 기회가 없기 때문에 5년 임기 내에 무엇인가를 성취하려는 동기가 매우 강하다. 그래서 역사에서 성공한 대통령으로 남겠다는 것을 최종적인 지향점으로 여기게 된다. 노무현 대통령도 마지막 인터뷰에서 역사적 평가의 중요성을 강조한 바 있다.

현실의 평가와 역사의 평가가 다를 때 정치인들은 어느 것을 선택하느냐, 사람은 결국 역사의 평가를 선택하게 됩니다. 그럴 때 그것은 자기 가치와 일치하게 되어 있죠. 그럴 때에는 현재의 평가, 현재의 민심을 포기하게 되는 것이죠. 현재에 있어서의 대중적 평가보다는 이제 좀 더 자기 가치와 자기 전략에 기반한 역사적 평가, 그런 것을 추구해 가게 마련이죠(오연호 2009).

실제 김대중 대통령은 햇볕 정책, 노무현 대통령은 정치 개혁, 이명박 대통령은 경제성장 등을 자신의 가치와 전략으로 내세워 역사적 평가를 받고자 했다. 특히 노무현 대통령이 지역주의 타파 등 정치 개혁을 주요한 어젠다로 내세워 당선되었음은 주지의 사실이다. 그리고 취임 당시 국민의 기대감도 이 분야에서 가장 높게 나타났다.

> 임기 초반에는 대중도 대통령의 열망을 인정하고 기대감을 품는다. 하지만 양자가 일치하지 않을 경우에는 임기가 지날수록 둘 사이의 간극이 커질 가능성이 높다. 실제 노무현 대통령은 일관되게 정치 개혁에 관심을 가졌지만 대중은 생활의 문제, 즉 경제문제에 관심이 높았다. 그 결과 대통령이 열정적으로 제기한 어젠다가 대중의 관심에 부합하지 못하는 경우도 나타났다.

2003년 2월 취임 직전에 실시한 SBS-TNS 조사에 따르면 노 대통령이 취임하면서 가장 기대되는 분야에 대해 복수 응답을 받은 결과, 정치 개혁 분야가 104.7퍼센트로 가장 높았다. 다음으로 경제 분야가 75.2퍼센트, 사회 분야가 17.7퍼센트로 나타난 바 있다. 하지만 취임 이후에는 다른 양상이 나타났다. 가장 시급한 현안이 무엇인지를 물었을 때 (복수 응답) 물가 안정 51.5퍼센트, 실업 문제 36.3퍼센트로 경제문제가 가장 중요하게 꼽혀, 대통령의 열망과 국민의 실제 관심사가 일치하지 않았다.

임기 초반에는 대중도 대통령의 열망을 인정하고 기대감을 품는다. 하지만 양자가 일치하지 않을 경우에는 임기가 지날수록 둘 사이의 간극이 커질 가능성이 높다. 실제 노무현 대통령은 일관되게 정치 개혁에 관심을 가졌지만 대중은 생활의 문제, 즉 경제문제에 관심이 높았다. 그 결과 대통령이 열정적으로 제기한 어젠다가 대중의 관심에 부합하지 못하는 경우도 나타났다.

한편 〈표 5-1〉의 분석을 보완하기 위해 어젠다에 대한 찬반과 대통령 지지/반대를 교차 분석했다. 〈표 5-2〉와 〈표 5-3〉에 그 결과가 제시되어 있다. 어젠다가 대통령을 평가하는 기준으로 작용한다는 것은 이 교차표에서 '어젠다 찬성, 대통령 지지' 집단과 '어젠다 반대, 대통령 반대' 집단을 합친 규모가 크다는 것을 의미한다. 우리가 관심을 가지고 있는 부분은 이 두 가지 영역 가운데 '어젠다 찬성, 대통령 지지' 영역의 크기다. 만일 '어젠다 반대, 대통령 반대' 영역의 크기가 크다면 〈표 5-1〉에서 기

표 5-2 | 임기 전체 정치·행정 분야의 어젠다와 노무현 대통령 지지 (단위 : %)

		대통령		전체
		반대	지지	
어젠다	반대	34.1	8.8	42.8
	찬성	34.3	22.9	57.2
전체		68.3	31.7	100.0

주 : 교차 분석표에서 나타난 어젠다에 대한 찬반 지지율은 4장과 다소 차이가 있다. 분석을 위해 대통령 어젠다에 대한 지지 입장일 경우 '1', 반대 입장일 경우는 '0'으로 코딩했는데, 개별 어젠다가 아닌 유형별 어젠다를 연구 대상으로 했기 때문에 실제 결과는 '0'과 '1' 사이에 여러 값이 존재했다. 따라서 교차 분석을 위해 0~0.5 미만일 경우는 '0'으로, 0.5 이상 1 이하인 경우는 '1'로 새로 코딩했다. 이런 이유로 어젠다에 대한 찬반 지지율이 4장과 상이하게 나타났음을 밝혀 둔다.

표 5-3 | 임기 전체 경제·사회 분야의 어젠다와 노무현 대통령 지지 (단위 : %)

		대통령		전체
		반대	지지	
어젠다	반대	33.3	10.7	44.0
	찬성	36.7	19.2	56.0
전체		70.1	29.9	100.0

댓값은 높게 나타나겠지만 대통령 어젠다가 오히려 반대층을 결집하는 역효과가 크다는 것을 시사한다.

〈표 5-2〉, 〈표 5-3〉에 나타난 4개 영역을 좀 더 상세히 설명해 보자. 〈그림 5-1〉과 같이 (A) 영역은 '어젠다 반대, 대통령 반대', (B) 영역은 '어젠다 반대, 대통령 지지', (C) 영역은 '어젠다 찬성, 대통령 반대', (D) 영역은 '어젠다 찬성, 대통령 지지'를 의미한다. 이 가운데 (A) 영역은 대통령에 대해 적극적으로 반대하는 적극 반대층 또는 '비토층'에 해당된다. 대통령 반대당을 지지하는 층이 다수 포함되어 있다. 대통령이 어떤 어젠다를 제기해도 대통령을 지지할 가능성은 매우 낮은 집단이다.

그림 5-1 | 어젠다와 대통령 지지

(A) 어젠다 반대 대통령 반대 (비토층)	(B) 어젠다 반대 대통령 지지 (나랏님 정서층)
(C) 어젠다 찬성 대통령 반대 (배후층)	(D) 어젠다 찬성 대통령 지지 (핵심 지지층)

그리고 (D) 영역은 대통령을 적극 지지하는 '핵심 지지층'이다. 대선에서 대통령에게 투표한 층일 가능성이 높다. 또한 대통령이 제기한 어젠다에 대해서도 기대감을 가지고 지지를 보내는 층이다. 대통령의 통치를 뒷받침하는 이른바 '통치 연합'의 핵심 축이며 대통령 소속당 지지층이 다수 포함되어 있다.

(C) 영역은 어젠다는 찬성하지만 대통령을 지지하는 데까지 이어지지는 않는 층이다. 아직 대통령 지지까지는 아니지만 어젠다를 보고 향후 대통령 지지로 바뀔 수도 있다. 따라서 '배후층'으로 정의하고자 한다. (D) 영역, 즉 핵심 지지층이 대통령에 대해 실망할 경우 (C) 영역으로 이동할 수도 있다.

마지막으로 (B) 영역은 나라를 이끌어 가는 큰 인물로서 대통령을 무조건 지지하는 층이다. 따라서 어젠다 자체에 대해서는 관심이 높지 않다. 사회경제적 지위의 측면에서 볼 때 저학력·저소득·고연령층 등이 상대적으로 다수 포함되어 있다. 또한 지역 정서에 의존해 대통령을 지지하는 층, 그리고 대통령이 누구이든 관계없이 대통령이라는 사실 그 자체로 지지하는 '나랏님 정서층'의 성격을 띤다.

4개 영역에서 (A) 영역과 (D) 영역을 합친 규모가 클수록 앞서 언급한 기댓값, 즉 어젠다가 대통령을 평가하는 기준으로 작용할 가능성이 높다. 이는 선거에서 이슈가, 후보를 선택하는 기준으로 작용하는 '이슈 투표'와 유사하다.

이 가운데서도 우리가 주목해야 할 부분은 (D) 영역, 즉 대통령 어젠다에 대한 찬성이 대통령 지지로 이어지는 집단의 규모다. 사실상 이 층의 규모가 대통령 지지율의 안정성과 결속력을 의미한다고 볼 수 있다.

한편 대통령이 안정적인 통치를 펼치기 위해서는 통치 연합이 확장되어야 하는데, 그러려면 (D) 영역만으로는 한계가 있다. 이 경우 (C) 영역이 중요한 역할을 한다. 따라서 대통령은 (D) 영역과 (C) 영역을 합쳤을 때 가장 규모가 큰 어젠다에 집중해야 할 것이다.

이 같은 분석틀을 교차 분석표 〈표 5-2〉와 〈표 5-3〉에 적용해 구체적으로 살펴보자. 노무현 대통령이 정치·행정 분야 어젠다를 제기했을 때 '핵심 지지층'인 (D) 영역의 규모는 22.9퍼센트였고, '배후층'인 (C) 영역은 34.3퍼센트였다. 이에 반해 경제·사회 분야 어젠다를 제기했을 때 (D) 영역은 19.2퍼센트로 정치·행정 분야와 비교해 적었다. 하지만 배후층의 규모는 36.7퍼센트로 더 컸다.

이를 종합하면 핵심 지지층을 결집하는 측면에서는 정치·행정 분야 어젠다가 더 효과적이었다. 또한 통치 연합 확대라는 측면, 즉 (C)와 (D) 영역을 합친 층의 규모에서도 정치·행정 분야가 좀 더 효과적이었다. 한편 '비토층'의 규모도 정치·행정 분야가 34.1퍼센트, 경제·사회 분야는 33.3퍼센트로 정치·행정 분야가 약간 더 높았다.

정치·행정 분야 어젠다가 제기되었을 때 핵심 지지층도 결집하고 비토층도 결집하면서 대통령을 평가하는 중요한 기준으로 작용했음을 알 수 있다.

이처럼 경제·사회 분야보다 정치·행정 분야가 대통령을 평가하는 데 더 중요한 기준으로 작용한다는 결과는 노무현 대통령 임기 전체를 대상으로 한 것이다. 그렇다면 시기별로는 어떤 결과가 나타날까? 특히 임기 초반은 신임 대통령에 대한 기대감이 높아 어젠다에 대한 관심도 높은 시기다. 이 시기에 노무현 대통령의 어젠다 가운데 어떤 분야의 어젠다가 지지율 상승에 더 중요하게 기여했는가?

임기 초반 민주화 이후 당선된 대통령의 경우 취임 직후에는 대통령 지지율이 70~80퍼센트 수준으로 매우 높게 나타났다. 하지만 임기가 지날수록 지지율은 급격히 하락하고, 임기가 반환점을 돌고 나면 레임덕 위기론이 제기되는 경우가 많다. 이는 비단 우리나라에서만 발생하는 현상은 아니다. 미국을 포함해 대통령제를 채택한 나라에서는 일반적인 현상이다.

대통령이 임기 중·후반까지 자신의 지지율을 유지하기 위해서라도 임기 초반의 통치 활동이 매우 중요하다. 특히 대통령이 임기 초반에 어떤 어젠다를 제기하는지에 따라 임기 중·후반 통치도 영향을 받을 것이다. 그렇다면 임기 초반 노무현 대통령은 정치·행정 분야와 경제·사회 분야 가운데 어떤 어젠다를 제기했을 때 지지율이 상승했는가?

〈표 5-4〉와 〈표 5-5〉에서 드러나듯이, 핵심 지지층의 규모는 경제·사회 분야 어젠다를 제기했을 때(26.5퍼센트)가 정치·행정 분야 어젠다를 제기했을 때(24.3퍼센트)보다 컸다. 배후층 규

표 5-4 | 임기 초반 정치·행정 분야의 어젠다와 노무현 대통령 지지 (단위 : %)

		대통령		전체
		반대	지지	
어젠다	반대	33.6	10.0	43.6
	찬성	32.1	24.3	56.4
전체		65.7	34.3	100.0

표 5-5 | 임기 초반 경제·사회 분야의 어젠다와 노무현 대통령 지지 (단위 : %)

		대통령		전체
		반대	지지	
어젠다	반대	27.6	15.2	42.9
	찬성	30.6	26.5	57.1
전체		58.2	41.8	100.0

모는 정치·행정 분야 어젠다를 제기했을 때(32.1퍼센트)가 경제·사회 분야 어젠다를 제기했을 때(30.6퍼센트)보다 좀 더 높게 나타났다. 임기 초반 노무현 대통령이 통치 연합을 유지·확대하는 데 경제·사회 분야 어젠다가 좀 더 효과적이었음을 알 수 있다.

이 같은 결과는 앞서 살펴봤던 임기 전체에 대한 분석 결과와 상이하다. 즉 노무현 대통령 임기 전체를 놓고 보면 정치·행정 분야 어젠다가 대통령 지지도 상승에 더 효과적이었다. 하지만 대통령 통치에서 가장 중요한 시기인 임기 초반에 국한해 보면 오히려 경제·사회 분야가 더 효과적이었다.

〈표 5-4〉에서 드러난 또 다른 흥미로운 결과는 정치·행정 분야 어젠다를 제기했을 때 비토층 규모는 33.6퍼센트에 이르렀지만 경제·사회 분야를 제기했을 때는 27.6퍼센트에 그쳤다는 점

> 노무현 대통령은 대선 당시부터 정치 개혁을 내세워 당선되었고 취임 이후에도 이 분야에 주력했다. 하지만 국민의 관심사는 자신의 삶과 직접적으로 관련된 분야, 즉 경제·사회 분야에 있었고, 대통령이 자신의 관심에 부합하는 어젠다를 제기했을 때 대통령에 대해 더 긍정적으로 평가했다.

이다. 정치·행정 분야 어젠다가 반대층 결집을 야기하는 효과가 매우 컸음을 의미한다.

이 같은 결과를 종합하면 임기 초반 정치·행정 분야 어젠다는 부정적 효과가 더 컸다. 반면에 경제·사회 분야에서는 긍정적 효과는 크고, 부정적 효과는 상대적으로 적었다.

이것이 시사하는 바는 무엇일까? 노무현 대통령은 대선 당시부터 정치 개혁을 내세워 당선되었고 취임 이후에도 이 분야에 주력했다. 하지만 국민의 관심사는 자신의 삶과 직접적으로 관련된 분야, 즉 경제·사회 분야에 있었다. 따라서 대통령이 자신의 관심에 부합하는 어젠다를 제기했을 때 대통령에 대해 더 긍정적으로 평가했던 것이다.

앞서 언급했듯이 정치·행정 분야 어젠다의 상당수는 대통령이 강력한 주도권을 행사했다. 이에 반해 경제·사회 분야 어젠다 가운데서는 대통령이 주도권을 행사한 어젠다가 없었다. 그럼에도 경제·사회 분야 어젠다의 효과가 높게 나타났다. 대중의 관심이 그만큼 이 분야로 집중되었음을 시사한다.

경제·사회 분야 어젠다는 대중의 사적 생활과 긴밀히 연관되기에 대중의 관심이 높다. 경제·사회 분야는 '갈등의 사회화와 사사화'가 충돌하는 장이다. 사적 수준에서 해결되던 갈등을 공적 수준에서 가시화해 해결하고자 하는 힘과 그렇지 않은 힘이 충돌하는 장이다. 어젠다를 통해 더 많은 지지를 결집하기 위해서는 더 많은 사람을 끌어들여 관심을 높여야 한다. 하지만 정치 개혁 어젠다로는 한계가 뚜렷했다. 대중이 원하는 우선순위에서 경제·사회 개혁보다 약했기 때문이다. 2002년 대선을 통해 절차적 민주주의가 어느 정도 완성되었다는 점도 일정 부분 영향을 미친 것으로 보인다.

임기 중반 | 임기 중반을 대상으로 한 〈표 5-6〉과 〈표 5-7〉을 보면, 핵심 지지층 규모는 정치·행정 분야 어젠다를 제기했을 때 22.4퍼센트, 경제·사회 분야 어젠다를 제기했을 때 19.4퍼센트였다. 경제·사회 분야 어젠다가 임기 초반과 비교해 핵심 지지층을 결집시키는 효과가 현저히 약화되었음이 드러난다. 배후층의 규모는 경제·사회 분야 어젠다가 다소 높게 나타나지만 통치 연합을 유지·확대하는 데는 정치·행정 분야가 더 효과적임을 알 수 있다.

그렇다면 경제·사회 분야 어젠다가 이전 시기만큼 대통령의 지지율을 높이는 데 기여하지 못한 이유는 무엇인가? 대중이 이전만큼 경제·사회 분야에 관심이 없어서일까? 오히려 그 반대는 아닐까? 즉 사회 도처에서 양극화 현상이 심화되었고 빈부 격차 현상도 심각해졌다. 하지만 임기 초반 노무현 대통령이 보여 준 경제·사회 문제에 대한 인식과 해결 의지는 대중에게 신뢰를 주기에는 부족했다. 그 결과 이 분야 어젠다를 제기해도 지지율을 높이지 못했다고 봐야 할 것이다. 어젠다는 찬성하되 대통령을 지지하지는 않은 배후층이 37.3퍼센트에 이른다는 점도 이를 뒷받침한다.

표 5-6 | 임기 중반 정치·행정 분야의 어젠다와 노무현 대통령 지지 (단위: %)

		대통령		전체
		반대	지지	
어젠다	반대	33.6	8.3	41.9
	찬성	35.7	22.4	58.1
전체		69.3	30.7	100.0

표 5-7 | 임기 중반 경제·사회 분야의 어젠다와 노무현 대통령 지지 (단위: %)

		대통령		전체
		반대	지지	
어젠다	반대	33.3	9.9	43.2
	찬성	37.3	19.4	56.8
전체		70.6	29.3	100.0

임기 후반 임기 후반 정치·행정 분야에 해당하는 어젠다는 1개에 불과해 경제·사회 분야와 비교하기는 어렵다. 경제·사회 분야 어젠다만을 대상으로 대통령 지지와 어떤 관계인지를 나타낸 교차 분석표가 〈표 5-8〉이다. 핵심 지지층 규모가 12.7퍼센트로 임기 초·중반과 비교해 현저히 감소했다. 반면에 비토층 규모는 38.3퍼센트로 핵심 지지층의 세 배를 상회했다.

이는 임기 초반에 핵심 지지층 26.5퍼센트, 비토층 27.5퍼센트로 규모가 거의 비슷했던 것과 대조된다. 임기가 지날수록 핵심 지지층도 이탈한다는 점을 감안하더라도 매우 심각한 수준이었음을 알 수 있다. 이 분야에서 대통령이 제기한 어젠다가 대중의 관심에 적극적으로 부응하지 못했음은 물론 어젠다를 제기하

표 5-8 | 임기 후반 경제·사회 분야의 어젠다와 노무현 대통령 지지 (단위 : %)

		대통령		전체
		반대	지지	
어젠다	반대	38.3	7.6	45.9
	찬성	41.4	12.7	54.1
전체		79.7	20.3	100.0

는 방식이나 대통령 자체에 대한 신뢰가 하락하는 현상 등이 복합적으로 작용했다고 봐야 할 것이다.

부동산 규제 강화 조치 중 핵심 방안이었던 종부세 어젠다는 단적인 사례다. 2004년 11월 11일 조사에는 종부세 도입을 찬성하는 의견이 86.9퍼센트에 이르렀으나 부동산 가격 폭등 사태가 절정에 이르던 2006년 11월 30일 조사에서는 종부세가 '집값 안정에 기여할 것이다'라는 기대감이 35.0퍼센트에 그친 바 있다.

사실 개혁을 명분으로 수많은 어젠다가 처음 제기되었을 때는 높은 지지를 받았지만 시간이 지날수록 급속히 약화되었다. 이는 대통령 및 집권 세력이 구체적인 대안을 제시하지 못하면서 의제 설정이 관료에게 장악되었기 때문이기도 하다. 특히 경제·사회 분야에서 이 같은 현상이 빈번했다. 그 결과 집권 초기 개혁적·진보적 성격을 띤 어젠다는, 성장·효율성·질서·안정 중심의 어젠다로 성격이 변화했다. 노무현 대통령의 지지층도 점차 어젠다를 외면한 것으로 보인다.

> 개혁을 명분으로 수많은 어젠다가 처음 제기되었을 때는 높은 지지를 받았지만 시간이 지날수록 급속히 약화되었다. 이는 대통령 및 집권 세력이 구체적인 대안을 제시하지 못하면서 의제 설정이 관료에게 장악되었기 때문이기도 하다. 특히 경제·사회 분야에서 이 같은 현상이 빈번했다. 그 결과 집권 초기 개혁적·진보적 성격을 띤 어젠다는, 성장·효율성·질서·안정 중심의 어젠다로 성격이 변화했다. 노무현 대통령의 지지층도 점차 어젠다를 외면한 것으로 보인다.

2_ 대통령의 주도권 행사는 지지율 상승에 어떤 영향을 미쳤는가

이제 노무현 대통령이 주도권을 행사한 동원형 어젠다와 그렇지 못한 반응형 어젠다 가운데 무엇이 대통령 지지에 더 큰 영향을 미쳤는지 검토해 보자. 상식적 차원에서는 동원형 어젠다가 반응형 어젠다보다 대통령 지지에 더 큰 영향을 미칠 것으로 보인다. 대통령이 주도권을 행사한 어젠다일수록 언론을 통해 더 많이 노출되고 대중도 관심을 기울일 것이기 때문이다. 하지만 대통령과 소속당의 지지율처럼 대통령을 둘러싼 정치적 자산이 약할 경우에는 대통령의 주도권 행사 여부가 큰 영향을 미치지 않을 수도 있다.

즉 동원형 어젠다와 반응형 어젠다의 관계도 대통령이 처한 정치 환경을 비롯해 여러 변수의 영향을 받을 수 있다. 경험적 분석을 통해 검증해 보자.

앞에서와 마찬가지 방법을 사용해 로지스틱 회귀분석을 시도했다. 외교 분야 어젠다는 국내 정책 분야와 비교해 (국가수반으로서의 입장이 특히 중시되는 등) 대통령 지지에 미치는 작동 기제가 상이하기 때문에 국내 정책 분야만 대상으로 했다. 분석 결과 동원형 어젠다와 반응형 어젠다 모두 대통령 지지에 긍정적인 영향을 미쳤음이 확인되었고 통계적으로도 모두 유의미했다.

〈표 5-9〉를 보면 동원형 어젠다의 기댓값은 2.193, 반응형 어젠다의 기댓값은 1.770이었다. 이는 노무현 대통령의 동원형 어젠다에 동의하는 사람은 그렇지 않은 사람보다 대통령을 지지

표 5-9 | 동원형/반응형 어젠다가 노무현 대통령 지지에 미치는 영향력

	동원형	반응형
어젠다의 기댓값	2.193	1.770

주 : 결과를 도출한 회귀분석표는 부록을 참조.

할 확률이 약 2.2배 높은 반면, 반응형 어젠다에 동의한 사람이 그렇지 않은 사람보다 대통령을 지지할 확률이 약 1.8배 높음을 의미한다. 즉 노무현 대통령이 주도권을 행사한 어젠다가 그렇지 않은 어젠다보다 대통령을 평가하는 데 좀 더 강력한 기준이 었음을 알 수 있다.

좀 더 상세히 설명해 보자. 대통령은 국민에게 가장 중요한 정치적 주체다. 그의 공적인 발언이나 행위는 국민의 삶에 직간접적으로 영향을 미치기 때문에 관심이 집중된다. 대통령이 제기한 수많은 어젠다 가운데 대통령이 주도권을 행사한 어젠다는 언론에 더 많이 보도된다. 당연히 대중도 관심을 기울이기에 중요한 어젠다로 부각될 것이다.

그 결과 어젠다에 대한 평가가 대통령의 직무 수행을 판단하는 중요한 기준으로 작용할 가능성이 높다. 커뮤니케이션 분야에서는 이처럼 미디어나 주요 정치 주체가 특정 이슈에 주목해 대중이 정치인을 평가하는 데 영향을 주는 현상을 '점화'priming라는 이론 틀로 설명하고 있다.

동원형 어젠다가 미치는 효과가 높다는 점은 선거와 같은 정치과정으로도 설명된다. 동원형 어젠다는 대통령이 적극적으로 추진하고자 하는 어젠다이다. 따라서 선거운동 과정에서 중요 공

표 5-10 | 임기 전체 동원형 어젠다와 노무현 대통령 지지 (단위 : %)

어젠다		대통령		전체
		반대	지지	
어젠다	반대	36.2	8.6	44.8
	찬성	34.9	20.3	55.2
전체		71.1	28.9	100.0

표 5-11 | 임기 전체 반응형 어젠다와 노무현 대통령 지지 (단위 : %)

어젠다		대통령		전체
		반대	지지	
어젠다	반대	29.9	10.2	40.1
	찬성	38.5	21.4	59.9
전체		68.4	31.6	100.0

약으로 제시되었을 가능성이 높다. 당선 이후 대통령의 지지층은 물론 비지지층에서도 대통령이 주요하게 내세운 공약을 중심으로 대통령에게 기대를 품게 된다. 공약은 대통령을 평가하는 기준으로 작용한다. 즉 당선 이후 외부의 요구를 수용한 소극적 성격의 반응형 어젠다보다 이미 공약으로 제시된 동원형 어젠다가 대통령을 평가할 중요한 기준이 될 가능성이 높은 것이다.

이를 교차 분석하면 〈표 5-10〉, 〈표 5-11〉과 같다. 핵심 지지층의 규모는 동원형 어젠다를 제기했을 때 20.3퍼센트, 반응형 어젠다를 제기했을 때 21.4퍼센트로 반응형 어젠다를 제기했을 때 다소 높았다. 배후층의 규모 역시 동원형의 경우 34.9퍼센트, 반응형의 경우 38.5퍼센트로 반응형이 다소 우세했다.

통치 연합을 유지·확대하기 위해서는 핵심 지지층은 물론 배후층의 규모도 충분히 커야 한다. 따라서 동원형 어젠다보다 반응형 어젠다를 제기하는 것이 더 효과적이었다.

한편 비토층 규모는 동원형의 경우 36.2퍼센트, 반응형의 경우 29.9퍼센트로 동원형이 훨씬 높았다. 따라서 동원형 어젠다의 효과가 더 컸다는 결과(〈표 5-9〉)는 핵심 지지층보다 비토층 규모가 컸기 때문임을 알 수 있다.

즉 노무현 대통령이 주도권을 행사한 어젠다가 결과적으로 지지층을 결집해 대통령 지지율 상승을 야기하기보다는 반대층을 결속한 역설적인 결과를 낳은 것으로 보인다. 이는 노무현 대통령이 주력한 어젠다가 대중의 관심과 이익을 충분히 반영하지 못했음을 의미한다. 주력 어젠다를 적절히 선택하지 못했다고 평가할 수 있다.

임기 초반 | 그렇다면 시기별로는 어떻게 나타났는가? 특히 신임 대통령의 통치에서 가장 중요한 임기 초반, 동원형과 반응형 가운데 어떤 유형의 어젠다가 대통령 지지에 더 긍정적 영향을 미치면서 통치 연합을 유지하는 데 기여했는가?

교차 분석표 〈표 5-12〉와 〈표 5-13〉에서 나타나듯이, 핵심 지지층의 규모는 반응형 어젠다의 경우에서 근소하게 앞섰다. 동원형 어젠다를 제기할 경우 25.5퍼센트, 반응형의 경우 26.3퍼센트였다. 하지만 배후층의 규모에서는 동원형(34.0퍼센트)이 반응형(30.1퍼센트)보다 크게 우세했다.

따라서 임기 초반에 통치 연합을 유지하고 확대한다는 차원

표 5-12 | 임기 초반 동원형 어젠다와 노무현 대통령 지지 (단위 : %)

어젠다		대통령		전체
		반대	지지	
어젠다	반대	31.2	9.3	40.6
	찬성	34.0	25.5	59.4
전체		65.2	34.8	100.0

표 5-13 | 임기 초반 반응형 어젠다와 노무현 대통령 지지 (단위 : %)

어젠다		대통령		전체
		반대	지지	
어젠다	반대	29.6	14.0	43.6
	찬성	30.1	26.3	56.4
전체		59.7	40.3	100.0

에서는 반응형 어젠다가 더 효과적이었다고 보기 어렵다. 오히려 동원형 어젠다를 제기했을 때 지지율 상승으로 이어질 가능성도 높았다. 그리고 비토층 규모에서는 동원형이 반응형보다 다소 높았다.

반대층을 결집하는 부정적 효과가 있지만, 적어도 임기 초반에는 동원형 어젠다가 통치 연합을 유지·확대하는 데 더 긍정적인 역할을 했다고 볼 수 있다.

임기 초반의 동원형 어젠다로는 정치·행정 분야가 압도적이었다. 국내 정책에 해당하는 동원형 어젠다 11회 모두가 정치·행정 분야로 구성되어 있었고 경제·사회 분야는 전혀 없었다. 그리고 이 시기

> 임기 초반에는, 동원형 어젠다가 반대층을 결집하는 부정적 효과를 보였지만, 통치 연합을 유지·확대하는 긍정적 역할이 더 컸다.

반응형 어젠다에는 정치·행정 분야와 경제·사회 분야가 고루 포함되어 있었다. 동원형 어젠다에 포함되는 항목으로 행정 수도 이전, 언론 관련법 개정, 검찰 제도 개혁 추진 등이 있었다. 반응형 어젠다에는 과거사 규명법, 국가보안법 폐지, 대기업 개혁, 부동산 규제 강화 조치, 사학법 개정 등이 해당되었다.

그렇다면 노무현 대통령 임기 초반 동원형 어젠다가 통치 연합을 유지·확대하는 데 더 효과적이었다는 것을 어떻게 해석할 수 있을까? 주력 어젠다를 적절히 선택한 결과인가? 아니면 임기 초반 대통령에 대한 높은 기대감이 주력 어젠다에 대한 기대감으로 나타난 것인가? 후자라면 대통령이 어젠다를 선택할 때 대중의 관심을 좀 더 적극적으로 반영할 경우 대통령 지지율도 상승할 가능성이 높을 것이다.

여론조사 결과에서 그 해법의 단초를 찾을 수 있다. 노무현 대통령의 취임 6개월을 평가하는 조사에서 국민이 원하는 최우선 과제로 '경제 회복'(59퍼센트)이 압도적 1위를 차지했다. 취임 2년 반을 평가하는 조사에서도 '경제 회복'에 67퍼센트가 응답하면서 국민들의 최우선 관심사로 꼽혔다. 이는 정치 개혁에 주력한 노무현 대통령의 어젠다 선택이 국민의 관심사와 일치하지 않았음을 시사한다. 만일 노무현 대통령이 경제·사회 분야에 더 주력했다면 임기 초반 통치도 안정화되었을 가능성이 높았을 것으로 추론된다.

물론 노무현 대통령도 경제의 중요성을 충분히 인식했던 것으로 보인다. 『진보의 미래』에서는 다음과 같이 언급되어 있다.

> 만일 노무현 대통령이 경제·사회 분야에 더 주력했다면 임기 초반 통치도 안정화되었을 가능성이 높았을 것이다.

경제가 중요하기 때문이다. 경제는 개인의 삶에서 모든 성공의 기초이고 국가의 운명에서 독립과 패권의 기초이다. 그리고 정치의 마당에서는 승부를 가르는 결정적인 요소이다. 많은 정권이 경제문제로 무너졌다(노무현 2009).

하지만 경제에 접근하는 방식에서는 대중의 인식과 차이가 컸던 것으로 보인다. 노무현 대통령은 "나는 국정 목표에 경제문제를 걸지 않았다. …… 경제가 다른 모든 가치를 덮어 버리지 않도록 하기 위해서"라고 했으나 대중은 대통령이 경제에 대해 좀 더 적극적이고 직접적인 관심과 대안을 내놓기를 바랐다. 경제는 '먹고사는 문제'이며 대중이 자신들의 삶을 유지하는 데에 필수적인 조건이기 때문이다.

임기 중반 | 임기 중반의 교차 분석 결과는 〈표 5-14〉, 〈표 5-15〉와 같이 핵심 지지층 규모에서는 반응형 어젠다의 경우 근소하게 우세했다. 동원형 어젠다를 제기했을 때 20.4퍼센트, 반응형 어젠다를 제기했을 때 21.2퍼센트로 나타났다. 하지만 배후층 규모에서는 반응형 어젠다를 제기했을 때(41.1퍼센트)가 동원형 어젠다를 제기했을 때(34.7퍼센트)보다 월등히 컸다.

이는 임기 중반에 통치 연합을 유지하고 확대하기 위해서는 결과적으로 동원형 어젠다보다 반응형 어젠다가 더 효과적이었음을 보여 준다. 대통령이 높은 관심을 가지고 주도권을 행사한 동원형 어젠다가 막상 지지율 상승으로 이어지지 못했음을 의미

표 5-14 | 임기 중반 동원형 어젠다와 노무현 대통령 지지 (단위 : %)

		대통령		전체
		반대	지지	
어젠다	반대	36.4	8.5	44.9
	찬성	34.7	20.4	55.1
전체		71.2	28.8	100.0

표 5-15 | 임기 중반 반응형 어젠다와 노무현 대통령 지지 (단위 : %)

		대통령		전체
		반대	지지	
어젠다	반대	29.2	8.5	37.7
	찬성	41.1	21.2	62.3
전체		70.3	29.7	100.0

하는 것이다. 이 시기 동원형 어젠다의 선택이 적절하지 못했던 것으로도 해석된다.

　임기 중반 국내 정책에 해당되는 동원형 어젠다 20회 중 16회가 정치·행정 분야 어젠다로 나타났다. 임기 초반에 이어 정치·행정 분야로의 쏠림이 두드러졌다. 구체적으로는 동원형 가운데서도 정치·행정 분야에 해당하는 어젠다로는 대연정 제안, 개헌 제안, 검찰 제도 개혁 추진, 행정 수도 이전 등이 포함되었다. 경제·사회 분야로는 한미 FTA, 수도권 규제 등이 해당되었다. 반응형 어젠다 가운데 정치·행정 분야에 해당하는 어젠다로는 과거사 규명법이 있었다. 경제·사회 분야에는 부동산 규제 강화, 양극화 해소책, NEIS·교원평가제, 사학법 개정 등이 해당되었다.

임기 중반에 반응형 어젠다가 동원형 어젠다보다 통치 연합을 유지하고 확대하는 데 더 효과적이었다는 분석 결과를 어떻게 해석할 수 있을까? 이 시기에도 지지층의 이해관계와 관심은 경제·사회 분야 어젠다를 중심으로 높게 형성되었다. 하지만 대통령이 주도권을 행사한 어젠다는 임기 초반에 이어 정치·행정 분야에 집중되었다. 경제·사회 분야 어젠다에는 대통령의 주도력이 충분히 실리지 않았던 것이다. 당시 상황을 보면, 양극화가 심화되고 사회경제적 문제 해결에 대한 요구가 높아졌던 시기라고 할 수 있다. 만일 대통령이 좀 더 주도적으로 이 분야의 문제를 해결하겠다는 의지를 보였다면 지지율이 상승할 가능성도 컸을 것이다.

> 임기 중반에 지지층의 이해관계와 관심은 경제·사회 분야 어젠다를 중심으로 높게 형성되었다. 하지만 대통령이 주도권을 행사한 어젠다는 임기 초반에 이어 정치·행정 분야에 집중되었다. 경제·사회 분야 어젠다에는 대통령의 주도력이 충분히 실리지 않았던 것이다. 만일 대통령이 좀 더 주도적으로 이 분야의 문제를 해결하겠다는 의지를 보였다면 지지율이 상승할 가능성도 컸을 것이다.

임기 후반 임기 후반에 가장 두드러진 특징은 〈표 5-16〉과 〈표 5-17〉에서 나타나듯이 동원형 어젠다를 제기했을 때 비토층 규모가 무려 42.5퍼센트에 이르렀다는 점이다. 동원형 어젠다를 제기했을 때 핵심 지지층이 결집하는 효과는 미미했던 반면, 반대층이 결집하는 효과는 매우 강력했음을 의미한다. 또한 반응형 어젠다를 제기했을 때 핵심 지지층 규모는 12.2퍼센트에 불과했으나 배후층 규모는 50.4퍼센트에 이르렀다.

임기 후반 레임덕 위기가 보편적인 상황에서는 적어도 반응형 어젠다가 대통령에 대한 반감을 일정 부분 완화하는 역할을

표 5-16 | 임기 후반 동원형 어젠다와 노무현 대통령 지지 (단위 : %)

어젠다		대통령		전체
		반대	지지	
어젠다	반대	42.5	7.8	50.3
	찬성	36.5	13.2	49.7
전체		79.0	21.0	100.0

표 5-17 | 임기 후반 반응형 어젠다와 노무현 대통령 지지 (단위 : %)

어젠다		대통령		전체
		반대	지지	
어젠다	반대	31.6	5.8	37.4
	찬성	50.4	12.2	62.6
전체		82.0	18.0	100.0

했음을 알 수 있다.

이렇듯 임기 후반, 노무현 대통령이 주도한 어젠다가 오히려 대통령 지지에는 부정적으로 작용했다. 대통령이 민심을 크게 잃었던 당시 분위기에서 그 원인을 짐작할 수 있다. 2006년 5월 지방선거 참패로 노무현 정부에 대한 비판적 민심이 확인된 이후인 그해 11월 『한겨레』의 칼럼은 당시의 분위기를 잘 표현해 준다.

40대 이상이 드나드는 밥집·술집에 가면 몇 해째 '노무현 죽이기'로 방마다 시끄럽다. 옹호는 엄두도 낼 수 없다. 가세하지 않고 가만히 있기만 해도 '이상한 사람'이 된다(『한겨레』 2006/11/22).

노무현 대통령 임기 초반에는 동원형 어젠다가 지지율 상승에 효과적이었지만 임기 중·후반으로 가면서 그 효과가 급격히 약화되었다. 이는 대통령의 주도력이 효과적으로 행사되지 못했음을 의미한다. 임기 초·중반 '개혁'을 목표로 강력한 주도권을 행사한 어젠다가 대중의 삶의 문제와 관련된 경제·사회 분야보다는 정치·행정 분야에 집중되었기 때문이다.

임기 후반 노무현 대통령에 대한 비판은 보수 진영은 물론 진보 진영에서도 거세게 제기되었다. "보수 진영은 개혁과 복지를 한다고 공격하고, 진보·개혁 진영은 제대로 못한다고 공격하고, 그렇게 좌우 양쪽에게 협공을 받으면서"(문재인 2011) 대통령이 어젠다에 주도권을 행사하려 할수록 대중에게 외면당했다.

요약하면 노무현 대통령 임기 초반에는 동원형 어젠다가 지지율 상승에 효과적이었지만 임기 중·후반으로 가면서 그 효과가 급격히 약화되었다. 이는 대통령의 주도력이 효과적으로 행사되지 못했음을 의미한다.

임기 초·중반 '개혁'을 목표로 강력한 주도권을 행사한 어젠다가 대중의 삶의 문제와 관련된 경제·사회 분야보다는 정치·행정 분야에 집중되었기 때문이다. 또한 임기 후반 레임덕이 본격화되면서 대통령의 주도력이 오히려 부정적 효과를 야기했던 것으로 보인다.

대통령의 정치적 자산은 한정되어 있기에 주도권을 행사하면서 강력히 추진할 수 있는 어젠다는 제한된다. 따라서 어떤 어젠다에 대통령이 주력하는지가 통치에서 매우 중요하다. 특히 임기 초반 어떤 동원형 어젠다를 선택할지가 중요한데, 그 선택이 지지층의 이해관계와 관심에 부응하지 못할 경우 대통령의 주도권 행사가 오히려 부정적으로 작용할 수도 있다.

3_ 어떤 성격의 어젠다가 지지율 상승을 이끌었는가

언론이나 영향력 있는 논객들은 대통령이 갈등을 피하고 통합을 위한 정책을 추구해야 한다고 입을 모은다. 하지만 현실에서 추구되는 정책 가운데 갈등적이지 않은 정책이란 거의 없다. 대통령 어젠다를 둘러싼 일련의 과정은 지극히 '정치적'이며 '갈등을 수반하는' 과정이다.

갈등은 매우 다양한 방식으로 일어날 수 있다. 국가 대 국가 간의 갈등도 있고, 대통령을 지지하는 집단과 반대하는 집단 간의 갈등으로 나타날 수도 있다. 또한 대통령의 지지층 내부에서 갈등이 빚어지기도 한다. 이 가운데 대통령의 지지층과 반대층 간의 갈등이 가장 중요하다. 선거를 통해 대통령이 선출되는 과정에서 나타나는 지지층의 요구는 강력하다. 진보를 표방한 노무현 대통령의 지지층은 대통령에게 진보적 정책을 펼칠 것을 요구했다.

그런데 대통령이 지지층의 요구를 적극 수용했을 때 야당 지지층이 강력히 반대할 가능성이 높다. 이 과정에서 충돌이 빚어지고 갈등이 발생한다. 따라서 지지층 중심의 정책은 갈등형 어젠다로, 그렇지 않은 정책은 타협형 어젠다로 개념화될 수 있다.

이때 정치과정의 한 현상을 설명하기 위한 갈등이라는 개념이 부정적 의미로 해석되어서는 안 된다. 오히려 "갈등은 균열선 양쪽에 있는 사람들의 동원을 전제로 한다. 갈등은 사람들을 분열시키는 동시에 통합"하는 역할을 한다(샤츠슈나이더 2008). 우리 사회에서는 통합이 지고의 선이고 갈등은 부정적인 것으로

표 5-18 | 갈등형/타협형 어젠다가 노무현 대통령 지지에 미치는 영향력

	갈등형	타협형
어젠다의 기댓값	2.427	1.659

주 : 결과를 도출한 회귀분석표는 부록을 참조.

간주되어 왔다. 그러나 "통합은 정치과정으로서 갈등이 표출되고 조직되고 타협된 결과이지 그 과정의 시작이요, 끝이 아니다"(최장집 2010). 갈등을 억누른 채 선언된 통합은 기득 이익이 유지되는 현 상황을 지속시킬 뿐이기 때문이다.

그렇다면 노무현 대통령 시기에는 갈등형/타협형 어젠다 가운데 어떤 유형이 통치 연합을 유지하고 확대하는 데 기여했을까? 앞에서 시도한 것과 같은 방식을 사용해 어젠다가 대통령 지지에 미치는 영향을 분석했다. 그 결과 갈등형 어젠다와 타협형 어젠다 모두 대통령 지지와 긍정적 관계를 갖고 있으며 통계적으로도 유의미했다.

갈등형 어젠다의 기댓값은 2.427, 타협형 어젠다의 기댓값은 1.659로 나타났다. 노무현 대통령의 갈등형 어젠다에 동의하는 사람은 그렇지 않은 사람보다 약 2.4배 높게 노무현 대통령을 지지할 확률을 지닌다. 그리고 타협형 어젠다에 동의한 사람은 그렇지 않은 사람보다 약 1.7배 높게 대통령을 지지할 확률을 지녔음을 의미한다. 즉 갈등형 어젠다가 타협형 어젠다보다 대통령을 평가하는 중요한 기준으로 작용했다.

이 같은 결과를 좀 더 구체적으로 살펴보기 위해 어젠다에 대한 찬반과 대통령에 대한 지지/반대를 교차 분석한 결과는 〈표

표 5-19 | 임기 전체 갈등형 어젠다와 노무현 대통령 지지 (단위 : %)

		대통령		전체
		반대	지지	
어젠다	반대	30.0	7.9	38.0
	찬성	37.7	24.3	62.0
전체		67.8	32.2	100.0

표 5-20 | 임기 전체 타협형 어젠다와 노무현 대통령 지지 (단위 : %)

		대통령		전체
		반대	지지	
어젠다	반대	36.8	10.6	47.4
	찬성	35.0	17.6	52.6
전체		71.8	28.2	100.0

5-19〉, 〈표 5-20〉과 같다. 핵심 지지층의 규모는 갈등형 어젠다를 제기했을 때 24.3퍼센트, 타협형 어젠다를 제기했을 때 17.6퍼센트로 갈등형에서 월등히 높았다. 배후층의 규모 역시 갈등형의 경우 37.7퍼센트, 타협형의 경우 35.0퍼센트로 갈등형이 우세했다.

이는 노무현 대통령 시기, 갈등형 어젠다가 통치연합을 유지하고 확대하는 데 효과적이었음을 의미한다. 한편 비토층 규모는 갈등형의 경우 30.0퍼센트, 타협형의 경우 36.8퍼센트로 타협형이 훨씬 높았다. 즉 노무현 정부에서는 갈등형 어젠다가 핵심 지지층을 결집하고, 반대층을 약화하면서 대통령 지지에 긍정적으로 작용했다.

> 노무현 정부에서는 갈등형 어젠다가 핵심 지지층을 결집하고, 반대층을 약화하면서 대통령 지지에 긍정적으로 작용했다. 이 같은 결과는 야당도 반대하지 않는 통합적·포용적인 성격의 타협형 어젠다가 대통령 지지율 상승을 이끌 것이라는 일반적 통념에 배치된다.

이 같은 결과는 야당도 반대하지 않는 통합적·포용적인 성격의 타협형 어젠다가 대통령 지지율 상승을 이끌 것이라는 일반적 통념에 배치된다. 그렇다면 왜 이 같은 결과가 나타났을까?

〈표 5-19〉와 〈표 5-20〉에서 노무현 대통령이 타협형 어젠다보다 갈등형 어젠다를 제기했을 때 핵심 지지층의 규모가 훨씬 컸다는 사실은, 이 층이 갈등형 어젠다를 선호했음을 의미한다. 핵심 지지층은 주로 대선에서 대통령에게 투표한 층이자 대통령 소속당 지지층이다. 이에 반해 대선에서 대통령에게 투표하지 않았지만 신임 대통령에 대해 일정한 기대를 가지고 있는 층도 있다. 이들 '주변층'은 핵심 지지층에 비해 대통령에 대한 지지 강도가 약하고 조건부로 지지할 가능성이 높다.

핵심 지지층은 대통령에 대한 신뢰와 기대가 강하다. 따라서 대통령이 자신들의 이익과 선호에 부합하는 어젠다를 제기할 경우 대통령을 좀 더 강력히 지지할 것이다. 노무현 대통령 시기에는 〈표 5-19〉에서와 같이 핵심 지지층이 진보적 정체성이 강한 갈등형 어젠다를 선호했다. 이 어젠다를 제기했을 때 대통령 지지율이 상승할 가능성도 높다고 볼 수 있다.

한편 주변층이 어젠다를 통해 대통령을 지지하게 되는 경로는 어떠할까? 이 층은 대통령의 정책이나 이념적 지향을 보고 대선 당시부터 지지한 층이 아니다. 대통령이 국가수반의 입장에서 국정 운영을 잘해 가기를 기대하는 층이다. 따라서 정체성이 뚜렷한 갈등형 어젠다보다는 포용적이고 타협적인 어젠다를 제기할 때 대통령을 신뢰하며 지지할 가능성이 높다.

지지 정당별로 어젠다 찬성률이 어떻게 나타나는지를 살펴본

표 5-21 | 노무현 대통령 시기 지지 정당별 갈등형/타협형 어젠다 찬성률 (단위 : %)

	집권당 지지층 (민주당/열린우리당)	제2반대당 지지층 (민주노동당)	무당파층	제1반대당 지지층 (한나라당)
갈등형	65.9	63.8	49.6	43.3
타협형	60.2	53.5	50.0	48.9

〈표 5-21〉은 이를 뒷받침한다. 대통령 반대당 지지층으로 갈수록 갈등형/타협형 어젠다에 대한 찬성률이 모두 하락하지만 갈등형에서 찬성률 하락폭이 더 컸다. 그리고 무당파층과 제1반대당 지지층에서는 갈등형 어젠다보다 타협형 어젠다에 대한 찬성률이 더 높게 나타났다. 주변층으로 갈수록 타협형 어젠다에 대한 선호가 높음을 알 수 있다.

그런데 대통령 통치 연합의 주변층이 타협형 어젠다를 선호한다고 해서 이 어젠다를 제기했을 때 바로 대통령을 지지하는 것은 아니다. 강력한 야당의 존재 여부가 중요한 변수가 된다. 강력한 야당이 존재할 경우 '국가수반'으로서의 통합적 지위보다는 '정파적 수장' 및 '소수파 대통령'으로 대통령의 입지가 협소해질 가능성이 높다.

최장집 교수에 따르면 "한국의 정당 체제에서 정당이 대표하는 사회 균열의 범위와 기반은 매우 협소한 반면, 정당 간 갈등의 강도는 실로 격렬하다. …… 갈등의 범위가 매우 좁기 때문[에] …… 내용은 없이 감정을 자극하고 적대적 열정을 동원하는 것이다"(최장집 2010). 대통령의 어젠다에 대해 야당이 무조건 반대하는 경향을 보이는 것도 그래서다.

야당이 강력할 경우 대통령 통치 연합의 주변층 또는 약한 지지층은 국가수반 역할에 조응하는 통합적이고 포용적 어젠다를 제기해도 대통령을 지지하기가 쉽지 않을 것이다. 반대당이 대안 세력으로 간주되면서 주변층을 끌어당기는 원심력을 발휘하기 때문이다.

강력한 야당의 존재 여부는 여당과의 의석 비율, 정당 지지율로 살펴볼 수 있다. 여기에 유력한 차기 대권 주자라는 인물 요인도 고려해 볼 수 있다. 노무현 대통령이 취임했을 당시 의석수 분포는 한나라당이 우세했다. 노무현 대통령 임기 2년차인 2004년 4월 총선에서 열린우리당이 제1당으로 올라섰다고는 하나, 그때조차 열린우리당과 한나라당의 의석수는 각각 152석, 121석으로 격차가 크지 않았다.

정당 지지율 측면에서는 강력한 야당의 존재가 두드러진다. 임기 전체에 걸쳐 집권당 지지율은 20.8퍼센트에 그친 반면, 한나라당 지지율은 32.7퍼센트로 반대당이 10퍼센트포인트 더 높았다. 여기에 한나라당에는 유력한 차기 대권 주자가 여럿 존재해 실질적 대안 세력을 자임하며 대통령의 통치를 위협했다.

이렇듯 강력한 야당이 존재하면 대통령의 통치력이 약화되고 통치 연합 주변층의 이탈을 가속화한다. 따라서 이 경우에는 갈등형 어젠다는 물론 타협형 어젠다를 제기해도 대통령 지지로 이어지지 않았던 것으로 보인다.

지금까지의 내용을 요약하면 다음과 같다. 첫째 대통령 핵심 지지층이 선호하는 어젠다는 주변층이 선호하는 어젠다보다 대통령 지지로 직접적으로 이어질 가능성이 높다. 노무현 대통령 시기에는 이 층이 갈등형 어젠다를 선호했다.

둘째, 대통령 주변층은 대통령의 포용적인 모습, 즉 타협형 어젠다를 선호하는 경향이 있다.

셋째, 대통령 주변층이 선호하는 타협형 어젠다가 대통령 지지로 이어지는지, 그렇지 않는지는 강력한 반대당의 존재 여부 등 정치 환경의 영향을 받는다. 강력한 반대당이 존재할 경우에는 대통령에 대한 대안 세력으로 간주된다. 따라서 타협형 어젠다를 제기해도 주변층이 대통령을 지지할 가능성은 낮아진다.

이렇듯 노무현 대통령 시기에는 진보적 정체성이 강한 갈등형 어젠다를 제기했을 때 대통령 지지로 강력히 이어진 반면, 타협형 어젠다는 지지율 상승에 크게 기여하지 못했다.

> 이렇듯 노무현 대통령 시기에는 진보적 정체성이 강한 갈등형 어젠다를 제기했을 때 대통령 지지로 강력히 이어진 반면, 타협형 어젠다는 지지율 상승에 크게 기여하지 못했다.

그런데 어젠다 분야에 따라 대통령 핵심 지지층이 선호하는 어젠다도 상이할 수 있다. 정치·행정 분야와 경제·사회 분야에서 지지층의 기대가 다를 수 있고, 그 결과 대통령 지지에 미치는 효과에도 차이가 날 수 있다. 이를 검증하기 위해 정치·행정 분야의 어젠다를 갈등형과 타협형으로 구분해 각각에 대한 교차 분석표를 만들어 보았다. 같은 방식으로 경제·사회 분야 어젠다에 대한 교차 분석표를 작성했다.

먼저 정치·행정 분야만 놓고 보면 〈표 5-22〉, 〈표 5-23〉에서처럼 핵심 지지층 규모에서 갈등형 어젠다와 타협형 어젠다 간에는 거의 차이가 없었다. 배후층 규모에서는 갈등형이 다소 높게 나타났으나 그 차이 역시 근소했다.

즉 정치·행정 분야에서는 대통령 핵심 지지층의 선호를 반영하고, 통치 연합 유지 효과에 긍정적이라는 측면에서 갈등형 어

표 5-22 | 임기 전체 정치·행정 분야의 갈등형 어젠다와 노무현 대통령 지지 (단위: %)

		대통령		전체
		반대	지지	
어젠다	반대	34.0	8.4	42.5
	찬성	34.6	22.9	57.5
전체		68.7	31.3	100.0

표 5-23 | 임기 전체 정치·행정 분야의 타협형 어젠다와 노무현 대통령 지지 (단위: %)

		대통령		전체
		반대	지지	
어젠다	반대	35.9	8.7	44.6
	찬성	33.1	22.3	55.4
전체		69.0	31.0	100.0

임기 전체를 놓고 볼 때 노무현 대통령의 핵심 지지층은 정치·행정 분야에서는 갈등형/타협형 어젠다 간 선호가 모호했지만 경제·사회 분야에서는 갈등형 어젠다에 대한 선호가 뚜렷했다. 핵심 지지층을 중심으로 갈등형 어젠다에 대한 요구가 강했다. 하지만 집권 초기 노무현 대통령이 시행한 경제·사회 분야의 정책에는 진보적 정체성이 뚜렷하게 나타나지 않았다.

젠다가 다소 우세했지만 큰 차이가 나지는 않았다.

하지만 경제·사회 분야에서는 갈등형 어젠다에 대한 선호가 두드러졌다. 〈표 5-24〉와 〈표 5-25〉에서처럼 핵심 지지층 규모에서 갈등형이 21.3퍼센트, 타협형이 15.0퍼센트로 나타나 노무현 대통령의 핵심 지지층이 갈등형 어젠다를 선호했음이 명확히 드러난다.

즉 임기 전체를 놓고 볼 때 노무현 대통령의 핵심 지지층은 정치·행정 분야에서는 갈등형/타협형 어젠다 간 선호가 모호했지만 경제·사회 분야에서는 갈등형 어젠다에 대한 선호가 뚜렷했다.

핵심 지지층을 중심으로 갈등형 어젠다에 대한 요구가 강했다. 하지만 집권 초기 노무현 대통령이

표 5-24 | 임기 전체 경제·사회 분야의 갈등형 어젠다와 노무현 대통령 지지 (단위 : %)

		대통령		전체
		반대	지지	
어젠다	반대	34.0	10.3	44.3
	찬성	34.4	21.3	55.7
전체		68.4	31.6	100.0

표 5-25 | 임기 전체 경제·사회 분야의 타협형 어젠다와 노무현 대통령 지지 (단위 : %)

		대통령		전체
		반대	지지	
어젠다	반대	38.4	12.1	50.5
	찬성	34.5	15.0	49.5
전체		72.9	27.1	100.0

시행한 경제·사회 분야의 정책에는 진보적 정체성이 뚜렷하게 나타나지 않았다. 그 결과 '좌측 깜빡이를 켜고 우측으로 간다'는 비판도 제기되었다. 이와 관련해 참여정부 마지막 비서실장인 문재인은 자신의 저서에서 다음과 같이 언급한 바 있다.

> 진보 진영이 참여정부에 등을 돌린 또 다른 이유는 참여정부가 신자유주의라는 것이었다. 참여정부가 전 세계적인 신자유주의 조류 가운데 있었던 것을 부정할 생각은 없다. 그러나 노 대통령과 참여정부가 신자유주의를 지향했다는 것은 사실이 아니다(문재인 2011).

하지만 분석에서 드러난 분명한 결론은, 대중은 대통령이 진보적 정체성에 입각한 갈등형 어젠다를 제기했을 때 지지했다는 점이다. 반면에 (신자유주의적 정책이라고 비판받았던) 한미 FTA와 같은 타협형 정책에 대해서는 외면했다.

임기 초반 | 갈등형과 타협형 어젠다 각각에서도 분야를 고려하면 대통령 통치 연합 유지에 미치는 효과가 상이했다. 그렇다면 시기별로는 어떤 차이가 있을까? 먼저 노무현 대통령의 임기 초반 정치·행정 분야 어젠다를 갈등형과 타협형으로 구분해 대통령 지지와 교차 분석을 시도했다. 〈표 5-26〉과 〈표 5-27〉에서처럼 이 시기의 핵심 지지층 규모는 갈등형 어젠다를 제기했을 때 24.9퍼센트, 타협형 어젠다를 제기했을 때 25.3퍼센트로 타협형이 근소하게나마 우세했다. 배후층의 규모에서도 타협형이 다소 우세했다.

같은 방식으로 임기 초반, 경제·사회 분야 어젠다를 갈등형과 타협형으로 구분해 대통령 지지와 교차 분석했다. 〈표 5-28〉과 〈표 5-29〉에서처럼 핵심 지지층 규모는 갈등형 어젠다를 제기했을 때 무려 29.8퍼센트에 이르렀고, 타협형 어젠다를 제기했을 때는 21.7퍼센트에 그쳤다. 배후층 규모에서도 갈등형의 우세가 두드러졌다. 경제·사회 분야에서는 갈등형 어젠다가 핵심 지지층의 선호에 부합하면서 통치 연합을 유지하는 효과가 매우 강력했음을 의미한다.

즉 임기 초반 정치·행정 분야에서는 갈등형 어젠다 못지않게 포용과 통합을 기조로 하는 타협형 어젠다가 통치 연합을 유지하는 데 효과적이었다. 반면에 경제·사회 분야에서는 진보적 정

표 5-26 | 임기 초반 정치·행정 분야의 갈등형 어젠다와 노무현 대통령 지지 (단위 : %)

		대통령		전체
		반대	지지	
어젠다	반대	32.4	8.9	41.3
	찬성	33.8	24.9	58.7
전체		66.2	33.8	100.0

표 5-27 | 임기 초반 정치·행정 분야의 타협형 어젠다와 노무현 대통령 지지 (단위 : %)

		대통령		전체
		반대	지지	
어젠다	반대	32.1	8.4	40.5
	찬성	34.2	25.3	59.5
전체		66.3	33.7	100.0

체성이 강한 갈등형 어젠다가 (야당이 반대했음에도) 통치 연합을 유지·확대하는 효과가 높았다.

임기 초반 정치·행정 분야에 속하는 어젠다 가운데 갈등형에 속하는 항목은 행정 수도 이전, 언론 관련법 개정, 국가보안법 폐지 등이다. 이는 대통령이 정치 개혁이라는 명분 아래 기존의 정치제도나 지형을 변화시키고자 했던 어젠다이다. 그리고 타협형에는 과거사 진상 규명 등이 포함되었다. 이 시기 노무현 대통령이 제기한 정치·행정 분야 어젠다의 상당수가 갈등형에 속했다. 이는 대통령이 정치·행정 분야에 집중해 개혁 과제를 제시했음을 의미한다. 2004년 하반기 노무현 대통령과 열린우리당이 주력한 '4대 개혁 법안'이 단적인 사례다. 하지만 실제로는 대통령이 의도한 것과는 상반된 효과가 나타났다.

표 5-28 | 임기 초반 경제·사회 분야의 갈등형 어젠다와 노무현 대통령 지지 (단위 : %)

		대통령		전체
		반대	지지	
어젠다	반대	23.6	12.2	35.7
	찬성	34.5	29.8	64.3
전체		58.1	41.9	100.0

표 5-29 | 임기 초반 경제·사회 분야의 타협형 어젠다와 노무현 대통령 지지 (단위 : %)

		대통령		전체
		반대	지지	
어젠다	반대	33.8	19.9	53.8
	찬성	24.6	21.7	46.2
전체		58.4	41.6	100.0

경제·사회 분야에서 개혁 요구가 매우 강력했고 지지층을 결집하는 효과도 높아 통치 연합을 유지하는 데 기여했다. 대기업 개혁, 부동산 규제 강화 조치 등 진보적·개혁적 색채가 강한 어젠다들이 좀 더 적극적으로 제기되었더라면 대통령 지지율이 상승할 가능성도 컸음을 의미한다.

하지만 이 시기 화물연대 파업과 철도 파업 등이 잇따랐다. 또한 중요한 교육개혁 과제들이 많았음에도 NEIS 문제로 진보적 사회단체 및 지지층의 요구와 충돌하면서 통치 역량이 약화되어 갔다.

요약하면 노무현 대통령 임기 초반에는 약한 지지 기반을 보완하고 통치 연합을 유지하기 위해 정치·행정 분야, 그중에서도 개혁을 명분으로 한 갈등형 어젠다에 집중했다. 하지만 지지층의 개혁적 요구는 경제·사회 분야를 중심으로 강력하게 형성되었다. 그리고 노무현 대통령이 갈등형 어젠다를 제기했을 때 핵심 지지층도 결집했고 통치 연합을 유지하는 효과도 더 컸다.

노무현 대통령은 개혁을 정치 개혁으로 협소화했고 지지층은 경제·사회 분야의 개혁을 열망했다. 그 간극이 커지면서 대통령에 대한 대중의 기대감도 약해졌다. 당시 김근태 열린우리당 의장도 이 문제와 관련해 다음과 같이 비판을 제기한 바 있다

> 노무현 대통령 임기 초반에는 약한 지지 기반을 보완하고 통치 연합을 유지하기 위해 정치·행정 분야, 그중에서도 개혁을 명분으로 한 갈등형 어젠다에 집중했다. 하지만 지지층의 개혁적 요구는 경제·사회 분야를 중심으로 강력하게 형성되었다. 그리고 노무현 대통령이 갈등형 어젠다를 제기했을 때 핵심 지지층도 결집했고 통치 연합을 유지하는 효과도 더 컸다.

> 민주개혁 세력이 지난 10년간 민주주의의 진전을 이뤄냈을지 모르겠으나 국민들이 먹고사는 문제에서는 무능했다고 생각한다(『연합뉴스』 2006/08/24).

임기 중반 임기 중반의 정치·행정 분야에서 타협형에 해당하는 어젠다는 과거사 규명법 1개 항목에 불과해 본격적으로 비교 분석하기는 어렵다. 따라서 경제·사회 분야 어젠다에 대해서만 분석해 보자. 경제·사회 분야의 갈등형/타협형 어젠다와 대통령 지지의 관계를 교차 분석한 결과는 〈표 5-30〉와 〈표 5-31〉에 나타난다. 핵심 지지층 규모는 갈등형 어젠다에서 더 우세했다. 갈등형 어젠다를 제기했을 때 20.3퍼센트, 타협형 어젠다를 제기했을 때 17.3퍼센트였다. 배후층 규모에서도 갈등형이 다소 우세해 통치 연합을 유지·확대하는 데는 갈등형 어젠다가 더 효

표 5-30 | 임기 중반 경제·사회 분야의 갈등형 어젠다와 노무현 대통령 지지 (단위:%)

어젠다		대통령 반대	대통령 지지	전체
어젠다	반대	33.0	9.9	42.9
	찬성	36.8	20.3	57.1
전체		69.8	30.2	100.0

표 5-31 | 임기 중반 경제·사회 분야의 타협형 어젠다와 노무현 대통령 지지 (단위:%)

어젠다		대통령 반대	대통령 지지	전체
어젠다	반대	35.9	11.4	47.3
	찬성	35.4	17.3	52.7
전체		71.3	28.7	100.0

과적이었음을 알 수 있다.

임기 중반 경제·사회 분야의 갈등형/타협형 어젠다는 각각 9회, 8회로 비슷한 분포를 보였다. 부동산 규제 강화, 수도권 규제, 사학법 개정 등이 갈등형 어젠다에 해당되었다. 그리고 한미 FTA, 양극화 해소책, NEIS·교원평가제 등이 타협형 어젠다에 해당되었다. 임기 초반과 비교하면 타협형 어젠다가 차지하는 비중이 크게 증가했다. 정치·행정 분야의 어젠다 분포가 여전히 갈등형에 쏠려 있던 것과 대비된다.

이처럼 경제·사회 분야에서 타협형 어젠다가 많다는 것은 대통령이 이 분야에서 진보적 대안을 적극적으로 제시하지 못했고, 대통령에 대한 지지층의 신뢰 또한 이전보다 약해졌음을 의미한다.

임기 후반 임기 후반에도 정치·행정 분야에 속하는 어젠다는 1개에 그쳤기 때문에 경제·사회 분야의 어젠다만을 갈등형과 타협형으로 구분해 대통령 지지와의 관계를 교차 분석해 보자. 〈표 5-32〉와 〈표 5-33〉에서 나타나듯이, 핵심 지지층 규모는 갈등형 어젠다를 제기했을 때 11.1퍼센트, 타협형 어젠다를 제기했을 때 10.9퍼센트로 거의 차이가 나지 않았다. 하지만 배후층 규모는 타협형 어젠다를 제기했을 때 훨씬 크게 나타났다. 그리고 비토층 규모는 갈등형 어젠다를 제기했을 때 월등히 우세했다.

임기 초·중반과 달리 임기 후반에는 경제·사회 분야에서 갈등형 어젠다를 제기했을 때, 지지층을 결집하는 효과는 미미했고 반대층을 결집하는 효과는 강력했다. 그 결과 대통령 지지에도 부정적 효과가 더 컸다. 오히려 타협형 어젠다가 배후층을 확장하면서 대통령 지지율 하락을 완화하는 역할을 했던 것으로 보인다.

핵심 지지층의 선호 및 열망이 대통령의 임기에 따라 변화한다고 보기는 어렵다. 임기 초반부터 지지층은 진보적 노선의 갈등형 어젠다를 선호했다. 특히 경제·사회 분야에서 이 같은 경향이 두드러졌다. 하지만 임기 후반으로 갈수록 경제·사회 분야에서 갈등형 어젠다를 제기하더라도 핵심 지지층을 결집하고 통치 연합을 유지하는 데 효과적이지 않은 것으로 나타났다. 이를 어떻게 설명할 수 있을까?

임기 후반으로 갈수록 경제·사회 분야에서 갈등형 어젠다가

표 5-32 | 임기 후반 경제·사회 분야의 갈등형 어젠다와 노무현 대통령 지지 (단위 : %)

		대통령		전체
		반대	지지	
어젠다	반대	50.6	8.4	58.9
	찬성	30.0	11.1	41.1
전체		80.5	19.5	100.0

표 5-33 | 임기 후반 경제·사회 분야의 타협형 어젠다와 노무현 대통령 지지 (단위 : %)

		대통령		전체
		반대	지지	
어젠다	반대	42.0	9.7	51.7
	찬성	37.4	10.9	48.3
전체		79.4	20.6	100.0

차지하는 비중은 현저히 감소했고, 타협형 어젠다가 중심적으로 제기되었다. 대표적인 사례인 한미 FTA 어젠다는 대통령의 개혁적 정체성이 약화되었음을 의미했다. 따라서 핵심 지지층에서도 대통령에 대한 신뢰를 거두어들인 결과, 어떤 성격의 어젠다를 제기해도 지지층이 움직이지 않은 것으로 해석된다. 양극화에 따른 불안감이 사회 저변에 깔린 상황에서, 한미 FTA 어젠다는 국민에게 새로운 비전으로 받아들여지기보다는 미래에 대한 불안감만을 더 증폭시켰다.

임기 후반 경제·사회 분야의 타협형 어젠다가 제기되었을 때 배후층 규모가 높게 나타났지만 이 층이 대통령 지지로 이어질 가능성은 매우 낮았다.

대통령의 남은 임기가 1년 남짓한 시기에 한미 FTA처럼 반대층이 선호하는 어젠다가 제기되었을 때에는 지지층 내부의 분열로 이어지는 등 부정적 효과가 더 컸다. 2007년 2월 한미 FTA가 체결될 당시 여당 내부의 반대가 상당했다는 점이 이를 뒷받침해 주고 있다. 당시 천정배·임종인·김근태 의원 등이 단식투쟁을 선언하면서 다음과 같이 그 위험성을 지적한 바 있다.

협상 결과가 또 다른 저성장과 더욱 심각한 양극화를 가져올 수 있다는 것을 국민 앞에 솔직히 고백해야 합니다(『프레시안』 2007/03/27).

비정규직 문제 등 노동 분야에서 진보적 어젠다를 제기하지 못한 것도 임기 후반 통치의 위기를 심화했다. 경제·사회 분야에서 진보적 상상력을 발휘해 대안을 제시하지 못하면서 통치의 위기가 심화되었고 노무현 대통령도 이 점을 인정하고 있는 듯하다.

우리가 진짜 무너진 건, 그 핵심은 노동이에요. 핵심적으로 아주 중요한 벽이 무너진 것은 노동의 유연성을, 우리가 정리 해고를 받아들인 것이에요(노무현 2009).

3부
이명박 대통령의 어젠다와 통치

6장

이명박 대통령의 어젠다

이명박 정부는 정치 환경, 행정부의 이념 성향 등 여러 측면에서 노무현 정부와 대비를 이룬다. 어젠다를 통해 드러나는 대통령의 통치 스타일 또한 매우 상이하다. 그렇다면 대중은 이명박 대통령에게 무엇을 기대했고, 대통령의 어젠다를 어떻게 평가했는가? 대통령은 어떤 어젠다를 통해 대중의 지지를 확보하고 통치를 안정화하고자 했는가?

이명박 대통령의 임기가 끝나지 않은 시점에서 노무현 대통령과 본격적으로 비교하기는 어렵다. 하지만 대통령 통치에서 가장 중요한 임기 초반을 비교할 수는 있다. 진보 정부와 보수 정부의 어젠다를 비교하고, 이에 대한 대중의 반응을 점검하는 일은 차기 집권을 준비하는 양 진영의 세력에게 적지 않은 통찰을 제공할 것이다. 먼저 전반적인 정치 환경을 점검하는 것으로부터 시작해 보자.

1_ 전반적인 정치 환경

표 6-1 | 이명박 대통령 시기 임기 초반 대통령 지지율, 정당 지지율, 전망적 경제 인식 (단위 : %)

대통령 지지율	긍정 평가	33.1
	부정 평가	35.9
정당 지지율	한나라당	32.4
	민주당	16.1
	자유선진당	2.3
	무당파	39.3
전망적 경제 인식	나빠질 것	27.1
	변화 없을 것	39.2
	좋아질 것	32.8

임기 초반 20개월 동안 이명박 대통령의 평균 지지율은 33.1퍼센트로 나타나 같은 시기 노무현 대통령(35.4퍼센트)보다 오히려 낮았다. 하지만 대통령의 가장 중요한 정치적 자산인 정당 지지율을 살펴보면, 소속당인 한나라당의 평균 지지율이 32.4퍼센트로 제1반대당인 민주당의 평균 지지율(16.1퍼센트)보다 약 2배 이상 높았다. 그리고 제2반대당인 자유선진당의 평균 지지율이 2.3퍼센트, 무당파층 평균이 39.3퍼센트로 나타났다.

이미 17대 대선에서 이명박 대통령은 48.7퍼센트를 득표해 2위인 정동영 후보(26.2퍼센트)와 압도적인 격차를 보이며 당선되었다. 대선이 치러진 후 몇 개월 만에 실시된 18대 총선에서도 여당의 내부 분열이 있었음에도 과반 의석을 확보했다. 이렇듯 우호적 환경 속에서 출범했기에 안정된 통치를 펼칠 수 있는 토대는 어느 정도 형성되어 있었다.

대중이 생각하는 '1년 후 경제에 대한 거시적 전망'인 전망적 경제 인식 또한 우호적이었다. '낙관 전망' 32.8퍼센트, '비관 전망' 27.1퍼센트, '유지 전망' 39.2퍼센트로 '낙관 전망'이 '비관 전망'보다 높았다. 이명박 대통령이 경제 대통령을 표방했고 임기 초반이었다는 점이 낙관적으로 경제를 전망하게 한 것으로 보인다.

이명박 대통령 취임 첫해인 2008년에는 세계 금융 위기의 여

그림 6-1 | 이명박 대통령 임기 초반 지지율 추이 (2008년 3월~2009년 10월; 단위 : %)

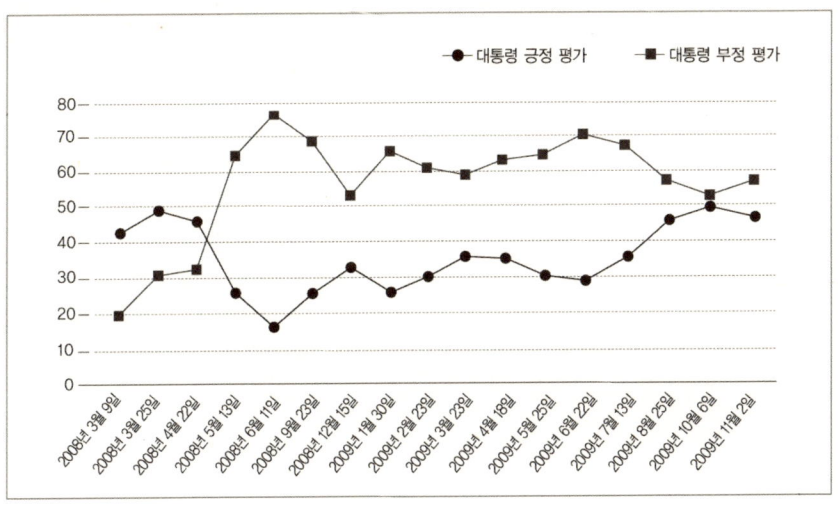

파로 우리나라에서도 경제 위기가 고조되었다. 또한 빈부 격차 등 양극화가 심화되었다. 그럼에도 경제에 대한 낙관 전망이 높게 형성되었다는 점에 주목할 만하다.

임기 초반 20개월 동안 이명박 대통령의 지지율이 변화한 추이를 살펴보면 〈그림 6-1〉과 같다. 대통령 지지율로 표현되는 긍정 평가는 취임 직후인 2008년 3월 초 42.2퍼센트에서 시작해 4월까지는 40퍼센트대를 유지했다.

반면에 부정 평가는 3월 초 18.9퍼센트로 시작했으나 서서히 증가해 4월 말에는 31.7퍼센트에 이르렀다. 그러다가 미국산 쇠고기 수입에 대한 반대가 거셌던 6월 초에는 지지율이 가파르게 하락해 15.2퍼센트로 나타났다.

미국산 쇠고기 수입 반대를 요구하는 거센 저항은 먹을거리에 대한 분노와 '소비자의 불안감'이 발단이었다. 하지만 이명박 정부에 대한 비판적 평가, 즉 정치적 이유도 크게 개입했다.

취임 직후부터 이명박 대통령을 둘러싼 여론에서는 이상 기류가 나타났는데, 대통령 인수 위원회(이하 인수위)가 내놓은 공약 및 후보 시절 주요 공약이 대중에게 외면당한 것이 대표적이었다. 몰입식 영어 교육, 친대기업 정책, 공기업 민영화, 신문법 폐지 및 신문사·방송사 겸영 허용 등에 대해 '충분한 여론 수렴 없이 독단적으로 결정하고 있다'는 부정적 평가가 58.1퍼센트에 이르렀다(2008년 1월 31일 조사).

대통령 지지도는 2008년 하반기부터 회복 추세를 보였으나 2009년 5월 노무현 대통령이 서거한 직후 다시 20퍼센트대로 하락했다. 임기 초반 이명박 대통령 지지율은 취임 직후와 임기 20개월 즈음이 거의 비슷한 수준으로 나타나 임기 경과에 따른 하락 양상에서는 다소 벗어나 있다. 몇 번의 위기 국면에서는 지지율이 큰 폭으로 하락했지만 다시 이전 수준으로 회복하면서 약한 'W 형태'를 보였다.

같은 시기 노무현 대통령과 비교하면 평균 지지율은 이명박 대통령이 다소 낮았지만 변화 추이는 상이했다. 노무현 대통령이 꾸준히 하락하는 추세를 보인 반면, 이명박 대통령은 취임 직후 (미국산 쇠고기 개방 반대 등 사회적 갈등을 야기하는 이슈에 따른) 위기를 겪고 난 이후에는 (일반적으로 위기 이후 지지도가 하락하는 데 반해) 오히려 완만하게 상승하는 추세를 보였다. 점차 어젠다에 대한 지지율과 대통령 지지율이 동시에 상승하면서 통치가 다소 안정세를 나타냈다.

폴 C. 라이트Paul C. Right에 따르면, 이를 대통령의 영향력 감소 주기와 효율성 증가 주기 개념으로 설명할 수 있다. 즉 시간이 지날수록, 대통령의 정치적 자산은 감소하지만(영향력 감소), 대통령(과 참모들)이 여러 경험을 통해 국정 운영 전반을 학습하면서 전문성이 생기고 직무에도 익숙해진다(효율성 증가). 실제 재임이 제도적으로 허용된 미국에서는 효율성 증가 주기와 영향력 감소 주기 모두 두 번째 임기에서 최고조에 이르는 경향이 나타난다(라이트 2009).

비슷한 기회가 노무현 대통령에게도 있었다. 탄핵 직후와 17대 총선 직후 지지율이 급상승하면서 대통령에 대한 기대감이 다시 형성되었다. 하지만 그 시기에 대통령은 4대 개혁 법안 등 정치 개혁에 집중했다. 정작 대중이 원하는 경제·사회 개혁을 등한시하면서 지지층의 관심과 어긋나는 행보를 보인 셈이다.

2_ 주요 어젠다와 유형화

임기 초반 이명박 대통령이 제기한 정책 어젠다 가운데 이 책에서 다루는 것은 총 15개 항목이다. 먼저 정치·행정 분야의 어젠다를 살펴보면 〈표 6-2〉와 같이 4개 항목이 해당되는데, 그 가운데 3개가 동원형으로 분류되었다. 갈등형과 타협형의 분류에서도 3개 항목이 갈등형으로 분류되었다.

구체적으로 살펴보면, 대통령의 주도권 행사 여부에 따른 동원형과 반응형 분류에서는 세종시 건설안 수정, 법질서 확립 추

표 6-2 | 이명박 대통령의 주요 어젠다 및 유형화 1 (정치·행정 분야 4개 항목)

어젠다 항목	유형 1		유형 2	
	동원형	반응형	갈등형	타협형
세종시 건설안 수정	○		○	
법질서 확립 추진	○		○	
공기업 선진화 및 정부 조직 축소 등 정부 혁신	○			○
미디어법 추진		○	○	

진,* 공기업 선진화 및 정부 조직 축소 등 정부 혁신**의 3개 항목이 동원형으로 분류되었고 미디어법 추진***만이 반응형으로 분류되었다.

사실 미디어법 추진은 이명박 대통령이 강력한 의지를 보인 어젠다이다. 이명박 대통령은 미디어법의 필요성을 여러 차례 언급했고 2008년 말 법안을 제출한 직후에는 직접 "방송·통신 분야는 정치 논리가 아닌 경제 논리로 적극 해나가길 바란다."라

- 법치주의 또는 법질서 강화 어젠다는 2008년 미국산 쇠고기 수입 반대 시위 이후 '국가 경쟁력 제고를 위한 정부 차원의 종합적인 대책'에서 분명하게 강조되었다. 또한 2009년 5월 20일 한승수 총리의 폭력 시위 엄단 방침 등으로 나타났다.
- '공기업 선진화'는 공공 기관을 혁신해 공공 부문의 성과를 높이고자 하는 정책이다. 공기업을 효율적으로 운영하기 위한 공기업의 민영화, 민간과의 경쟁 도입, 기관 통폐합, 기능 조정 등을 주요 내용으로 한다. 공기업 개혁은 '작은 정부, 효율적인 정부'를 주창한 이명박 정부의 핵심 과제였다.
- 미디어법 추진은 인수위 초창기 과제에도 포함된 정책으로 노무현 대통령 시기 개정된 언론 관련법을 뒤집는 정책이다. 신문과 대기업의 방송 지분 참여를 허용하고 신문·방송의 교차 소유를 가능하게 하는 것이 주요 내용이다.

고 말하며 법안 통과를 촉구하기도 했다. 하지만 대통령보다는 여당이 주도권을 행사하며 어젠다를 추진했기에 전문가 설문에서 반응형 어젠다로 분류되었다.

한편 어젠다의 성격에 따른 갈등형/타협형 분류에서는 공기업 선진화 및 정부 조직 축소 등 정부 혁신만이 타협형으로 분류되었고 나머지는 갈등형으로 분류되었다. 공기업 개혁은 정권의 성격과 무관하게 새 정부가 들어설 때마다 의욕적으로 추진한 어젠다이다. 이에 대해서는 야당도 적극적으로 반대할 명분을 찾기 어려웠기에 전문가 설문에서도 타협형으로 분류되었다.

세종시 건설안 수정*의 경우 야당이 강력히 반대한 갈등형 어젠다의 성격을 지닌다. 하지만 세종시 건설안 수정을 둘러싸고 갈등한 양상은 매우 복잡하게 나타났다. 충청권에 정치적 기반을 둔 자유선진당을 비롯한 야당의 거센 반발은 물론 한나라당 내에서도 반대가 상당했다. 박근혜 의원을 필두로 한 이른바 친박근혜 진영은 세종시 건설안 수정 문제를 당의 존립 문제로 규정하면서 '원안 플러스 알파'를 요구했다.

즉 여야 간은 물론 여권 내 친이명박계와 친박근혜계 간에도 갈등이 첨예한 어젠다였다. 그 결과 지지층의 정파적 이해에 부합하는 갈등형 어젠다였음에도 지지층 내의 반대가 완강해 정책을 추진하는 데 실패했다. 갈등의 축이 매우 협소하게 구획되면

• 이명박 대통령은 2007년 대선 기간에 세종시 원안(행정 부처 이전) 유지를 공약으로 내세웠다. 하지만 2009년 11월 27일 '국민과의 대화'에서 대국민 사과를 하며 세종시 수정안을 공식적으로 제기했다.

표 6-3 | 이명박 대통령의 주요 어젠다 및 유형화 2 (경제·사회 분야 9개 항목)

어젠다 항목	유형 1		유형 2	
	동원형	반응형	갈등형	타협형
한미 FTA 추진 및 미국산 쇠고기 수입	○		○	
한반도 대운하 추진	○		○	
4대강 살리기	○		○	
감세 및 규제 완화	○		○	
적극적 경기 부양책	○			○
유가 지원금 등 서민 생활 지원책		○		○
입학 사정관제 도입, 영어 교육 강화 등 교육개혁		○		○
일자리 창출		○		○
비정규직법 개정		○	○	

서 지지층 내의 분열로 이어졌다고 할 수 있다. 이렇듯 이명박 대통령 시기에는 갈등형 어젠다가 지지층의 이해관계도 포괄하지 못하면서 외면받는 사례가 빈번했다.

다음으로 경제·사회 분야의 어젠다를 살펴보면 〈표 6-3〉과 같이 9개 항목이 해당되는데, 그 가운데 5개 항목이 동원형으로 분류되었다. 갈등형/타협형 분류에서도 갈등형 5개, 타협형 4개로 분류되었다.

구체적으로 살펴보면 한미 FTA 추진 및 미국산 쇠고기 수입,[*] 한반도 대운하 추진, 4대강 살리기,[**] 감세 및 규제 완화,[***]

• 이명박 대통령이 취임한 지 2개월이 지나기 전인 2008년 4월 한미 정상회담에서 미국산 쇠고기 수입 재개가 전격적으로 결정되었다. 2003년 12월 미국에서 광우병이 발생한 후 한동안 쇠고기 수입이 금지되었으나 회담을 통해 대부분의 쇠고기 부위를 자유롭게 수입할 수 있도록 합의한 것이다. 그

적극적 경기 부양책 등 5개 항목이 동원형 어젠다로 분류되었다. 그리고 유가(油價) 지원금 등 서민 생활 지원책, 입학 사정관제 도입과 영어 교육 강화 등 교육개혁, 일자리 창출, 비정규직법 개정은 반응형 어젠다로 분류되었다.

감세 및 규제 완화 정책은 4대강 사업과 함께 이명박 대통령의 양대 대선 공약이자 경제정책의 근간이라는 점에서, 적극적 경기 부양책은 경제 대통령을 표방한 이명박 대통령의 핵심 정책 기조라는 점에서 전문가 설문에서도 동원형 어젠다로 분류되

후 미국산 쇠고기의 도축 실태를 다룬 문화방송의 〈PD 수첩〉이 방영되면서 대통령에 대한 비판의 목소리가 높아졌고, 다음 아고라에 '이명박 대통령 탄핵 청원' 서명이 이루어지기도 했다. 2008년 5월부터 2개월여 동안 촛불 시위가 지속된 현상은 인수위 시절부터 누적된, 이명박 정부의 초기 정책에 대한 비판이 집중적으로 분출했기 때문이라고 할 수 있다.

●● 대운하 건설은 대선 시기부터 대통령이 가장 중요하게 내건 공약 사항이었다. 하지만 미국산 쇠고기 수입 반대로 통치 기반이 흔들리고 대운하 건설에 대한 비판도 거세게 일자 "대운하 사업도 국민이 반대한다면 추진하지 않을 것"이라는 입장을 밝혔다. 대신에 이명박 대통령은 4대강 살리기 사업에 주력했다. 4대강 사업은 이른바 '녹색 뉴딜'의 핵심 사업 중 하나로 추진되었는데, 한강·낙동강·금강·영산강 등에 2012년까지 총 14조 원을 투입해 노후한 제방 보강과 하천 생태계 복원, 중소 규모 댐 및 홍수 조절지(調節池) 건설, 하천 주변 자전거도로 조성, 친환경 보(洑) 설치 등의 추진을 주요 내용으로 한다.

●●● 이명박 정부는 감세 기조 아래 소득세·법인세 등의 감세는 물론 종부세와 양도소득세도 대폭 완화하는 방안을 모색했다. 아울러 규제 완화에도 주력해 금융자본과 산업자본 사이의 장벽을 낮추고, 기업의 은행 지분 소유 한도를 확대하고, 산업은행을 민영화하며, 출총제를 폐지하는 것을 핵심 입법 과제로 추진했다.

었다. 반면에 친서민 정책도 2009년 하반기 이명박 정부의 핵심 정책 기조였고 대통령의 의지도 비교적 강했지만 상황에 떠밀려 뒤늦게 제기되었다는 점을 고려해 전문가 설문에서 반응형 어젠다로 분류되었다.

어젠다의 성격에 따른 갈등형과 타협형 분류에서는 한미 FTA 추진 및 미국산 쇠고기 수입, 한반도 대운하 추진, 4대강 살리기, 감세 및 규제 완화, 비정규직법 개정이 갈등형으로 분류되었고, 나머지 어젠다가 타협형으로 분류되었다. 비정규직법 개정을 제외하면 동원형 어젠다들이 대체로 갈등형에 속했음을 알 수 있다.

이명박 정부가 추진한 감세 및 규제 완화의 구체적 정책 가운데 상당수가 노무현 정부의 정책을 뒤집는 것이었고, 야당 또한 강력히 반대했기에 이 정책들은 갈등형 어젠다로 분류되었다. 비정규직 보호법 개정* 역시 전임 정부의 정책을 뒤집는 정책에 해당해 야당도 강력히 반대한 갈등형에 해당된다. 노무현 정

---

* 비정규직 보호법은 기간제 및 단시간근로자 보호 등에 관한 법률, 파견근로자보호 등에 관한 법률, 노동위원회법 등 비정규직 보호 관련 법률을 통틀어 이르는 말로 2006년 11월 30일 국회를 통과해 2007년 7월 1일부터 300인 이상 사업장에 적용되었다. 2008년 7월에는 100인 이상 사업장, 2009년 7월 1일에는 5인 이상 사업장으로 시행 범위가 확대되었다. 이와 관련해 이명박 정부는 2009년 3월 12일 비정규직 노동자를 정규직으로 전환하는 기간을 기존 2년에서 4년으로 연장되는 비정규직법 개정안을 입법예고했다. 기업이 비정규직 근로자를 정규직으로 전환하지 않고 4년까지 고용할 수 있도록 하는 법안이다.

표 6-4 | 이명박 대통령의 주요 어젠다 및 유형화 3 (외교·통일·국방 분야 2개 항목)

어젠다 항목	유형 1		유형 2	
	동원형	반응형	갈등형	타협형
한미 동맹 강화	○		○	
아프간 파병		○	○	

부 시기 비정규직 보호법 어젠다는 타협형으로 분류된 바 있다. 민주노동당 등 진보 진영에서 반대했으나, 결국 여야가 합의 처리했기 때문이다.

한편 적극적 경기 부양책 어젠다가 제기되었을 때 야당은 추경예산의 사용처 및 효과성, 재정 건전성 문제 등을 들어 비판했다. 하지만 경기 부양책 자체를 반대할 수는 없었다는 점에서 타협형 어젠다로 분류했다.

이명박 대통령 임기 초반 외교·통일·국방 분야에 해당하는 어젠다는 2개 항목이다. 이 가운데 한미 동맹 어젠다는 전문가 설문에서 동원형으로 분류되었다. 전임 정부와 정책 추진 방향이 상이했고 야당도 반대 입장을 보였기 때문에 갈등형 어젠다로 분류되었다.

한편 노무현 정부 시기 한미 관계 어젠다도 갈등형으로 분류된 바 있다. 대미 정책을 둘러싼 행정부의 입장이 이명박 정부에서는 한미 동맹 강화라는 전통적인 기조를 유지·강화하려는 방향으로, 노무현 정부에서는 대등한 한미 관계 정립하는 방향으로 각각 달리 설정되었고, 이를 둘러싸고 정치 세력 간 갈등이 생기는 경우가 많았기 때문이다.

아프가니스탄(이하 아프간) 파병 어젠다는 미국 정부의 요구를 우리 정부가 수용한 어젠다라는 점에서 전문가 설문에서도 반응형으로 분류되었다. 그리고 야당 및 시민 단체가 강력히 반발했기 때문에 갈등형 어젠다로 분류되었다. 노무현 정부에서도 성격이 비슷한 이라크 파병 어젠다의 경우 미국의 요구를 수용한 반응형 어젠다로 유형화되었다. 하지만 대등한 한미 관계를 지향한 노무현 정부에서는 '친미 행보'로 비춰졌기에 지지층은 반대하고 야당은 협력한 다협형 어젠다로 분류되었다는 차이가 있다.

3_ 어젠다의 내용과 평가

이명박 대통령은 노무현 대통령보다 유리한 정치 환경에서 당선되었기 때문에 동원형 어젠다가 많았다. 노무현 대통령이 임기 초반에 주로 정치·행정 분야에 주력했던 것과 달리, 이명박 대통령은 경제·사회 분야에도 주력하면서 여러 어젠다를 제기했다.

하지만 미디어법, 세종시 건설안 수정, 한미 FTA 및 미국산 쇠고기 수입 등 주요 어젠다는 비지지층은 물론 정치적 지지층 내에서도 반대 여론이 높았다. 이 어젠다들은 대체로 전임 정부의 정책을 뒤집는 것이었다는 점에서 공통점을 지닌다. 게다가 어젠다를 둘러싸고 친이명박 지지층과 친박근혜 지지

> 미디어법, 세종시 건설안 수정, 한미 FTA 및 미국산 쇠고기 수입 등 주요 어젠다는 비지지층은 물론 정치적 지지층 내에서도 반대 여론이 높았다. 이 어젠다들은 대체로 전임 정부의 정책을 뒤집는 것이었다는 점에서 공통점을 지닌다. 게다가 어젠다를 둘러싸고 친이명박 지지층과 친박근혜 지지층이 분열하면서 지지층이 소수로 한정되었다.

층이 분열하면서 지지층이 소수로 한정되었다.

특히 한미 FTA 및 미국산 쇠고기 수입 어젠다는 임기 초반 이명박 대통령의 통치에 상당한 타격을 주었다. 이명박 대통령 취임 직후 보도된 한미 쇠고기 협상에 대한 국민의 평가는 '잘못된 일' 71퍼센트(2008년 4월 28일 조사), '신뢰하지 않는다' 78.8퍼센트 등으로 매우 부정적이었다(2008년 5월 15일 조사). 그리고 한미 FTA 비준 처리에 대한 의견을 묻는 조사에서는 '국민의 건강과 안전을 고려해 미국과의 쇠고기 재협상이 없는 한 FTA를 추진해서는 안 된다'는 응답이 60퍼센트였다(2008년 5월 15일 조사). 여기에서 한나라당 지지층 내의 반대가 상당 수준에 이르는 등 통치 연합 내부의 분열 조짐이 나타났다는 점에 주목할 만하다. 게다가 (반대층도 신임 대통령에 대해 기대감을 보이며 비판을 자제하는) 이른바 허니문 기간을 누리지도 못했다. 일찍부터 대통령의 정책을 놓고 찬반의 골이 깊이 패는 현상이 나타났다.

그 결과, 촛불 정국이 최고조에 이르던 때 시행된 조사(2008년 6월 13일 조사)에서 이명박 대통령의 지지율은 15.2퍼센트까지 하락했다. 임기 초반부터 대통령에 대한 신뢰가 크게 하락했고 친박근혜 지지층이 이탈하면서 통치 기반이 흔들렸다. 그 결과 여당의 의석수, 정당 지지율 등 여러 측면에서 대통령의 정치적 자산이 풍부하다고 볼 수 있었음에도 '매우 허약한' 정부라고 평가받았다.

이명박 대통령이 제기한 어젠다 가운데 일부는 보수적 성격을 과도하게 띠면서 지지층 내에서도 공감을 얻지 못했다. 법질서 강화 어젠다가 대표적인 사례다. 국민 여론도 용산 참사, 집시법 개정 등 구체적 사안에서 상당히 부정적이었다.

용산 참사 직후 법질서 확립(과격 시위 엄단 등)과 인권 보호(철거민의 주거권 보장 등)가 대립할 경우 무엇을 우선시해야 하는지를 묻는 조사에서도 '인권 보호가 더 우선되어야 한다'는 의견이 75.1퍼센트로 '법질서 확립이 더 우선되어야 한다'는 의견(21.0퍼센트)보다 압도적으로 높게 나타났다(2009년 2월 3일 조사). 그리고 정부의 '대규모 도심 집회 당분간 원칙적 불허 방침'에 대해서도 부정적 의견이 58.8퍼센트로 긍정적 의견 35.1퍼센트보다 월등히 높았다(2009년 5월 28일 조사).

대통령의 지지층에서도 법질서 강화를 부정적으로 보는 의견이 높게 나타났다. 표현의 자유와 민주주의를 위축시킨다는 비판이 이어지면서 정치적 지지층조차 충분히 공감하게 만들지 못했던 것이다. 절차적 민주주의가 훼손되었다는 비판이 이어지는 가운데 중도 성향층이 급격히 이탈했고 남아 있는 정치적 지지층의 결속력도 약화되었다.

미디어법 어젠다도 비슷한 맥락에서 해석할 수 있다. 미디어법에 대한 여론은 어젠다의 내용, 추진 방식 등 대부분의 사안에서 상당히 부정적이었다. 대기업의 신문사·방송사 겸영 허용을 골자로 하는 미디어 관련법 개정에 대해 '반대' 60.8퍼센트, '찬성' 33.2퍼센트로 나타나 반대 여론이 월등히 우세했다(2009년 6월 22일 조사).

한편 적극적 경기 부양책, 서민 생활 지원책, 일자리 창출 어젠다 등의 타협형 어젠다는 이명박 대통령이 정치적 반대층을 포용하고 경제 살리기에

> 적극적 경기 부양책, 서민 생활 지원책, 일자리 창출 어젠다 등의 타협형 어젠다는 이명박 대통령이 정치적 반대층을 포용하고 경제 살리기에 주력하고자 제기한 것이었다. 하지만 이미 반대층이 강력히 결속한 상황이었기에 대통령 통치 기반을 확대하지는 못했다.

주력하고자 제기한 것이었다. 하지만 이미 반대층이 강력히 결속한 상황이었기에 대통령 통치 기반을 확대하지는 못했다.

추가경정예산 등을 비롯한 적극적 경기 부양책 어젠다에 대한 국민 여론은 '국가 재정에 부담이 될 수 있는 과도한 규모라고 본다'는 비판적 의견(49.0퍼센트)이 '위축된 경기를 부양시키기 위한 적정 규모라고 본다'는 의견(35.1퍼센트)보다 컸다(2009년 3월 26일 조사). 결국 적극적 경기 부양책을 시행해 '경제 회복'에 대한 기대감을 높이고 반대층까지 포용하려던 목적을 달성하지 못한 것으로 보인다. 이명박 대통령의 대표적인 타협형 어젠다에 해당하는 친서민 정책에 대해서도, 세부 정책에는 긍정적으로 평가했으나 정책 전반에 대한 기대감은 낮았다.

한편 한미 동맹 강화, 아프간 파병 등의 외교 분야 어젠다들은 이명박 대통령의 정치적 지지층의 선호에 부합했고 전체 여론도 비교적 우호적이었다. 동원형에 해당되는 한미 동맹 어젠다에 대한 여론은 긍정 평가가 50.5퍼센트, 부정 평가가 31.2퍼센트로 긍정 평가가 우세했다(2008년 4월 28일 조사). 대통령의 정치적 지지층은 물론 야당 지지층에서도 긍정 평가가 우세했다. 북핵 위기 등 산적한 현안을 해결하기 위해서라도 한미 동맹이 불가피하다는 인식이 확산되어 있었기 때문이라고 해석할 수 있다.

아프간 파병에 대해서도 찬성 여론이 55.0퍼센트, 반대 여론이 40.8퍼센트로 찬성 여론이 우세했다. 노무현 정부 시기 이라크 파병에 대해 반대가 높았던 것과 대비된다. 대등한 한미 관계를 지향한 노무현 정부에서는 '친미 행보'로 비춰진 반면 한미 동맹을 강조한 이명박 정부에서는 지지층도 적극 호응했다. 이 때문에 어젠다를 통해 지지층을 결집할 수 있었다.

 이처럼 정치·행정 분야와 경제·사회 분야와 같은 국내 정책 어젠다에 대해서는 지지층 내에서도 부정적 여론이 상당했으나, 외교 분야의 어젠다들이 지지층을 결집하면서 임기 초반부터 '허약한 권력'에 놓인 대통령의 통치를 뒷받침했다고 볼 수 있다.

> 정치·행정 분야와 경제·사회 분야와 같은 국내 정책 어젠다에 대해서는 지지층 내에서도 부정적 여론이 상당했으나, 외교 분야의 어젠다들이 지지층을 결집하면서 임기 초반부터 '허약한 권력'에 놓인 대통령의 통치를 뒷받침했다.

7장

이명박 대통령이 선택한 어젠다와 대중의 평가

1_ 어떤 분야에 집중했는가

이명박 대통령 임기 초반 20개월 동안을 대상으로 분석한 어젠다는 15개 항목, 총 26회이다. 먼저 분야별 어젠다의 분포를 살펴보면 정치·행정 분야 8회, 경제·사회 분야 16회, 외교·통일·국방 분야 2회로 경제·사회 분야가 가장 많았다. 이명박 대통령이 대선 때부터 경제 대통령을 표방했고 실제로도 임기 초반 이 분야에 주력했음을 보여 주는 대목이다.

정치·행정 분야에 해당하는 어젠다는 미디어법 추진(3회), 법질서 확립(2회), 공기업 선진화 및 정부 조직 축소 등 정부 혁신(2회), 세종시 건설안 수정(1회) 등이 있다. 그리고 경제·사회 분야의 어젠다는 한미 FTA 및 미국산 쇠고기 개방(4회), 한반도 대운하 추진(2회), 4대강 살리기(2회), 일자리 창출 정책(2회), 입학사정관 제도 도입, 영어 교육 강화 등 교육개혁 추진(2회), 유가 지원금 등 서민 생활 지원책(2회), 감세 및 규제 완화(1회), 적극적 경기 부양 정책(1회), 비정규직법 개정(1회) 등으로 구성되어 있다. 외교·통일·국방 분야는 한미 동맹 강화(1회), 아프간 파병

표 7-1 | 이명박 대통령 시기 임기 초반 분야별 어젠다의 빈도 및 지지율

	빈도	지지율(%)
정치·행정 분야	8	37.4
경제·사회 분야	16	38.0
외교·통일·국방 분야	2	59.4

(1회) 등 2개 항목만이 해당되었다.

어젠다에 대한 평균 지지율은 국내 정책에 해당하는 정치·행정 분야(37.4퍼센트)와 경제·사회 분야(38.0퍼센트)가 비슷하게 나타났다. 이에 반해 외교·통일·국방 분야 어젠다는 평균 59.4퍼센트에 이르렀다. 임기 초반임에도 이명박 대통령이 제기한 국내 정책 어젠다에 대한 지지율이 상당히 낮았다는 점에 주목할 만하다.

2_ 어떤 어젠다에 주력했는가

이명박 대통령의 어젠다에서 동원형(16회)의 비중이 반응형(10회)보다 더 컸다. 정치·행정 분야에서는 동원형 어젠다(5회)가 반응형 어젠다(3회)보다 더 많이 제기되었다. 경제·사회 분야에서는 동원형 어젠다(10회)가 반응형 어젠다(6회)보다 더 집중적으로 제기되었다. 외교·통일·국방 분야는 동원형과 반응형이 각각 1회로 나타났다. 노무현 대통령과 달리 이명박 대통령은 경제·사회 분야에 더욱 주력했음을 알 수 있다.

각 어젠다 유형의 구체적 내용들을 살펴보면 정치·행정 분야의 경우 동원형 어젠다(5회)에는 공기업 선진화와 정부 조직 축

표 7-2 | 이명박 대통령 시기 임기 초반 동원형/반응형 어젠다의 빈도 및 지지율

	정치·행정 분야		경제·사회 분야		외교·통일·국방 분야		계	
	빈도	지지율(%)	빈도	지지율(%)	빈도	지지율(%)	빈도	지지율(%)
동원형	5	32.6	10	38.4	1	61.8	16	36.0
반응형	3	45.1	6	41.2	1	57.4	11	42.6

소 등 정부 혁신(2회), 법질서 확립(2회) 등 3개 항목이 포함되어 있다. 그리고 반응형 어젠다(3회)는 미디어법 추진(3회)이 대부분을 차지하고 있다. 경제·사회 분야의 경우 동원형에 해당하는 어젠다는 한미 FTA 및 미국산 쇠고기 개방(4회), 한반도 대운하 추진(2회), 4대강 살리기(2회) 등 5개 항목이 있었고, 나머지는 반응형에 해당되었다.

이 시기 전체 평균 지지율을 살펴보면, 반응형 어젠다(42.6퍼센트)가 동원형 어젠다(36.0퍼센트)보다 우세했다. 분야별로는 정치·행정 분야에서 반응형 어젠다(45.1퍼센트)가 동원형 어젠다(32.6퍼센트)보다 월등히 우세했다.

대통령의 주도력 여부에 관계없이 정치·행정 분야 어젠다에 대한 평균 지지율이 낮았지만 동원형이 특히 더 낮았던 것이다. 법질서 강화 어젠다와 같이 대통령이 주력했으나 대중은 외면한 어젠다들이 제기되었기 때문으로 보인다.

경제·사회 분야의 경우도 반응형 어젠다(41.2퍼센트)가 동원형 어젠다(38.7퍼센트)보다 우세했다. 경제·사회 분야의 동원형 어젠다는 한미 FTA 및 미국산 쇠고기 수입 어젠다, 4대강 살리기, 감세 및 규제 완화 등이다. 대체로 보수적 정체성이 뚜렷한 갈등형 어젠다들이다. 한편 외교·통일·국방 분야에서는 동원형

어젠다(61.8퍼센트)와 반응형 어젠다(57.4퍼센트) 모두 국내 정책 분야보다 높은 평균 지지율을 보였다.

요약하면 임기 초반 이명박 대통령이 역점을 둔 분야(경제·사회 분야)에서도 동원형 어젠다가 반응형 어젠다보다 지지율이 낮았다. 대통령이 강조할수록 대중은 외면했다고 할 수 있다. 어젠다의 선택이 적절하지 않았거나 대중을 설득하지 못했음을 의미한다.

이와 관련해 이명박 대통령에 대한 주요 비판 지점이 '소통 부재'라는 점은 시사하는 바가 크다. 반대 세력은 물론 지지 세력 내에서도 이 같은 비판이 높았다. 여당의 당대표를 지낸 안상수 의원도 대표 퇴임 기자회견에서 "국민과의 소통을 강화해 달라고 저희가 계속 건의해 왔다. 소통과 설득이 부족한 점이 가장 아쉬웠다."라고 비판한 바 있다.

> 임기 초반 이명박 대통령이 역점을 둔 분야(경제·사회 분야)에서도 동원형 어젠다가 반응형 어젠다보다 지지율이 낮았다. 대통령이 강조할수록 대중은 외면했다고 할 수 있다. 어젠다의 선택이 적절하지 않았거나 대중을 설득하지 못했음을 의미한다. 이와 관련해 이명박 대통령에 대한 주요 비판 지점이 '소통 부재'라는 점은 시사하는 바가 크다.

3_ 어떤 성격의 어젠다를 선택했는가

어젠다의 성격에 따라 갈등형과 타협형으로 구분할 경우, 이명박 대통령의 임기 초반에는 갈등형 어젠다(18회)가 타협형 어젠다(8회)보다 월등히 높은 빈도로 제기되었다. 분야별로 살펴보면 정치·행정 분야에서는 갈등형 어젠다(6회)가 타협형 어젠다(2회)보다 집중적으로 제기되었다. 경제·사회 분야에서도 갈등형 어젠다(10회)의 비중이 타협형 어젠다(6회)보다 높았다. 외교·통일·국방 분야에 해당하는 어젠다(2회)도 모두 갈등형에 해당해 전 분야에서 갈등형의 비중이 높았음을 알 수 있다.

각 어젠다 유형의 구체적 내용을 살펴보면, 정치·행정 분야에서는 갈등형 어젠다에 미디어법(3회), 법질서 확립(2회) 등이 포함되었다. 여야 간 충돌은 물론 전 사회적으로 갈등 양상이 심각했던 어젠다들이다. 그리고 타협형 어젠다에는 공기업 선진화와 정부 조직 축소 등 정부 혁신(2회) 등이 포함된다.

경제·사회 분야에서는 갈등형 어젠다로 한미 FTA 추진 및 미국산 쇠고기 수입(4회), 한반도 대운하(2회), 4대강 살리기(2회) 등이 있었다. 반응형 어젠다에는 일자리 창출(2회), 입학 사정관 제도 도입과 영어 교육 강화 등 교육개혁 추진(2회) 등이 포함되었다.

경제·사회 분야의 경우 갈등형 어젠다 대부분이 동원형에 해당되었다. 이명박 대통령이 경제·사회 분야에 주력했고, 그렇게 주력한 어젠다는 대부분 보수적 정체성이 강했다는 의미다.

노무현 대통령과 이명박 대통령 모두 임기 초반 갈등형 어젠다가 제기된 빈도가 월등히 높았다는 점에서 유사하다. 신임 대통령의 경우 개혁이라는 명분 아래 정책 산출물의 분배 구조를 새롭게 수립하겠다는 의지가 강하기 때문으로 보인다.

하지만 노무현 대통령은 정치·행정 분야, 이명박 대통령은 경제·사회 분야에 주력해 (진보적·보수적) '개혁'을 추구하고자 했다는 점에서 차이를 보인다.

이명박 대통령의 어젠다에 대한 평균 지지율을

표 7-3 | 이명박 대통령 시기 임기 초반 갈등형/타협형 어젠다의 빈도 및 지지율

	정치·행정 분야		경제·사회 분야		외교·통일·국방 분야		계	
	빈도	지지율(%)	빈도	지지율(%)	빈도	지지율(%)	빈도	지지율(%)
갈등형	6	39.1	10	38.1	2	59.4	18	38.5
타협형	2	31.8	7	41.0	0	-	9	37.6

살펴보면 갈등형 어젠다(38.5퍼센트)와 타협형 어젠다(37.6퍼센트)가 비슷했다. 하지만 분야별로는 양상이 상이했는데, 정치·행정 분야에서는 갈등형 어젠다(39.1퍼센트)가 타협형 어젠다(31.8퍼센트)보다 더 높았다. 이 분야의 타협형 어젠다인 공기업 선진화에 대한 여론은 명분 자체에 대해서는 대체로 찬성 여론이 높았다. 대통령직 인수위 시기의 중요 정책 가운데 가장 기대가 높았던 항목이기도 했다. 하지만 공기업 선진화 방식이 민영화 등으로 구체화되면서 비판 여론이 급상승했다.

　방만한 공기업 개혁 및 정부 조직 개혁은 신임 대통령이 개혁 의지를 보여 주기 위해 자주 활용하는 어젠다이다. 하지만 정책이 구체화될수록 저항하는 집단의 목소리가 높아진다. 또한 상수도와 같은 국가 기간 시설을 민영화하는 정책은 국민의 이익과 직결되기에, 정책을 추진하는 데 여론의 영향을 크게 받는다. 이명박 정부의 공기업 개혁 어젠다는 국민 다수를 포용하기보다는 이념적으로 접근하는 양상을 보이면서 국민의 관심에서 멀어져 갔던 것으로 보인다.

　경제·사회 분야에서는 갈등형 어젠다(38.1퍼센트)보다 타협형 어젠다(41.0퍼센트)의 평균 지지율이 다소 높게 나타났다. 이명박 대통령은 임기 초반 경제·사회 분야의 갈등형 성격의 어젠다에

주력했으나 막상 지지율은 낮았다. 이는 한미 FTA 및 미국산 쇠고기 개방, 한반도 대운하 건설 및 4대강 살리기, 감세 및 규제 완화 정책 등처럼 정책을 추진하는 과정에서 여야 지지층 간의 격렬한 사회적 갈등은 물론, 지지층 내부에서도 갈등을 야기한 어젠다가 다수 포함되어 있기 때문으로 보인다.

한미 FTA 및 미국산 쇠고기 개방 어젠다는 물론 한반도 대운하 건설 및 4대강 살리기 어젠다도 지지층 내에서조차 충분한 지지를 얻지 못했다. 한반도 대운하 건설 어젠다의 경우 이명박 대통령이 당선된 직후인 2008년 1월 조사에서는 '찬성' 40.9퍼센트, '반대' 43.6퍼센트로 찬반 격차가 크지 않았으나 시간이 지날수록 반대 여론이 더 완강해졌다. 2008년 3월에는 '반대' 63.6퍼센트, '찬성' 29.1퍼센트로 찬반 격차가 크게 벌어졌다. 그 결과 한나라당 지지층 내에서도 반대가 높게 나타나 사실상 추진하기는 어려워졌다.

4대강 살리기 사업에 대한 여론도 부정적이었다. 2009년 6월 조사에서는 4대강 사업에 대해 '중단하고 그 예산을 교육·일자리·복지 등에 돌리는 것이 낫다' 66.7퍼센트, '경제 회복 및 환경 보전을 위해 적극 추진해야 한다' 30.0퍼센트로 나타난 바 있다(2009년 6월 22일 조사).

감세 정책에 대한 저항도 적지 않았다. 정부가 법인세와 소득세 인하 등 유례없는 감세안 방안을 내놓은 직후에 실시된 2008년 9월 조사에서 긍정적 평가는 31.8퍼센트에 그쳤고, 부정적 평가가 65퍼센트에 이르렀다(2008년 9월 22일 조사).

비슷한 시기에 시행된 규제 완화 정책에 대해서도 '기업 투자

활성화 등 긍정적 영향이 더 클 것이다'라며 기대감을 표명한 의견은 30퍼센트대에 그쳤다. 산업자본의 은행 소유 허용 등 금융 규제를 완화하는 정책 방향에 대해서도, 찬성 의견은 34.1퍼센트에 불과했다(2008년 9월 22일 조사).

감세 및 규제 완화 정책이 경제성장을 내세운 이명박 대통령의 핵심 정책임에도 부정적 여론이 높았던 것은 이른바 '부자 감세'라는 비판이 급속히 확산되었기 때문이다. 노무현 정부 시기 종부세 어젠다가 제기되었던 초반에는 높은 지지를 얻었지만 '세금 폭탄'이라는 비판 속에서 무너졌던 것과 비슷한 맥락이다. 이명박 대통령 지지층의 상당수가 저학력·저소득 서민층이었기에 '부자 감세' 비판은 이후 제기된 친서민 정책의 효과에도 부정적 영향을 미치면서 통치 기반을 확충하는 데까지 이어지지 못했다.

이렇듯 이명박 대통령은 지지층 일부의 배타적 이익을 추구하는 보수적 성격의 갈등형 어젠다에 주력했으나 여론의 평가는 혹독했다. 그 이유로 이명박 대통령이 제기한 갈등형 어젠다가 특정 계층의 이해만 대변하면서 지지층 내부에서도 반대가 컸다는 점을 들 수 있다.

이명박 대통령의 지지층이 경제적으로는 고소득층과 (전통적으로 보수 성향이 강한) 저소득층으로 양극화되어 있어 이해가 엇갈리고 있다는 점도 이 같은 상황에 일조했다. 그 결과 이명박 대통령은 '부자 중심'의 보수적 정책을 추진했고 이명박 대통령을 지지했던 서민층의 삶은 더욱 고단해졌다.

> 이명박 대통령은 지지층 일부의 배타적 이익을 추구하는 보수적 성격의 갈등형 어젠다에 주력했으나 여론의 평가는 혹독했다. 그 이유로 이명박 대통령이 제기한 갈등형 어젠다가 특정 계층의 이해만 대변하면서 지지층 내부에서도 반대가 컸다는 점을 들 수 있다.

8장

이명박 대통령의 어젠다는 대통령 지지에 어떤 영향을 미쳤는가

이명박 대통령이 제기한 어젠다 가운데 어떤 어젠다가 대통령 지지율 상승에 긍정적이었고, 어떤 어젠다가 부정적이었는지를 살펴보자.

1_ 어떤 분야의 어젠다가 지지율 상승을 이끌었는가

이제 이명박 대통령 임기 초반, 통치 연합을 유지·확대하기 위해 대통령이 제기한 어젠다가 얼마나 효과적이었는지를 살펴보자. 먼저 국내 정책 분야, 즉 정치·행정 분야와 경제·사회 분야 가운데 어떤 분야의 어젠다가 이명박 대통령의 지지율에 더 큰 영향을 미쳤는지 검토해 보자. 노무현 대통령 시기와 동일한 방법을 사용해 분석했다.

그 결과 기댓값이 정치·행정 분야에서 2.541, 경제·사회 분야에서는 4.045로 나타났다. 이명박 대통령의 정치·행정 분야 어젠다에 동의하는 사람은 그렇지 않은 사람보다 약 2.5배 높게 이

표 8-1 | 분야별 어젠다가 이명박 대통령 지지에 미치는 영향력

	정치·행정 분야	경제·사회 분야
어젠다의 기댓값	2.541	4.045

주 : 결과를 도출한 회귀분석표는 부록을 참조.

명박 대통령을 지지할 확률을 지닌 반면, 경제·사회 분야 어젠다에 동의하는 사람이 대통령을 지지할 확률은 약 4.0배나 높다는 것을 의미한다.

이렇듯 이명박 대통령 임기 초반에는 경제·사회 분야 어젠다가 대통령을 평가하는 데 더 중요한 기준으로 작용했다. 이명박 대통령이 경제성장을 최우선 국정 목표로 내세우면서 이 분야에 주력했기 때문으로 보인다. 이미 2007년 17대 대선에서도 경제 이슈가 다른 모든 이슈를 압도한 바 있다. 이명박 대통령도 경제 쟁점을 선점하고 집중적인 기대를 모으며 당선되었기에 충분히 예견되었던 결과다.

예를 들어 당선 직후인 2008년 1월 1일자에 보도된 문화일보-디오피언 조사를 보면 이명박 정부의 최우선 과제로 '경제 활성화'를 꼽은 응답자가 63퍼센트에 이르렀다. 그 어떤 의제보다 '경제 살리기'에 대한 국민적 공감대가 광범위하게 형성되어 있었음을 보여 주는 대목이다.

또한 이명박 대통령은 일찍부터 강력한 추진력을 지닌 경제 지도자를 표방하면서 국민들의 관심을 받았다. 17대 대선이 본격화되기 전인 2004년 9월부터 12월까지 주요 차기 대선 주자를 대상으로 경쟁력을 살펴본 한국사회여론연구소 조사를 보면,

당시 이명박 대통령의 지지율은 고건·박근혜·정동영에 이어 4위에 그쳤다. 하지만 가장 잘할 것 같은 분야를 물었을 때 경제 분야가 43.8퍼센트로 1순위였다.

당시 조사 대상인 차기 대권 주자 7명 중 경제 분야가 가장 강점으로 나타난 정치인은 이명박 후보가 유일했다. 이는 이명박 대통령이 일찍부터 경제 분야에 대한 강점을 기반으로 대중의 지지를 획득했음을 의미한다.

그런데 〈표 8-1〉의 결과는 대중이 대통령을 평가할 때 어젠다를 평가 기준으로 삼을 가능성이 높다는 것을 의미할 뿐, 어젠다가 미치는 영향이 긍정적인지 부정적인지를 알려 주지는 않는다. 이를 보완하기 위해 어젠다에 대한 찬반과 대통령 지지/반대를 교차 분석했다.

그 결과는 〈표 8-2〉와 〈표 8-3〉에 제시되어 있듯이, 핵심 지지층 규모에서는 경제·사회 분야가 월등히 우세했다. 정치·행정 분야 어젠다를 제기할 때 17.1퍼센트, 경제·사회 분야를 제기할 때 27.5퍼센트였다. 배후층 규모에서 정치·행정 분야(19.8퍼센트)와 경제·사회 분야(18.4퍼센트)의 차이는 그다지 크지 않았다.

하지만 종합적으로 고려하면 통치 연합을 유지·확대하는 데 경제·사회 분야가 훨씬 효과적이었음이 확인된다. 그리고 경제·사회 분야 어젠다를 제기했을 때 비토층 규모도 훨씬 적었다. 경제·사회 분야 어젠다가 핵심 지지층의 결집을 강화하고, 반대층의 결집은 약화시켜 지지율 상승에 긍정적으로 작용했음을 알 수 있다.

표 8-2 | 임기 초반 정치·행정 분야의 어젠다와 이명박 대통령 지지 (단위 : %)

		대통령		전체
		반대	지지	
어젠다	반대	47.7	15.3	63.1
	찬성	19.8	17.1	36.9
전체		67.5	32.5	100.0

표 8-3 | 임기 초반 경제·사회 분야의 어젠다와 이명박 대통령 지지 (단위 : %)

		대통령		전체
		반대	지지	
어젠다	반대	37.6	16.4	54.1
	찬성	18.4	27.5	45.9
전체		56.0	44.0	100.0

이명박 대통령 임기 초반 정치·행정 분야 어젠다는 8회, 경제·사회 분야 어젠다는 16회 제기되었다. 이 가운데 동원형 어젠다는 각각 5회와 10회로 경제·사회 분야가 월등히 높았다. 대통령이 경제·사회 분야에 집중했음이 명확히 드러나는 대목이다. 2008년 세계 금융 위기의 여파로 우리나라에서도 경제 위기가 고조되었고 빈부 격차 등 양극화가 심화되었다. 이에 따라 경제성장을 내세운 신임 대통령에 대한 기대감도 높아졌던 것으로 보인다. 비슷한 맥락에서 이 시기 대중의 경제 전망도 '긍정 전망' 32.8퍼센트, '부정 전망' 27.1퍼센트, '유지 전망' 39.2퍼센트로 긍정적 전망이 비교적 높았다.

이명박 대통령은 취임 직후부터 촛불 시위 등 미국산 쇠고기 수입에 반대하는 대중의 저항에 직면하면서 큰 위기를 겪었다.

> 대통령이 제기한 어젠다의 평균 지지율이 노무현 대통령과 비교해 매우 낮았음에도 대통령 지지율은 비교적 높게 유지되었다. 경제 분야에 주력하면서 대중의 기대를 관리해 갔다는 점이 작용한 것으로 보인다.

하지만 임기 초반 대통령 지지율이 평균 33.1퍼센트에 이르렀고 임기 2년차인 2009년 중·후반에는 오히려 상승하면서 40퍼센트대의 지지율을 유지했다. 대통령이 제기한 어젠다의 평균 지지율이 노무현 대통령과 비교해 매우 낮았음에도 대통령 지지율은 비교적 높게 유지되었다. 경제 분야에 주력하면서 대중의 기대를 관리해 갔다는 점이 작용한 것으로 보인다.

이명박 대통령은 대통령으로 당선된 2007년 12월 19일 밤 "국민의 뜻을 잘 알고 있다. 위기에 처한 대한민국 경제를 반드시 살리겠다."라고 강조하면서 경제문제를 해결하겠다는 의지를 확고히 드러낸 바 있다. 취임 1년 평가에서도 이명박 대통령이 향후 국정 운영에서 가장 중점을 두어야 할 사항으로 국민 다수가 '경제 회복'(49.7퍼센트), '일자리 창출'(10.8퍼센트) 등 경제문제를 꼽은 바 있다(조선일보-TNS 2009년 2월 23일 조사).

2_ 대통령의 주도권 행사는 지지율 상승에 어떤 영향을 미쳤는가

이제 이명박 대통령이 주도한 (동원형) 어젠다와 주도하지 못한 (반응형) 어젠다 가운데 어떤 유형의 어젠다가 대통령 지지에 더 큰 영향을 미쳤는지 살펴보자. 정치적 자산 및 환경, 이념 성향 등 여러 측면에서 노무현 대통령과는 달랐던 이명박 대통령의 임기 초반에는 어떤 양상이 나타났을까?

표 8-4 | 동원형/반응형 어젠다가 이명박 대통령 지지에 미치는 영향력

	동원형	반응형
어젠다의 기댓값	3.722	2.155

주: 결과를 도출한 회귀분석표는 부록을 참조.

먼저 어젠다가 대통령 지지에 미치는 영향에 대한 분석 결과 기댓값이 동원형 어젠다에서 3.722, 반응형 어젠다에서는 2.155로 나타났다. 이명박 대통령의 동원형 어젠다에 동의하는 사람은 그렇지 않은 사람보다 무려 3.7배나 높게 이명박 대통령을 지지할 확률을 지닌 반면, 반응형 어젠다에 동의하는 사람은 약 2.2배 높게 대통령을 지지할 확률을 지녔음을 의미한다.

동원형 어젠다는 언론에서 집중적으로 보도되고 대중의 관심도 높아지면서 대통령을 평가하는 중요한 기준으로 작용했음을 알 수 있다. 유리한 언론 환경도 대통령 어젠다에 대한 관심을 고조시키는 요인으로 작용했던 것으로 보인다.

아울러 동원형 어젠다의 상당수는 대선 및 인수위 시기를 거치면서 이미 중요한 대통령의 공약으로 제시되었다. 대중도 이 어젠다를 중심으로 대통령에 대한 기대를 형성하기 때문에, 동원형 어젠다가 대통령을 평가하는 데 상당한 영향을 미친 것으로 볼 수 있다.

이런 결과를 보완하기 위해 어젠다에 대한 찬반과 대통령 지지/반대를 교차 분석한 결과는 다음과 같다. 핵심 지지층 규모는 동원형 어젠다를 제기했을 때 24.0퍼센트, 반응형 어젠다를 제기했을 때 22.8퍼센트로 동원형 어젠다를 제기했을 때 다소

표 8-5 | 임기 초반 동원형 어젠다와 이명박 대통령 지지 (단위 : %)

		대통령		전체
		반대	지지	
어젠다	반대	42.1	18.4	60.5
	찬성	15.4	24.0	39.5
전체		57.6	42.4	100.0

표 8-6 | 임기 초반 반응형 어젠다와 이명박 대통령 지지 (단위 : %)

		대통령		전체
		반대	지지	
어젠다	반대	37.7	17.2	54.9
	찬성	22.4	22.8	45.1
전체		60.1	39.9	100.0

높았다. 하지만 비토층 규모는 동원형에서 42.1퍼센트, 반응형에서 37.7퍼센트로 동원형 어젠다를 제기할 때 훨씬 높게 나타났다. 배후층 규모에서도 반응형이 다소 우세했다.

즉 이명박 대통령 임기 초반 동원형 어젠다는 지지층을 결집하는 긍정적 측면도 있었지만 반대층을 결집하는 부정적 효과가 더 강력했다. 따라서 막상 대통령 지지율 상승으로 이어지지는 못한 것으로 보인다.

앞서 살펴봤듯이 이명박 대통령이 주도권을 행사한 어젠다가 경제·사회 분야에 집중되었다는 점은 대중의 관심에 부합했기에 지지율에 긍정적으로 작용했다. 하지만 대통령이 주도한 어젠다는 지나치게 보수적인 성격을 지녀 비토층을 결집시킨 것

이명박 대통령이 주도권을 행사한 어젠다가 경제·사회 분야에 집중되었다는 점 대중의 관심에 부합했기에 지지율에 긍정적으로 작용했다. 하지만 대통령이 주도한 어젠다는 지나치게 보수적인 성격을 지녀 비토층을 결집시킨 것으로 보인다.

8장 | 이명박 대통령의 어젠다는 대통령 지지에 어떤 영향을 미쳤는가

으로 보인다. 실제 이명박 대통령이 주도권을 행사한 국내 정책 분야 어젠다 15회 중 12회가 갈등형에 속한 것으로 나타났다. 게다가 갈등의 정도도 매우 심각해 대통령 비판층은 물론 지지층 내부에서도 갈등이 빚어지곤 했다.

이명박 대통령이 제기한 어젠다, 그중에서도 갈등형 어젠다에 대한 평균 지지율은 40퍼센트 이하에 그쳤다. 특히 한미 FTA 및 미국산 쇠고기 개방, 세종시 건설안 수정 등의 어젠다는 반대층은 물론 지지층 내부에서도 상당한 저항을 불렀다.

3_ 어떤 성격의 어젠다가 지지율 상승을 이끌었는가

노무현 대통령 임기 초반에는 갈등형 어젠다가 핵심 지지층을 결집하고 통치 연합을 유지하는 효과가 컸다. 앞서 언급했듯이 지지층이 개혁적 정체성이 강한 갈등형 어젠다를 선호했다. 또한 강력한 야당의 존재 등과 같은 정치 환경의 영향도 중요하게 작용했다. 대통령이 주변층의 기대에 부합하고자 국가수반에 조응하는 포용적·타협적 어젠다를 제기해도 막상 대통령 지지로 이어질 가능성은 낮았기 때문이다.

그렇다면 이명박 대통령 임기 초반에는 어떤 성격의 어젠다가 대통령 지지에 더 강력한 영향을 미쳤을까? 로지스틱 회귀분석 결과 기댓값이 갈등형 어젠다에서 2.662, 타협형 어젠다에서는 3.960으로 나타났다. 이명박 대통령의 갈등형 어젠다에 동의하는 사람은 그렇지 않은 사람보다 약 2.7배 높게 이명박 대통

표 8-7 | 갈등형/타협형 어젠다가 이명박 대통령 지지에 미치는 영향력

	갈등형	타협형
어젠다의 기댓값	2.662	3.960

주 : 결과를 도출한 회귀분석표는 부록을 참조.

령을 지지할 확률을 지닌 반면, 타협형 어젠다에 동의한 사람은 그렇지 않은 사람보다 무려 약 4.0배나 높게 대통령을 지지할 확률을 지녔음을 알 수 있다.

이런 분석을 보완하기 위해 어젠다 지지와 대통령 지지의 교차 분석을 시도한 결과 〈표 8-8〉, 〈표 8-9〉와 같이 핵심 지지층 규모에서는 타협형 어젠다를 제기했을 때 더 우세했다. 갈등형의 경우 22.4퍼센트, 타협형의 경우 24.0퍼센트로 나타났다. 그리고 반대층 결집은 갈등형의 경우 더 우세했다. 타협형 어젠다가 지지층을 결집하고 반대층을 약화하면서 통치 연합을 유지하는 데 긍정적으로 기여했음을 알 수 있다.

아울러 타협형 어젠다를 제기했을 때 핵심 지지층의 규모가 더 컸는데, 이는 이명박 대통령의 핵심 지지층이 타협형 어젠다를 선호했음을 시사한다. 이 같은 사실을 구체적으로 살펴보기 위해 지지 정당별로 갈등형/타협형 어젠다의 평균 지지율을 살펴봤다.

그 결과 〈표 8-10〉과 같이 대통령 핵심 지지층인 집권당(한나라당) 지지층에서는 갈등형 어젠다보다 타협형 어젠다의 찬성률이 더 높았다. 이명박 대통령의 지지층은 포용적인 타협형 어젠다에 대한 선호가 높았음이 다시 한 번 확인된다.

표 8-8 | 임기 초반 갈등형 어젠다와 이명박 대통령 지지 (단위 : %)

		대통령		전체
		반대	지지	
어젠다	반대	41.7	18.8	60.5
	찬성	17.1	22.4	39.5
전체		58.8	41.2	100.0

표 8-9 | 임기 초반 타협형 어젠다와 이명박 대통령 지지 (단위 : %)

		대통령		전체
		반대	지지	
어젠다	반대	40.3	19.0	59.3
	찬성	16.7	24.0	40.7
전체		57.0	43.0	100.0

이를 다음과 같이 해석할 수 있다. 첫째, 이명박 대통령 소속 당 지지층은 대체로 보수 성향에 가깝다. 따라서 보수 성향층에서는 대통령에 대해 '정파적 수장'의 역할보다는 '국가수반'으로서 포용적 역할을 할 것을 기대했다.

노무현 대통령 시기의 지지층인 진보 성향층에서 진보적 노선의 개혁 과제를 기대했던 것과 대비된다. 보수 우위의 정치 지형 속에서 보수층은 현재의 정치·사회적 질서를 변화하기보다는 유지하려는 요구가 더 컸다고 볼 수 있다.

둘째, 갈등형 어젠다라 할지라도 과도하게 '정파적'인 내용이 담긴 경우 지지층 내부의 분열로 이어질 수 있다. 실제 한나라당은 어젠다를 놓고 '친이명박 지지층'과 '친박근혜 지지층'으로 나뉘어 내부 갈등이 자주 표출되었다. 세종시 건설안 수정 사례가

표 8-10 | 이명박 대통령 시기 임기 초반 지지 정당별 갈등형/타협형 어젠다 찬성률 (단위 : %)

	한나라당 지지층	자유선진당 지지층	무당파층	민주당 지지층
갈등형	54.1	28.3	31.9	32.2
타협형	56.0	29.5	30.4	25.4

대표적이다. 또한 한미 FTA와 미국산 쇠고기 개방 어젠다를 두고서도 지지층의 내부 갈등이 표출된 바 있다.

다음으로 정치 환경의 측면을 살펴보면, 이명박 대통령은 임기 초반에 대체로 유리한 환경에 놓여 있었다. 강력한 야당의 존재 여부는 여당과의 의석 차와 정당 지지율로 판단할 수 있는데, 이명박 대통령이 취임한 지 불과 2개월도 되지 않은 시점에 실시된 총선에서는 한나라당이 153석을 획득해 과반 의석을 차지했다. 반면에 민주당은 81석을 얻는 데 그쳐 여당이 절대적인 우위에 있는 구도가 형성되었다. 정당 지지율에서도 야당이 약체였음이 드러난다. 임기 초반 집권당인 한나라당의 평균 지지율은 32.4퍼센트, 민주당은 16.1퍼센트였다.

이 같은 정치 환경은 야당이 대통령 통치 연합의 대안 세력으로 부각되기 힘들었음을 의미한다. 그 결과 대통령이 타협형 어젠다를 제기했을 때 대통령에 대한 주변층의 기대감을 지속시키는 효과가 있었다. 아울러 대통령 지지율에도 긍정적 영향을 주었던 것으로 보인다.

한편 어젠다 분야에 따라 대통령 핵심 지지층이 선호하는 어젠다도 상이할 수 있다. 정치·행정 분야의 경우 타협형 어젠다가 1개 항목에 불과하므로 본격적으로 비교 분석하기가 어렵기

표 8-11 | 임기 초반 경제·사회 분야의 갈등형 어젠다와 이명박 대통령 지지 (단위 : %)

		대통령		전체
		반대	지지	
어젠다	반대	40.1	19.0	59.2
	찬성	15.4	25.4	40.8
전체		55.6	44.4	100.0

표 8-12 | 임기 초반 경제·사회 분야의 타협형 어젠다와 이명박 대통령 지지 (단위 : %)

		대통령		전체
		반대	지지	
어젠다	반대	38.7	18.1	56.7
	찬성	18.4	24.9	43.3
전체		57.0	43.0	100.0

때문에 경제·사회 분야에 한해 갈등형과 타협형으로 구분해 교차 분석했다.

그 결과 〈표 8-11〉, 〈표 8-12〉에서 나타나듯이 핵심 지지층 규모는 갈등형 어젠다를 제기했을 때 25.4퍼센트, 타협형 어젠다를 제기했을 때 24.9퍼센트로 거의 차이가 없었다. 그러나 갈등형 어젠다를 제기했을 때 비토층 규모가 더 컸고, 타협형 어젠다를 제기했을 때는 배후층 규모가 더 컸다. 통치 연합을 유지하는 데는 타협형 어젠다가 대체로 더 효과적이었던 것이다. 즉 이명박 대통령 임기 초반 경제·사회 분야에서는 타협형 어젠다가 반대층을 약화하고 배후층은 두텁게 하면서 통치 연합을 유지하는 데 긍정적으로 기여했다고 볼 수 있다.

이명박 대통령 임기 초반 경제·사회 분야에서는 타협형 어젠다가 반대층을 약화하고 배후층은 두텁게 하면서 통치 연합을 유지하는 데 긍정적으로 기여했다고 볼 수 있다.

경제·사회 분야에서 갈등형 어젠다는 한미 FTA 추진 및 미국산 쇠고기 수입, 한반도 대운하, 4대강 살리기, 감세 등이다. 타협형 어젠다로는 일자리 창출, 입학 사정관 제도 도입과 영어교육 강화 등 교육개혁 추진 등이 있다. 이명박 정부 아래에서 추진된 이 같은 경제·사회 분야 어젠다의 상당수가 큰 논란을 야기했을 뿐만 아니라 지지층 내부에서도 충분한 지지를 얻지 못했다.

앞서 언급했듯이 이명박 대통령의 지지층은 고소득층과 저소득층으로 나뉘어 이해관계가 양극화되었다는 점에 주목할 필요가 있다. 이 때문에 어느 한 방향으로 정책을 추진할 경우 다른 계층이 반발했다는 점도 영향을 미친 것으로 보인다. 실제로 2011년 6월 대통령 소속당의 황우여 원내 대표가, 이명박 정부의 경제정책을 '부자만을 위한 정책'이라고 비판하는 것을 의식해, (라디오 교섭단체 대표 연설에서) 다음과 같이 언급한 바 있다.

> 서민 현실과 동떨어진 부자 정당, 웰빙 정당의 오명을 깨끗이 씻어 버리겠다. …… 국민의 눈높이에서 서민들을 위한 정책 개발에 집중할 것이다.

이렇듯 이명박 대통령의 갈등형 어젠다는 상층계급 편향적이며 지지층의 이해관계조차 충분히 포괄하지 못했다. CEO 대통령을 표방하며 정치 영역을 축소한 것도 영향을 미쳤다. 그 결과 이익집단 정치가 크게 부상했다. 전국경제인연합회(이하 전경련)·

> 이명박 대통령의 갈등형 어젠다는 상층계급 편향적이며 지지층의 이해관계조차 충분히 포괄하지 못했다. CEO 대통령을 표방하며 정치 영역을 축소한 것도 영향을 미쳤다. 이는 갈등이 상층계급 편향으로 제한되는 효과를 낳는다. 그 결과 소수의 상층을 제외한 다수의 보수 정부 지지층조차 보수 정부 아래에서 배제되는 역설이 발생했다.

한국대학교육협의회(이하 대교협)·대기업 등 상층계급에 편향된 이익 단체가 중요한 국가정책을 놓고 공공연히 목소리를 높였다. 정당이 목소리를 내야 할 자리에서 이익집단이 목소리를 냈던 것이다.

이는 갈등이 상층계급 편향으로 제한되는 효과를 낳는다. 정치가 다루어야 할 공적 이익의 가치를 약화하고 개별 특수 이익으로 채우면서 갈등의 사회화를 막고 사사화하는 경향이 나타났다(샤츠슈나이더 2008). 이에 따라 소수의 상층을 제외한 다수의 보수 정부 지지층조차 보수 정부 아래에서 배제되는 역설이 발생했다.

이로 인한 통치 위기의 징후가 드러나자 이명박 대통령도 대기업을 비판하기 시작했다. 2008년 경제 위기 이후 대기업은 사상 최대의 이윤을 올린 데 비해 중소기업과 서민 경제는 회복될 기미가 보이지 않는 상황이 지속되자 대기업에 대해 배신감을 표출하기도 했다.

> 한나라당의 재벌 공격 이면에는 일종의 '배신감'이 깔려 있다. 이명박 정부 출범 이래 감세 혜택 등 '기업 프렌들리' 정책 기조를 유지하며 그렇게 밀어줬는데, 경제성장의 과실을 가득 안게 된 재벌이 정작 투자를 통한 일자리 창출 등에는 소극적이었다는 것이다. 정부·여당의 대표적 경제 논리라고 할 수 있는 [대기업 성장의 과실이 중소기업과 서민에게 흘러넘친다는] '낙수落水 효과'도 기대에 못 미쳐 중산층과 서민이 이 대통령과 여권에 등을 돌리는 결과로 이어졌다는 인식이다(『국민일보』 2011/07/21).

한편 대기업과 상층계급에 편향된 경제 노선뿐만 아니라 정치·행정 분야에서도 갈등형 어젠다가 미친 영향은 부정적이었다. 이명박 정부는 용산 참사 직후의 집시법 개정 시도나 '미네르바' 사건에서 드러나듯이 권위주의적 통치 방식을 강화했다. 정권에 비판적인 일반 국민에 대해서도 강경하게 대응하는 등 '대국민 사정査定'의 모습으로 나타나면서 보수적 성향의 지지층에서도 외면당했다. 그 결과 소속당 내부에서 다음과 같은 비판이 제기되기에 이르렀다.

남경필 의원은 "(이명박 정부는) 도덕성이 결여되고 갈등만 양산하는 무능력을 보여 준데다, 미네르바 구속 등 자유주의에 역행하는 모습을 초래하면서 보수의 위기를 불렀다"고 진단했다(『내일신문』 2011/06/10).

4부

결론 :
노무현·이명박 대통령을
통해 미래의 대통령을
말한다

9장

노무현·이명박 대통령의 통치에 대한 평가

긴 논의를 거쳐 결론에 이르렀다. 현실 정치와 관련한 실천적 함의를 끌어내기에 앞서, 지금까지의 이야기를 집약하는 것으로부터 논의를 시작해 보자.

1_ 왜 어젠다인가

노무현 시대에 대한 실증적 평가를 위해 보수 정부에 대한 실망감이 누적되면서 진보 정부에 대한 기대감이 높아지고 있다. 노무현 정부 후반 본격적으로 제기되던 진보의 위기는 현재진행 중이지만, 이명박 정부에 대한 실망감과 보수의 위기라는 외부적 환경의 변화에 의해 기회가 찾아오고 있다. 그러나 권력 의지만 높고 통치에 대한 비전은 여전히 부재한 것이 진보 세력의 현주소다.

진보 정부가 들어설 경우 과거의 실패를 되풀이하지 않기 위해서라도, 노무현 시대를 실증적으로 독해하는 한편, 이명박 시대를 철저히 검토할 필요가 있다.

노무현 대통령에 대한 평가는 재임 시와 퇴임 이후, 비극적 서거 이후에 각각 달라졌다. 퇴임 이후에는 온정주의적 평가가 이루어졌고, 서거 이후에는 모든 것을 덮거나 '미화'하는 분위기마저 나타나고 있다.

이 점에서 강준만 교수의 다음과 같은 언급은 다소 냉소적이지만 충분히 경청할 만하다.

> 진보 쪽은 노무현의 자살이 가져다준 '노무현의 부활'이라는 축복과 저주의 덫에 갇혀 있다. '노무현의 부활'은 일단 이명박 정권에 타격을 주었다는 점에선 축복이겠지만, 진보 진영이 노무현 시대에서 한 걸음도 더 나아가지 못한 채 노무현 정신의 계승을 외치는 자승자박의 결과를 초래하고 말았다. 노무현 시대는 계승할 것 못지않게 극복할 것도 많을 텐데, 후자에 대해선 아무런 말이 없이 그냥 '노무현의 부활'을 동력 삼아 이명박 정권에 대한 적대와 증오만으로 정권 창출을 꿈꾸니 그게 가능하겠는가(강준만 2011).

냉정하고 실증적인 평가 대신 정서적 평가가 이루어지고 있다. 이는 미래를 준비하는 세력이 과거로부터 교훈을 얻을 기회를 박탈한다는 점에서 위험하다. 노무현 시대에 대한 다양한 기록과 평가가 나오고 있지만 통치 전반을 데이터에 입각해 일관되고 거시적인 틀을 통해 살펴본 평가를 찾아보기가 힘들다. 이 책이 주목했던 부분은 바로 이 지점이다.

어젠다는 대중과 대통령이 소통하는 공간 ｜ 대통령은 직무를 수행하기 위해 귀를 열어 다수의 의견을 경청하고 설득해야 한다. 이 점에서 어젠다는 대통령과 대중이 소통하는 공간이며 협력하는 공간이다. 대통령이 대중의 고통을 공감하고, 꿈을 공유하며, 대중을 설득하는 공간이다. 어젠다를 통해 대중이 원하는 이상적인 공동체의 모습과 대통령이 구현하려는 공동체의 비전이 만난다.

따라서 어젠다를 통해 대통령의 통치에 접근해 보고자 하는 시도는 마키아벨리의 말을 빌리면 "인민의 성격을 잘 이해하기 위해서는 군주가 될 필요가 있고, 군주의 성격을 잘 이해하기 위해서는 평범한 인민이 될 필요"가 있는 작업이다. 즉 대통령이 제기하는 어젠다는 대통령의 시각에서 본 대중의 열망이자 민심이다. 이에 대한 대중의 평가는 대중의 시점에서 본 통치의 모습이다.

어젠다라는 공간에서 나타나는 대중의 욕망은 균일하지 않다. 당장 대통령의 지지층과 반대층이 대통령에게 기대하는 바가 다르다. 지지층은 자신들이 소망하는 공동체의 모습이 대통령이 구현하고자 하는 공동체와 일치한다고 판단해 대통령을 지지한다. 따라서 대통령이 자신들의 요구에 좀 더 긴밀히 반응하기를 요구한다.

반면에 반대층은 자신이 선택한 대통령이 아니기에 다소 회의적인 시선으로 대통령을 바라본다. 이왕이면 대통령이 특정 정당이나 계층의 대변자가 아니라 국가 전반을 아우르며 통치하기를 기대한다. 대통령이 둘 중 어디에 더 비중을 두느냐에 따라 통치의 모습도 달라질 수밖에 없다.

한편 대중이 어젠다를 평가하는 기준은 단순하다. 어젠다가 자신의 삶의 고민을 담고 있는지, 그리고 대통령이 제시하는 대안이 자신이 생각하는 방향과 일치하는지를 가장 중시할 것이다. 즉 어젠다가 담고 있는 정책의 내용이 어떤 것인지, 그 어젠다가 지향하는 가치와 노선이 무엇인지가 핵심이다.

> 대중이 어젠다를 평가하는 기준은 단순하다. 어젠다가 자신의 삶의 고민을 담고 있는지, 그리고 대통령이 제시하는 대안이 자신이 생각하는 방향과 일치하는지를 가장 중시할 것이다. 즉 어젠다가 담고 있는 정책의 내용이 어떤 것인지, 그 어젠다가 지향하는 가치와 노선이 무엇인지가 핵심이다.

본문에서 대통령의 어젠다를 그 성격에 따라 갈등형과 타협형으로 구분한 것은 이 같은 대중의 평가 틀에 조응하기 위해서였다. 또한 대통령이 어젠다에 대해 어느 정도 주도력을 행사하는가에 따라 동원형과 타협형으로 유형화하기도 했다. 한편 어젠다가 포괄하는 내용에 따라 정치·행정 분야와 경제·사회 분야로 구분했다.

2_ 노무현 대통령의 어젠다를 어떻게 평가할 것인가

'새 시대의 첫차'를 원한 대중, '구시대의 막차'에 머물렀던 대통령 | 2002년 대선에서 노무현 대통령이 당선될 수 있었던 것은 권위주의·지역주의 청산 등 정치개혁을 바라는 대중의 열망이 강력했기 때문이었다. 당시 선거 구도는 이른바 '민주 대 반민주'의 성격을 띠었는데, 선악 구도가

뚜렷했고 '정치 선거'의 특성이 강했다.

하지만 표층으로 드러난 '정치 개혁' 열망과 별개로 심층에서는 IMF 경제 위기 이후 양극화가 심화되면서 사회경제적 개혁에 대한 열망도 끓어오르고 있었다.

1991년부터 2006년까지 대중의 '최우선 관심사'를 살펴보면 경제문제에 대한 관심이 극명하게 드러났다. 갤럽의 정기 조사 데이터를 보면 물가 안정, 경제성장과 같은 경제 관련 이슈들이 평균 42.3퍼센트로 가장 높았고, 복지 관련 이슈(17.3퍼센트)와 정치 이슈(14.6퍼센트)가 뒤를 이었다.

특히 경제 관련 이슈는 전체 40번의 여론조사 가운데 34번이나 대중의 최우선 관심사 목록 1위에 올랐으며, 1990년대 후반 이후에 이 같은 경향이 두드러졌다.

이렇듯 양극화에 따른 경제 불안감이 가중되면서 경제문제, 즉 '먹고사는' 문제가 대중의 가장 중요한 관심사로 부각되었다. 이 점에서 노무현 정부의 탄생에 대해 "IMF [경제 위기] 이후 피폐해진 민생의 어려움 때문에 가장 서민적인 후보에 대한, 서민 편에 서리라고 보이는 후보에 대한 기대감이 폭발적으로 터져 나온 것이다."라고 본 노회찬 전 의원의 지적은 타당하다.

노무현 대통령은 임기 초반부터 '경제'보다는 '정치'에 집중하면서 '새 시대의 첫차보다는 구시대의 막차'로서의 소임을 자임했다. 하지만 대중은 그가 '새 시대의 첫차'이기를 원했다.

정치 개혁으로 협소화 | 어젠다라는 측면에서 노무현 대통령의

통치를 살펴보면 이 같은 경향이 뚜렷이 나타난다. 노무현 대통령은 지지층의 개혁 요구를 정치 개혁으로 협소화했다. 정작 대중의 가장 중요한 관심사이자 절박한 문제였던 경제·사회문제에는 소극적이었다.

특히 지지층을 집중적으로 동원할 수 있는 임기 초반에 경제 문제에 집중하면서 해결하려는 의지를 보여 주어야 했는데 그렇지 못하면서 지지율도 하락했다.

본문에서 분석했듯이, 신임 대통령이 가장 높은 기대를 받으며 소신 있게 일할 수 있는 임기 초반에, 노무현 대통령의 어젠다는 정치·행정 분야(20회)에 집중되었다. 행정 수도 이전, 언론 개혁, 국가보안법 폐지 등이 이에 속했다. 동원형 어젠다는 11회 모두 정치·행정 분야에 속했다.

같은 시기 경제·사회 분야 어젠다(11회)는 모두 반응형에 속했다. 이는 임기 초반 경제·사회 분야에 대해 노무현 대통령이 소극적으로 임했거나 정책적 준비가 충분히 이루어지지 않았음을 시사한다. 실제로 출총제 등 대기업 개혁을 추진하기도 했지만 지지층의 기대에는 미치지 못했고, 아파트 분양 원가 공개 반대와 같이 지지층 및 다수 대중의 이해관계와 정반대되는 방향에서 추진된 정책도 있었다.

하지만 어젠다에 대한 지지율 면에서는 경제·사회 분야의 어젠다(55.0퍼센트)가 정치·행정 분야의 어젠다(51.5퍼센트)보다 높았다. 노무현 대통령이 정치 개혁을 내세워 당선되었고 정치·행정 분야에 집중했지만 막상 대중의 평가는 경제·사회 분야에서

> 노무현 대통령이 정치 개혁을 내세워 당선되었고 정치·행정 분야에 집중했지만 막상 대중의 평가는 경제·사회 분야에서 더 높았다. 대통령이 대중의 실질적인 삶의 문제에 관심을 보이고 해결하겠다는 의지를 드러낼 때 대중도 지지를 보냈다.

더 높았던 것이다. 대통령이 대중의 실질적인 삶의 문제에 관심을 보이고 해결하겠다는 의지를 드러낼 때 대중도 지지를 보냈다고 볼 수 있다.

2004년 하반기, 17대 총선에서 열린우리당이 과반 의석을 획득해 역사상 처음으로 진보·개혁 세력이 의회와 행정부를 동시에 장악했던 시기에 노무현 정부는 4대 입법 개혁에 치중했다. 특히 국가보안법 폐지, 과거사 규명법 등과 같이 구체제를 청산하는 과제에 집중했다. 이 과정에서 국가보안법 폐지 등을 놓고 이데올로기 갈등이 극대화되었고, 정작 대중의 삶과 직결된 실질적인 문제들은 외면당했다.

정치 개혁이 필요하지 않았던 것은 아니다. 하지만 정치에만 집중하면서 정작 대중이 간절히 원한, 삶과 관련된 실질적인 개혁이 뒷전으로 처졌다는 점이 문제다. 조국 교수의 다음과 같은 평가는 매우 타당하다.

> '두 개의 전선'을 만들었어야 한다고 봅니다. 개혁 입법과 사회 경제적 민주화라는 이중 전선 말입니다. 앞의 과제에 '올인'할 것이 아니라 뒤의 것을 위한 제도적 말뚝을 박는 데 힘을 배분해야 했던 게 아닐까 싶습니다(조국·오연호 2010).

퇴임 후 노무현 대통령도 "경제가 중요하기 때문이다. 경제는 개인의 삶에서 모든 성공의 기초이고 국가의 운명에서 독립과 패권의 기초이다."라고 인정하면서도 "내가 대통령이 되고 나자 민주주의에 대한 사람들의 관심은 완전히 사라져 버렸다. 모든 사람들의 관심은 경제다."라며 안타까움을 표한 바 있다.

글자 그대로 '먹고산다'는 말은 '인간다운 삶'이라거나 '인간으로서의 존엄과 가치'라는 이런 수식어가 붙은 삶에 비해 결코 그 무게가 가볍지 않다. 그것은 누구도 비켜 갈 수 없고 어떤 고상하고 의미 있는 삶도 여기에서 출발하지 않으면 안 되는 기초적인 삶이기 때문이다(노무현 2009).

정치가 '먹고사는 문제'에 적극적 관심을 기울이고 해결하려는 의지를 보이지 못했다는 것은, 노무현 시대를 포함한 진보 정부의 뼈아픈 한계였다. 고통스러운 학습을 통해 이 문제가 가장 중요하다는 점에 대해서는, 진보 진영 내부에서도 어느 정도 동의가 이루어진 듯하다.

진보가 밥을 먹여 줄 수 있다는 것을 보여야 할 뿐만 아니라 더 좋은 밥을 더 인간적인 방식으로 먹여 줄 수 있다는 점을 보여야 했다. 밥의 문제는 우리가 먹고 자고 입는 문제와 보육·교육·일자리·주택·건강 문제를 포괄하는 핵심적인 문제다. 진보의 어젠다에는 바로 이런 문제를 해결하는 비전과 정책이 담겨야 한다.

만약 노무현 대통령이 임기 초반에 대중의 '먹고사는' 문제의 중요성을 깨닫고 이에 집중했다면 임기 중·후반 대중의 고통은 훨씬 덜했을지도 모른다.

외면당한 경제·사회 개혁 | 여러 차례 언급했듯이, 노무현 대통령이 개혁을 외면했던 것은 아니었다. 문제는 대중의 실질적인 삶의 문제와 직결된 경제·사회 분야에서는 진보적 정체성에 입각한 개혁을 제대로 추진하지 못했다는 것이다.

경제·사회 분야에서 보수 정부와 차별화된 비전도 제시하지 못했다. 대중의 삶의 문제에서 지지층의 요구에 더 반응적이었어야 했고, 더 진보적 정체성이 뚜렷한 어젠다를 제기해야 했다. 하지만 때론 진보적 상상력이 부재해 엉거주춤하고, 때론 진보적 정체성을 외면하는 모습을 보며 지지층조차 실망하기에 이르렀다.

어젠다에서 표방되는 노선 및 정체성은 갈등형과 타협형으로 구분한 어젠다 유형과 관련된다.

분석에 따르면 노무현 대통령의 어젠다가 제기된 빈도는 정치·행정 분야의 경우 갈등형 28회, 타협형 11회로 갈등형이 압도적이었다. 반면에 경제·사회 분야의 경우 갈등형 20회, 타협형 24회로 타협형이 다소 우세했다.

대중의 열망을 토대로 탄생한 노무현 정부가 막상 집권에 성공한 후에는 지지층의 이해관계를 벗어난 '보수적' 정책을 추진했다. 그 결과 경제·사회 분야에서 보수와 차별화되지 못했고 대중의 실질적 삶은 거의 나아지지 않았다.

한편 어젠다에 대한 지지율 면에서는 정치·행정 분야의 경우 갈등형(53.3퍼센트)보다 타협형(55.9퍼센트)이 우세했다. 경제·사회 분야에서는 갈등형(53.2퍼센트)이 타협형(49.6퍼센트)보다 우세했다.

즉 노무현 대통령이 정치·행정 분야에서는 진보적 노선의 갈등형 어젠다를 좀 더 적극적으로 제기했으나 국민 여론은 타협형을 선호하는 것으로 나타난 것이다. 이에 반해 경제·사회 분야에서는 타협형 어젠다가 좀 더 많이 제기되었지만 대중은 진보적 노선을 띤 갈등형 어젠다를 선호했다. 대통령의 의지와 대중의 선호가 엇갈렸음이 확인된다.

특히 임기 초반에 이 같은 현상이 두드러졌다. 정치·행정 분야의 경우 갈등형 15회, 타협형 5회로 갈등형 어젠다가 월등하게 많이 제기되었다. 그러나 어젠다에 대한 지지율은 각각 50.6퍼센트, 60.1퍼센트로 타협형이 약 10퍼센트포인트나 높았다.

경제·사회 분야는 갈등형/타협형 어젠다의 제기 빈도가 각각 7회와 4회로 나타났고 어젠다 지지율도 갈등형(60.7퍼센트)이 타협형(46.6퍼센트)보다 월등히 앞섰다.

이는 임기 초반 대중의 삶의 문제와 관련된 경제·사회 분야에서 기존 질서를 바꾸고자 하는 욕구가 상당히 높았음을 의미한다. 게다가 변화 욕구는 정치보다 경제에 집중되었던 것이다.

하지만 노무현 대통령은 임기 초반 과도하게 정치 개혁에 에너지를 쏟았다. 이에 반해 경제·사회 분야에서는 지지층의 이해관계에 부합하는 진보적 노선의 어젠다를 주도적으로 제기하지 못했다. 그 결과 임기 초반부터 지지율이 하락하는 등 통치의 위기를 겪었던 것으로 보인다.

특히 대중의 삶에 지대한 영향을 주는 사회경제적 토대의 문제, 즉 신자유주의에 따른 비정규직 문제에 참여정부가 제대로 대응하지 못했다는 비판이 높았다. 노무현 대통령도 이 부분에 대해 "우리가 진짜 무너진 건, 그 핵심은 노동"이라며 아쉬움을 표했다.

되돌아보면 행정 수도 이전과 국가보안법 폐지 등으로 대표되는 정치·행정 분야 중심의 개혁은 대중의 관심사가 되기 어려웠다. 하지만 열성 지지자들의 관심이 집중적으로 투여되면서 결과적으로 대표성이 왜곡된 셈이다. 이와 관련해 강준만 교수의 다음 지적은 타당하다.

열성 지지자들은 먹고사는 문제에 대한 구속이 비교적 덜한 젊은 층이었는데, 이들의 뜨거운 분노와 그에 따른 열화와 같은 지지는 주로 '이데올로기적 쟁투'에서 비롯되었기 때문이다. 반면에 사회경제적 이슈에 민감한 서민층은 인터넷을 들여다볼 시간조차 없을 정도로 먹고사는 일에만 몰두하느라 자신들의 목소리를 낼 수 없었으니, 그런 대표성 왜곡으로 인한 문제가 노[무현] 정권의 성찰과 자기 교정을 방해한 것이다(강준만 2011).

물론 임기 중·후반 노무현 대통령은 경제·사회 분야에도 적지 않은 노력을 기울였고, 그 가운데 일부는 대통령이 강력한 주도권을 행사했다. 한미 FTA 어젠다가 그 대표적 사례다.

하지만 한미 FTA 어젠다는 지지층이 바라던 공동체의 가치와 일치하지 않는 어젠다였다. 지지층을 결집하기는커녕 분열시켰다. 결국 지지층이 대통령의 개혁이 후퇴하고 있으며, (진보적) 정체성도 상실했다고 판단하면서 통치의 위기가 가속화되었다.

노무현 정부 임기 내내 정치는 진보적으로, 경제는 보수적으로 추진하면서 경제·사회 질서는 오히려 보수화되었다는 비판이 제기되었다. '대미·대북 관계는 진보적으로, 경제·사회 정책은 보수적으로'라는 삼성경제연구소의 보고서 내용과도 거의 일치한다.

실제 노무현 정부 시기 삼성이 사실상 경제 교사 역할을 했다는 주장이 제기되었다. 이는 '노무현의 불행은 삼성에서 비롯됐다'는 노무현 측근 인사의 고백에서도 드러난다.

이렇듯 진보 성향의 정부 아래에서 개혁의 에너지가 이데올로기적 정치 개혁에 집중되면서 "민주화 이후 한국 정치는 비정치·경제적 이슈들이 과도하게 정치화되고 결과적으로 정치는 이데올로기적 쟁투의 장이 되는 동안 사회경제적 이슈들은 방치되고 탈정치화됐다"(최장집 2006).

진보적 노선의 경제·사회 어젠다가 노무현 대통령 지지율 상승에 기여 | 앞서 언급한 분석 결과들은 노무현 대통령이 어떤 어젠다를 제기했을 때 지지로 이어졌고 언제 비판으로 이어졌는지에 대한 엄밀한 분석에서도 다시 한 번 입증되었다.

대통령의 통치에서 가장 중요한 시기인 임기 초반, 대통령은 정치 개혁에 주력했지만 막상 대중은

> 대통령의 통치에서 가장 중요한 시기인 임기 초반, 대통령은 정치 개혁에 주력했지만 막상 대중은 경제 개혁을 내세울 때 대통령에게 지지를 보냈다.

경제 개혁을 내세울 때 대통령에게 지지를 보냈다.

노무현 대통령은 대선 당시부터 정치 개혁을 내세워 당선되었고 취임 이후에도 이 분야에 주력했다. 하지만 국민의 관심사는 자신의 삶과 직접적으로 관련된 분야, 즉 경제·사회 분야에 있었다. 따라서 대통령이 자신들의 관심에 부합하는 어젠다를 제기했을 때 대통령을 지지할 가능성도 높았다.

그리고 노무현 대통령이 지지층의 이해관계에 부합하는 진보적 정체성이 뚜렷한 개혁 과제를 제기했을 때 대통령 지지로 이어질 가능성도 높았다. 반면에 보수 정부와 차별화되지 못했을 때, 즉 타협적·포용적 어젠다를 제기했을 때는 지지층이 이탈하곤 했다.

특히 대중의 삶과 관련된 경제·사회 분야에서는 이 같은 경향이 명백했다. 즉 노무현 대통령의 지지층은 경제·사회 분야의 변화와 개혁에 대한 요구가 매우 강력했기에 대통령이 적극적으로 이 같은 요구에 반응할 때 대통령을 지지했다.

반면에 정치·행정 분야에서는 진보적 정체성이 강한 갈등형 어젠다와 정체성이 다소 약한 타협형 어젠다 모두 대통령 지지에 미치는 효과에는 별 차이가 없었다. 민생 문제를 도외시하고 정치 분야에만 집중했던 노무현 대통령의 개혁 방향이 적절하지 못했다고 볼 수 있다.

따라서 임기 초반 노무현 대통령은 행정 수도 이전과 국가보안법 폐지보다 대기업 개혁과 부동산 규제 강화에 더 주력해야 했다. 이를 통해 시장 질서를 공정하게 만들고 양극화 현상이 완화될 수 있도록 노력해야 했다.

임기 중반에는 대연정 어젠다 대신 양극화를 해소하는 등 지지층이 관심을 가질 만한 진보적 어젠다를 제시해야 했다. 성장 일변도의 보수 담론에서 벗어나 성장과 분배가 조화를 이루는 진보적 대안을 고민하고 이를 어젠다로 구체화해 제기해야 했다. 그리고 한미 FTA 어젠다 등 지지층의 가치와 정면으로 충돌하는 어젠다를 제기하는 데는 더욱 신중해야 했다.

대통령의 리더십이 어젠다를 통해 제대로 구현되지 못하면서 대중은 양극화 심화에 따른 삶의 불안에 직면했고 그 반대급부로 풍요와 성장을 열망했다. 그리고 그 열망의 토대 위에서 경제 성장을 표방한 이명박 대통령이 등장했다.

3_ 이명박 대통령의 어젠다를 어떻게 평가할 것인가

경제 분야에 주력했는가 | 이명박 대통령은 경제 대통령을 내세워 당선되었고 취임 이후에도 경제 분야에 주력했다. 본문에서 분석했듯이 임기 초반, 이명박 대통령이 실제 주도권을 행사한 동원형 어젠다 15회 가운데 10회가 경제·사회 분야에 해당되었다. 이명박 대통령이 이 분야에 주력했음이 다시 한 번 확인된다.

하지만 지나치게 보수 편향적인 갈등형 어젠다에 치우쳤다. 이명박 대통령이 주도적으로 제기한 어젠다는 대부분 과도하게 보수 정체성을 내세운 것들이었고 그 결과 야당의 반대는 물론 내부의 분열로도 이어졌다.

좀 더 구체적으로 살펴보자. 어젠다의 성격에 따라 갈등형과 타협형으로 구분할 때, 이명박 대통령의 어젠다가 제기된 빈도는 갈등형 16회, 타협형 8회로 갈등형으로의 쏠림이 확연했다. 정치·행정 분야보다는 경제·사회 분야에서 갈등형 어젠다가 더 많이 제기되었다.

하지만 경제·사회 분야 어젠다의 평균 지지율은 갈등형/타협형이 각각 38.1퍼센트, 41.0퍼센트로 타협형이 우세했다. 이명박 대통령은 보수적 정체성에 입각한 갈등형 어젠다에 주력했으나 여론의 평가는 혹독했던 것이다.

그 이유로 이명박 대통령이 제기한 갈등형 어젠다가 특정 계층의 이해만 대변하면서 지지층 내부에서도 반대가 적지 않았다는 점을 들 수 있다. 한미 FTA 및 미국산 쇠고기 개방, 한반도 대운하 건설 및 4대강 살리기 등이 그 사례다. 이 어젠다들은 여야 지지층 간 격렬한 사회적 갈등은 물론 지지층 내부의 갈등을 야기했다.

사실 보수 정부가 보수 정체성이 강한 어젠다를 집중 제기했다는 점 자체를 비판하기는 어렵다. 문제는 제기한 어젠다가 지지층은 물론 다수 대중의 공감을 획득할 수 있는지 여부라고 할 수 있다. 이명박 대통령이 제기한 어젠다에 대한 평균 지지율은 그 내용에 관계없이 40퍼센트 이하로 상당히 낮았으며, 특히 보수적 노선에 따른 갈등형 어젠다에서 유독 낮았다.

> 이명박 대통령이 제기한 어젠다에 대한 평균 지지율은 그 내용에 관계없이 40퍼센트 이하로 상당히 낮았으며, 특히 보수적 노선에 따른 갈등형 어젠다에서 유독 낮았다. 이명박 정부가 제기한 어젠다, 특히 보수 정체성에 입각한 어젠다가 다수 대중의 요구를 수용하지 못했을 뿐만 아니라 지지층 내에서도 보수층 일부의 이해만 협애하게 대표하는 데 그친 셈이다.

이명박 정부가 제기한 어젠다, 특히 보수 정체성에 입각한 어젠다가 다수 대중의 요구를 수용하지 못했을 뿐만 아니라 지지층 내에서도 보수층 일부의 이해관계만 협애하게 대표하는 데 그친 셈이다.

보수층도 외면한 이명박 대통령의 성장주의 본문의 분석에 따르면 이명박 대통령이 경제·사회 분야에 주력했고 주도권을 행사한 어젠다도 경제·사회 분야에 집중되었다. 대통령 지지에 미치는 효과도 정치·행정 분야보다 경제·사회 분야 어젠다가 더 컸다.

하지만 이명박 정부 아래에서 추진된 경제·사회 분야 어젠다의 상당수는 반대층은 물론 지지층 내부에서도 충분한 지지를 얻지 못했다. 그동안 보수 정권의 굳건한 지지층이었던 서민층은 '성장주의'를 신봉해 왔으며 이른바 '박정희 향수층'으로 불린다. 이들에게 성장이란, 성장의 효과로 서민층의 삶도 나아지는 '박정희 식 성장'을 의미했다. 즉 이들이 떠올리는 성장에는 분배가 포함되어 있는 것이다.

실제로는 권위주의 시기에 절차적 정당성의 문제를 보완하기 위해, 오히려 경제·사회 분야의 개혁이 일정 부분 이루어졌다. 하지만 이명박 정부의 성장 노선에는 대중이 철저히 배제되었다. 김헌태 전 한국사회여론연구소 소장은 "이명박 정부의 시장 원리주의에 가까운 경제 노선은 …… [대중에게 익숙하지 않은] 낯선 '우파 시장주의' 정책이라고 할 만하다. 문제는 이런 정책 자체가 현재 국민들이 생각하는 '보수'와는 거리가 있다."라고 언급한 바 있다. 따라서 보수 및 성장을 표방한 이명박 정부가 보수적 노선의 어젠다를 강화할수록 막상 그를 지지했던 '서민 보수층'과 충돌하는 역설적 상황이 빚어졌다.

경제 발전으로 모두 잘살도록 만들어 주는 것, 또는 서민 먼저 따뜻하게 잘 챙겨 주는 것을 보수로 생각하는 서민 계층에게 이런 시장 지상주의적 경제정책은 '민생 파괴'로 받아들여질 가능성이 높았다 (김헌태 2009).

> 이명박 대통령의 보수적·성장주의적 노선은 지지층과 충돌할 가능성이 높기에 이명박 대통령은 좀 더 포용적·타협적 어젠다를 제시해야 했다.

이명박 대통령의 보수적·성장주의적 노선은 지지층과 충돌할 가능성이 높기에 이명박 대통령은 좀 더 포용적·타협적 어젠다를 제시해야 했다.

본문에서 분석했듯이 실제로는 타협형 어젠다보다 갈등형 어젠다가 이명박 대통령 지지에 미치는 부정적인 영향이 더 컸다. 이명박 대통령이 주력한 경제·사회 분야만 보더라도 4대강 살리기, 감세 및 규제 완화 어젠다 등과 같이 보수 정체성이 강해 야당이 거세게 반대한 어젠다를 제기했을 때 지지층이 결집하기보다는 반대층이 더 강하게 결집하면서 통치도 불안정해지곤 했다.

감세 어젠다의 사례를 들어 보자. 감세는 이명박 정부가 내세운 이른바 '기업 프렌들리' 입장을 대표하는 정책이다. 감세를 통해 기업의 투자를 촉진하고 일자리를 창출하고자 했다. 하지만 감세 정책을 시행한 결과 대기업은 고용 없는 성장을 즐기는 등 대기업에 날개만 달아 주었을 뿐이라는 비판이 잇따랐다. 그 결과 대기업과 중소기업, 부자와 서민 사이에서 양극화가 심화되었다.

이명박 대통령은 (용산 사태 직후) 법질서 강화를 내세우거나 4대강 살리기에 거대 규모의 예산을 무리하게 투입할 것이 아니라 일자리 확충을 비롯해 다양한 친서민 정책에 좀 더 주력해야 했다. 하지만 취임 직후인 2008년부터 전 세계적인 경제 위기가 발생하면서 양극화 피해 계층의 일부를 정권 안으로 흡수할 여력이 사실상 없었다.

물론 2009년 하반기 경제협력개발기구OECD 회원국 가운데 가장 높은 경제 회복 속도를 나타내며 한숨을 돌릴 겨를이 생기자 본격적으로 '중도실용·친서민 정책'을 표방했다. 하지만 대중의 기대감은 이미 회복되기 어려운 수준으로 떨어진 상황이었다.

4_ '열망에서 실망으로'의 사슬을 어떻게 끊어야 하는가

이제 노무현·이명박 정부 각각에 대한 분석을 넘어, 이념 성향이 상이한 두 정부의 통치를 비교해 실천적 함의를 도출해 보자. 본격적으로 비교하기에 앞서 몇 가지 중요한 대목을 짚어 볼 것이다.

이명박 대통령 어젠다의 지지율이 낮은 이유 | 앞서 언급했듯이, 이명박 대통령의 어젠다는 유형에 관계없이 40퍼센트 내외의 낮

은 지지율에 그친 반면, 노무현 대통령이 제기한 어젠다는 50퍼센트 이상의 높은 지지율을 보였다. 하지만 대통령 지지율은 정반대였다.

이를 어떻게 해석할 수 있을까? 이명박 대통령보다 노무현 대통령이 대중의 관심과 열망에 부합하는 어젠다를 제기했다고 볼 수 있을까? 만일 그렇다면 노무현 대통령의 지지율은 왜 낮았는가?

대중의 이념 지형과 정치권이 대표하는 이념 지형이 일치하지 않는 데서 원인을 찾을 수 있다. 거칠게 표현하면 대중의 정치·경제적 인식은 이미 '좌클릭'하고 있는 데 반해, 정치권은 여전히 보수 편향에 머물러 있다는 것이다. 정당이 사회적 요구를 제대로 대표하지 못하는 상황에서, "사회적 요구들이 타협될 수 있는 중간과 보수 정당 체제의 경쟁 틀 안에서의 중간 사이에는 커다란 간극이 존재한다"(최장집 2006).

따라서 노무현 대통령이 제기한 어젠다가 정치 공급자의 입장에서는 '좌파 정책'일지 모르나, 사회적으로는 대중의 평균적 인식에 부합했기 때문에 높은 지지를 얻을 수 있었다.

반면에 이명박 대통령의 어젠다는 기존의 보수 정당 체제의 틀 내에서도 더 보수적인 노선을 지향했기에 다수 대중을 포괄할 수 없었던 것이다.

이는 진보적 성향의 정부가 중도층을 포괄하겠다는 명분 아래 정치적 중간에 머무르려고 할 때 실제로는 대중의 요구와 괴리될 위험성이 크다는 점을 시사한다. 이 점에서 최장집 교수의 다음과 같은 지적은 중요하다.

> [우리 사회와 같이] 협애한 이념적 대표 체제와 함께, 성장과 효율성을 최우선의 가치로 삼는 시장 중심적 경제체제가 강한 영향력을 발휘하는 조건에서 정치적으로 중간을 지향하는 실용 노선이라든가 포괄 정당의 지향은 기존의 헤게모니를 대변하는 것 외에 별다른 의미를 갖지 않는다(최장집 2006).

이명박 대통령의 어젠다는 기존의 보수 정당 체제의 틀 내에서도 더 보수적인 노선을 지향했기에 다수 대중을 포괄할 수 없었다. 이는 진보적 성향의 정부가 중도층을 포괄하겠다는 명분 아래 정치적 중간에 머무르려고 할 때 실제로는 대중의 요구와 괴리될 위험성이 크다는 점을 시사한다.

어젠다 지지율이 낮음에도 이명박 대통령의 지지율은 높은 까닭

한편 이명박 대통령의 어젠다는 대중으로부터 외면당했지만 대통령 지지율은 상대적으로 높았다. 반면에 노무현 대통령의 어젠다는 대중에게 긍정적으로 받아들여졌지만 막상 대통령 지지로 이어지지는 않았다.

어젠다와 대통령 지지의 관계가 이렇듯 차이가 나는 이유는 무엇일까? 이에 대해 어젠다와 대통령 지지, 즉 통치가 사실상 무관하다고 보는 회의론도 제기될 수 있다.

본문에서 이미 노무현·이명박 두 대통령 시기에 대한 다양한 분석을 통해 어젠다가 대통령 지지에 상당한 영향을 미친다는 점을 입증한 바 있다. 노무현 대통령의 어젠다가 비교적 높은 지지율을 얻을 수 있었던 이유에 대해 우리 사회의 보수 편향의 정치 지형과 관련해 설명했다.

문제는 이명박 대통령의 어젠다가 보수층 일부만을 대표하면서 지지율이 낮음에도 대통령에 대한 지지율은 노무현 대통령보다 월등히 높게 나타난 대목이다. 이에 대해 어젠다와 관계없이 대통령을 무조건 지지하는 층('나라님 정서층')이 보수 정부 아래에서 훨씬 두텁다는 점을 지적할 수 있다. 다시 말해 보수의 기반이 더 강력하기 때문에 대통령 지지율도 더 높게 형성된다.

한편 본문에서 분석했듯이 이명박 대통령의 어젠다는 대통령의 지지층을 결집하기보다는 반대층을 결집하는 부정적 효과가 월등히 컸다.

이는 이명박 대통령에 대한 지지는 어젠다에 관계없이 형성되는 데 반해, 반대는 어젠다에 대한 반대라는 명확한 근거에 입각해 있음을 의미한다. 반대의 토대와 명분이 매우 강력하다는 의미로도 해석할 수 있다.

돌이켜보면 2008년 총선 이후 이명박 정부 아래에서 치러진 대부분의 선거에서 야당이 선전하고 여당은 패배했다. 선거가 치러질 당시 대통령 지지도가 40~50퍼센트 수준으로 비교적 높았고 여당 지지도가 민주당 지지도보다 월등히 높았음에도 실제 선거 결과는 달랐다.

대통령 지지율은 외양과 달리 내용상으로는 상당히 부실했던 것이다. 어젠다에 기반을 둔 탄탄한 지지가 아니기에 실제 선거에는 지지층이 잘 동원되지 않았던 것이다. '동원이 어려운' 지지층으로 인해 남은 임기 동안 이명박 대통령의 통치가 위기로 접어들 가능성도 높다.

갈등형 어젠다, 통치의 책임성과 반응성의 기제 | 이제 두 정부에 대한 분석을 통해 차기 정부가 통치 과정에서 활용할 실천적 함의는 무엇인지 살펴보자.

먼저 통치의 책임성과 반응성이 매우 중요하다. 진보를 표방한 노무현 대통령은 대선 과정에서는 진보적 정체성을 확실히 드러냈지만 일단 당선된 이후에는 지지층의 이해관계에서 벗어나는 어젠다를 제기했다. 사실상 지지층의 요구에 대응하지 못했고 책임을 방기하면서 지지층이 이탈했다.

여기에는 지지층에 대한 반응성과 책임성을 '파당적' 행위로 폄하하는 지배 담론도 중요하게 작용했다. 언론을 포함한 지배 담론은 대통령이 갈등을 표출하고 파당적 이익을 대표하는 정당 대표가 아닌, 통합과 화합을 실현하는 국가 전체의 대표가 될 것을 요구하는 경향이 있다. 앞서 언급했듯이 대통령에 대해 '갈등의 대변자'가 아닌 '포용적 역할'을 해야 한다는 요구가 당연시되고 있다.

하지만 대통령은 국가수반인 동시에 정당의 지도자이기도 하므로 지지층의 이해관계를 적극 대변하고 책임질 필요가 있다. 대통령은 선거를 통해 지지자의 요구를 실현할 것을 위임받았기 때문이다.

본문에서 분석했듯이, 타협형 어젠다가 아니라, 지지층을 대변하는 갈등형 어젠다를 제기했을 때 노무현 대통령 지지율에도 긍정적으로 작용했다.

타협형 어젠다가 아니라, 지지층을 대변하는 갈등형 어젠다를 제기했을 때 노무현 대통령 지지율에도 긍정적으로 작용했다. 특히 경제·사회 분야에서 이 같은 경향이 두드러졌다. 지지층에 대한 대통령 어젠다의 반응성과 책임성이 민주적 리더십의 요체로서 통치에도 긍정적으로 작용함을 알 수 있다. 그리고 진보적 대통령이 지지층의 이익과 요구에 적극적으로 대응하지 못하고 갈등을 대변하지 못할 때 통치의 위기에 직면할 가능성이 높다. "대통령은 정당의 대표가 아닌 전체의 이익을 대표하는 태도를 취하는데, 그러면 결과적으로 기득 이익과 타협하는 계기를 갖게" 되기 때문이다.

특히 경제·사회 분야에서 이 같은 경향이 두드러졌다. 지지층에 대한 대통령 어젠다의 반응성과 책임성이 민주적 리더십의 요체로서 통치에도 긍정적으로 작용함을 알 수 있다.

그리고 진보적 대통령이 지지층의 이익과 요구에 적극적으로 대응하지 못하고 갈등을 대변하지 못할 때 통치의 위기에 직면할 가능성이 높다. "대통령은 정당의 대표가 아닌 전체의 이익을 대표하는 태도를 취하는데, 그러면 결과적으로 기득 이익과 타협하는 계기를 갖게" 되기 때문이다(최장집 2006).

물론 진보 성향 대통령이 진보적 지지층을 대변하는 데만 집중하라는 것은 아니다. 다만 진보 정부가 집권한 이후 빠지기 쉬운 함정을 강조한 것이다. 대통령의 두 역할 사이에서 적절한 균형을 잡는 것이야말로 리더십의 요체라 할 수 있다.

반응성 및 책임성과 관련해 '갈등형 어젠다'의 역할은 대통령의 이념 성향을 가리지 않는다. 하지만 진보 정부가 통치했을 때의 역사적 경험과 보수 편향적 정치 지형이라는 현실적 맥락을 고려했을 때, 갈등형 어젠다는 진보 성향 정부에서 더 중시되어야 한다.

반면에 보수 편향의 정치 지형을 고려할 때, 보수 정부가 지지층에 대한 반응성과 책임성을 제대로 확보하기 위해서는 다른 처방이 요구된다. 즉 보수 노선을 강화하기보다는 포용적·타협적 어젠다를 제기해야 한다.

삶의 문제에 주목해야 | 둘째로 주목해야 할 지점은 대통령의 어

젠다는 대중이 처한 삶의 문제를 적극 반영해야 한다는 점이다. IMF 경제 위기 이후 심화된 양극화 흐름이 사회 위기로 전이되는 조짐은 2000년 전후부터 나타나기 시작했다. 이제 정치가 아닌 대중의 삶의 문제가 중심 이슈로 부상했다. 하지만 노무현 대통령은 이를 제대로 포착하지 못했고, 이명박 대통령은 주목했으나 왜곡된 방식으로 수용했다. 특히 노무현 대통령은 지지층의 개혁 요구를 '정치 개혁'으로 협애화하고 막상 대중의 민생 문제에는 무기력하게 대응하면서 통치가 약화되었다.

> 정치가 아닌 대중의 삶의 문제가 중심 이슈로 부상했다. 하지만 노무현 대통령은 이를 제대로 포착하지 못했고, 이명박 대통령은 주목했으나 왜곡된 방식으로 수용했다. 특히 노무현 대통령은 지지층의 개혁 요구를 '정치 개혁'으로 협애화하고 막상 대중의 민생 문제에는 무기력하게 대응하면서 통치가 약화되었다.

　역사적 경험을 들여다보면 진보 정부에서 대중의 이 같은 요구에 적극 대응하지 못했다. 그리고 보수 정부는 대중의 요구에 안일하게 대응했다. '경제가 중요하다'고 외치는 것만으로 대중의 기대를 채울 수는 없다. '먹고사는' 문제에 적극적 관심을 갖되, 어떻게 문제를 해결할 것인지와 관련해 방향성을 제시하고 실천적 능력을 보여 주는 것 모두 중요하다.

진보 정부는 정체성 강화로, 보수 정부는 포용적으로 　셋째, 향후 진보 정부는 정치·행정 분야보다 대중의 삶과 직결된 경제·사회 분야에서 진보적 정체성을 강화해야 한다. 반면에 보수 정부는 정치·행정 분야는 물론 경제·사회 분야에서 타협적·포용적 노선을 취해야 한다.
　다시 역사적 경험으로 돌아가 보자. 노무현 대통령은 자신의

> 향후 진보 정부는 정치·행정 분야보다 대중의 삶과 직결된 경제·사회 분야에서 진보적 정체성을 강화해야 한다. 반면에 보수 정부는 정치·행정 분야는 물론 경제·사회 분야에서 타협적·포용적 노선을 취해야 한다.

역할에 '구시대의 막차'라는 한계를 부여했기에 새로운 경제·사회 노선에 대한 준비가 부족했다. 좀 더 진보적인 상상력을 발휘해 보수와 차별화된 진보적 대안을 제시해야 했지만 실패했다.

반면에 이명박 대통령은 대기업·부자 중심의 협애한 보수 노선에서 벗어나 포용적 성장 노선을 보여야 했다. 구호로 그친 '친서민 정책'이 아니라 신자유주의 양극화 과정에서 낙오된 서민들을 포용하고 새로운 기회를 주는 데 더욱 적극적이어야 했다.

이명박 대통령은 CEO 대통령을 표방하면서 정치 영역을 축소시켰다. 정치 영역을 통해 풀어야 할 부분 또한 경제 논리에 맡긴 나머지, 지지층의 이해관계조차 충분히 포괄하지 못하는 상황에 이르렀다. 그 결과 전경련·대교협·대기업 등 상층계급에 편향된 이익 단체들이 중요한 국가정책에 대해 공공연히 목소리를 높였다. 이익집단 정치가 크게 부상한 것이다. 정치가 다루어야 할 공적 이익의 가치를 약화시키고 개별 특수 이익으로 채우면서 "갈등의 사회화를 막고 사사화하는" 것이다(샤츠슈나이더 2008).

노무현 시대에 대한 본문의 분석 결과를 적극적으로 해석했을 때 진보 정부는 '정치에서 보수적으로', '경제에서 진보적으로' 정책을 추진해야 한다는 식으로 받아들여질 수 있다. 하지만 이는 노무현 대통령 시기 정치는 진보적으로, 경제는 보수적으로 해야 한다는 주장과 다를 바 없는 또 다른 도그마로 이어질 위험이 크다.

경제·사회 분야의 개혁 못지않게 정치·행정 분야의 개혁 또한 중요하다. 특히 선거구제나 개헌 등과 같은 권력 구조 문제가 어떤 방향으로 결정되느냐에 따라 정치 구조가 변하고 경제·사회 질서가 바뀔 수 있기 때문이다.

문제가 되는 것은 정치·행정 분야의 개혁에만 집중해 경제·사회 분야가 제대로 대표되지 않는 경우다. 특히 노무현 대통령 시기에는 정치·행정 분야에서도 구체제 청산이라는 이행기 과제에 집중되면서 향후 정치사회 질서에 영향을 줄 수 있는 더 중요한 과제에는 전력을 기울이지 못했다.

결국 정치 개혁 역시 매우 중요하며 경제·사회 개혁과의 균형이 중요하다. 그리고 정치 개혁 내에서도 구체제 청산을 넘어 미래의 질서와 관련된 개혁이 매우 중요하다.

한편 보수 정부는 정치·행정 분야와 경제·사회 분야 모두에서 포용적·타협적 노선이 요구된다. 이와 관련해서는 이명박 대통령 임기 후반 통치와 관련해 좀 더 상세히 살펴볼 것이다.

임기 초반이 중요하다 ｜ 넷째, 임기 초반, 특히 '허니문'으로 불리는 취임 직후 6개월 동안이 매우 중요하다. 이 시기는 대통령에 대한 기대감이 높고 반대층은 아직 활성화되지 않은 시기다.

대선 과정에서는 지지층을 대변하는 '정파적' 역할이 중요했지만, 대통령으로 당선된 이후에는 국민 다수를 대변해야 하는 입장이 된다. 언론을 포함한 지배 담론도 전체를 아우르는 사회 통합의 역할을 요구하면서 대통령은 개혁과 사회 통합의 역할

> 노무현 대통령은 중요한 시기에 대중의 개혁 요구를 정치 분야, 특히 구체제 청산으로 협애화했기에 지지 기반도 약화되었다. 반면에 임기 초반 이명박 대통령의 어젠다는 과도하게 보수 편향으로 흐르면서 다수를 포용할 수 있는 갈등 축을 제시하지 못했다.

사이에서 갈등한다.

역사적 평가를 의식하며 신임 대통령은 대규모 개혁 과제를 임기 초반에 집중적으로 배치한다. 개혁 과제는 대부분 기존 질서와 규칙을 변화시키는 것으로 정책 산출물의 분배에도 영향을 미친다. 따라서 지지층이 집중적으로 동원되어야 하는데, 이 때문에 반대층이 결집되면서 진영 간 갈등이 빚어지기도 한다.

어떤 갈등인지가 중요하다. 지지층을 폭넓게 동원하고 결집해 다수를 점할 수 있는 갈등인지 그렇지 않은지가 관건이다. 즉 다수의 관심을 지속적으로 끌어내고 동원할 수 있는 갈등을 만들어 낼 필요가 있다.

노무현 대통령은 중요한 시기에 대중의 개혁 요구를 정치 분야, 특히 구체제 청산으로 협애화했기에 지지 기반도 약화되었다.

반면에 임기 초반 이명박 대통령의 어젠다는 과도하게 보수 편향으로 흐르면서 다수를 포용할 수 있는 갈등 축을 제시하지 못했다.

대통령의 우선순위와 에너지의 투여가 중요하다 | 다섯째, 대통령이 어떤 어젠다에 주력하고 우선순위를 부여하느냐가 중요하다. 대통령이 제기하는 모든 어젠다가 동등한 지위를 갖는 것은 아니다. 대통령의 통치를 뒷받침하는 정치적 자산은 제한되어 있기 때문이다.

본문에서는 대통령이 주력하는 어젠다를 동원형으로, 그렇지 않은 어젠다를 반응형으로 유형화한 바 있다. 동원형 어젠다는 반응형 어젠다에 비해 언론에서 자주 다뤄지고 대중도 더 많은 관심을 갖게 된다.

따라서 어젠다에 대한 평가가 대통령 지지 또는 반대로 즉각적으로 이어진다. 즉 어젠다에 대해 우호적 여론이 높으면 지지층이 결집하면서 대통령 지지율도 상승할 가능성이 높다. 반면에 어젠다에 대한 부정적 여론이 높으면 반대층이 결집될 수 있다. 따라서 대통령은 대중의 관심과 선호에 부합하는 어젠다에 적극적으로 주도권을 행사해야 한다.

하지만 많은 대통령은 임기 초반 대중이 열망하는 어젠다보다는 자신이 선호하는 어젠다를 주도적으로 제기하며 이를 관철하려는 경향이 강하다. 그 결과 지지층이 이탈해 통치의 위기가 심화되었다.

이는 어젠다를 통해 대중과 소통하려는 의지와 대중에 대한 신뢰가 약하기 때문이다. 개체로서의 대중 개개인의 선호는 변덕스러울 수 있지만 집합체로서 대중의 선호는 일관된 흐름이 있다. 대중의 선호를 외면할수록 통치의 위기도 깊어졌다.

지금까지 노무현 정부와 이명박 정부에 대한 분석하면서, 향후 집권할 진보 정부는 진보적 정체성을 강화하고, 보수 정부는 포용적으로 어젠다를 제기해야 한다는 점을 강조했다.

하지만 노무현 정부에 대한 분석 결과를 진보 정부 일반으로, 그리고 이명박 정부에 대한 분석 결과를 보수 정부 일반으로 확대할 수 있는가라는 반론도 제기될 수 있다.

본문의 분석 결과가 대통령제를 채택한 모든 국가와 모든 시기에 걸쳐 적용될 수 있다고 말하기는 어렵다. 일정한 시간적·공간적 제약을 지니기 때문이다. 하지만 적어도 한국이라는 공간에서는, 그리고 민주화를 통해 일정 수준의 절차적 민주주의가 확립된 현재 시기에는 상당한 타당성을 갖는다고 할 수 있다.

한편 이 책에서는 개별 어젠다가 아니라 어젠다를 유형화해 대통령의 통치에 접근하고자 했다. 유형화를 시도한 것은 개별 어젠다는 특수성이 강하기 때문에 그 시대를 충실히 분석하는 데는 유용하지만 다른 정부와의 비교를 통해 일반화하기는 어렵기 때문이다. 어젠다를 유형화했기에 노무현·이명박 시대를 비교할 수 있었고, 차기에 집권하게 될 정부에 대해서도 실천적 함의를 도출할 수 있었다.

5_ 임기 후반 이명박 대통령은 어떻게 어젠다를 관리해야 하는가

본문의 분석에서는 이명박 대통령 임기 초반을 중심으로 다루었다. 그렇다면 남은 임기 동안 이명박 정부는 어떻게 어젠다를 관리하고 통치해야 할까? 임기 초·중반의 통치를 분석하면서 이미 어느 정도 방향성이 도출된 바 있다.

협애한 보수 정체성을 극복해야 앞서 분석했듯이, 임기 초반 이명박 대통령은 경제·사회 분야 어젠다에 주력했으며 실제 이 분야의 어젠다를 제기했을 때 지지율이 상승할 가능성도 높았다. 하지만 제기한 어젠다가 과도하게 보수 편향으로 흐르면서 지지층 내에서도 충분한 공감을 얻지 못했다.

이명박 대통령이 보수 정체성이 강한 갈등형 어젠다를 제기했을 때 야당의 반대는 물론 여당 내에서도 반론이 제기되었다. 그리고 지지층이 반발하는 현상도 빈번했다.

한국의 정치 지형이 보수 편향으로 구조화되어 있어 보수 정부가 제기하는 보수적 어젠다가 실질적으로는 '오른쪽' 극단에 자리 잡기 때문이다. 이를 바로잡기 위해서라도 보수 성향의 이명박 정부는 과감한 '좌클릭' 정책이 필요한 것이다.

대표적인 사례는 감세를 비롯한 '기업 프렌들리' 정책이다. 대중이 이명박 대통령에게 기대했던 것은 성장을 통한 분배였지만 실제로 나타난 이명박 대통령의 경제 노선은 대기업과 부유층 중심의 성장이었다.

감세는 이명박 정부의 핵심 경제정책으로 감세를 통해 투자와 소비를 촉진해 성장의 과실이 상층에서 하층으로 흐르게 한다는 것이다. 하지만 실제로는 '부자 감세'로 비판받았고 부자 중심' 정책의 상징이 되었다.

이 정책이 위험한 것은 이명박 대통령의 지지층의 한 축인 '서민 보수층'도 만족시키기 어렵다는 점

> 이명박 대통령이 보수 정체성이 강한 갈등형 어젠다를 제기했을 때 야당의 반대는 물론 여당 내에서도 반론이 제기되었다. 그리고 지지층이 반발하는 현상도 빈번했다. 한국의 정치 지형이 보수 편향으로 구조화되어 있어 보수 정부가 제기하는 보수적 어젠다가 실질적으로는 '오른쪽' 극단에 자리 잡기 때문이다. 이를 바로잡기 위해서라도 보수 성향의 이명박 정부는 과감한 '좌클릭' 정책이 필요하다.

이다. 보수 정체성이 뚜렷한 갈등형 정책이 '상층 중심'의 정책으로 나타나면서 서민층은 소외되었다.

기업형 슈퍼마켓Super Supermarket, SSM을 둘러싼 논란은 그 단적인 사례다. 이명박 대통령이 집권 초기에 불어닥친 세계적 금융위기에 대응해 수출 대기업 위주의 고환율 정책을 펼쳤고 법인세 인하, 출총제 폐지 등 '기업 프렌들리' 정책들을 내세워 대기업들을 지원했다.

그 결과 대기업은 승승장구했지만 서민들에게는 물가 인상 부담으로 돌아왔다. 하지만 대기업은 2009년 무렵부터는 기업형 슈퍼마켓을 앞세워 골목 상권까지 장악하고자 했다.

대기업 지원 정책을 통해 대기업이 투자나 고용을 늘릴 것이라고 기대했던 것과 달리 투자나 고용 확대는 없었다. "아랫목만 뜨겁고 윗목은 냉기만 가득하다"는 불만이 터져 나왔다.

이명박 대통령이 '공정 사회'를 집권 후반기 중심 기조로 제기한 것이나 대기업 총수들에게 '기업가 정신'을 주문하며 고용 창출과 투자를 당부한 것, 그리고 동반 성장, 공생 경제를 강조한 것은 이렇듯 심각한 상황을 반영한 것이다.

따라서 임기 후반 이명박 대통령은 과감한 친서민 정책 등 타협형 어젠다에 주력하고 보수적 정체성이 강한 갈등형 어젠다는 지양해야 한다.

소통 부재는 어젠다의 문제 | 임기 후반 이명박 대통령에게 주어진 핵심 과제 중 하나는 대중과 원활히 소통하는 것이다. 이명박

대통령이 당선된 직후부터 지속적으로 제기된 비판 중 하나는 소통 부재다.

인수위 시절 내각 인선에서 (고려대 출신, 소망교회 신도, 영남 출신임을 가리켜) '고소영 인사'라는 비판이 제기된 이후 미국산 쇠고기 수입 반대를 둘러싼 극한적 대치 국면, 그리고 한반도 대운하와 4대강 살리기 등의 어젠다는 대통령의 소통 부재를 상징한다. 여론조사 결과도 이명박 대통령의 소통 문제가 심각함을 보여 준다. 취임 2주년 즈음 현 정부 출범 이전과 비교해 우리 사회가 더 통합되었다고 보는지, 더 분열되었다고 보는지에 대해 '분열되었다'는 평가가 73.1퍼센트에 이르렀고 '통합되었다'는 평가는 22.1퍼센트에 그쳤다(2010년 2월 23일 조사).

앞서 언급했듯이 어젠다는 대통령과 대중이 소통하는 공간이고 민심과 대통령의 의지가 만나는 공간이다. 어젠다를 통해 대중의 열망이 통치에 반영된다. 따라서 소통 부재란 민심과 대통령의 통치가 별개로 존재한다는 것으로 통치의 근간을 위협하는 심각한 문제다. 대중의 삶이 통치에 반영되지 못하고 무시되고 있다는 의미다.

이명박 대통령의 어젠다에 대해 대중의 지지는 낮고 반대는 완강하다는 점은 소통 부재의 현 상황을 여실히 드러낸다.

물론 대통령이 통치 과정에서 대중의 여론을 귀 담아듣지 않는다 할지라도 결과가 좋으면 좋은 통치자로 남는 사례도 적지 않다. 그동안 '추진력 있는, 강력한 리더십'을 지닌 대통령이 선호되었다는

> 어젠다는 대통령과 대중이 소통하는 공간이고 민심과 대통령의 의지가 만나는 공간이다. 어젠다를 통해 대중의 열망이 통치에 반영된다. 따라서 소통 부재란 민심과 대통령의 통치가 별개로 존재한다는 것으로 통치의 근간을 위협하는 심각한 문제다. 대중의 삶이 통치에 반영되지 못하고 무시되고 있다는 의미다.

사실은 대중의 여론에 반응하지 않는 대통령의 통치 방식에 어느 정도 방어막이 되어 주었다.

하지만 대중이 과거와 같이 인내해 주리라고 기대하는 것은 어리석다. 나날이 절박해져 가는 삶의 현실에 직면한 대중이 자신의 삶이 정치 엘리트들에 의해 무시당하고 있다고 느낄 때 참고 인내하기란 쉽지 않다.

핵심은 좀 더 서민 속으로 | 이명박 정부가 대기업·부자만을 대변하는 정부라는 비판은 야당이 정부에 대한 공세를 강화하기 위해 사용하는 수사만은 아니다. 이는 여러 지표에서 명확히 드러나고 있다.

여론조사에 따르면, 이명박 정부의 경제정책으로 혜택을 가장 많이 받는 대상을 묻는 질문에 '대기업' 38.9퍼센트, '부유층' 33.9퍼센트로 나타나 현 정부가 대기업과 부자 위주의 정책을 펴고 있다는 인식이 광범위하게 존재함을 알 수 있다(2010년 2월 23일 조사). 이 조사에서 '일반 서민층'을 대변한다는 응답은 5.6퍼센트, '중산층'은 5.4퍼센트, '빈민층'은 3.7퍼센트에 그쳤다. 국민 대다수가 자신을 서민층이나 중산층이라고 생각하는 사회에서 정작 대통령이 자신을 대변한다는 응답은 극히 소수에 그치고 있다.

더 심각한 문제는 대중이 느끼는 비판의 수위로, 소외감을 넘어 분노하고 있다는 데 있다. 언론에 드러난 대중의 목소리는 "현 정부에서는 대기업과 상류층만 좋았을 거예요", "못사는 사람을 사람 취급 안하는 것 같아요" 등으로 비판의 수위가 높아지고 있다.

이명박 정부 출범 당시의 경제에 대한 높은 기대감과 달리 체감하는 경제 현실은 거의 변하지 않거나 더 어려워지면서 기대감이 절망으로 이어졌다. 경제 살리기에 대한 희망은 성장 중심 정책에 대한 전폭적인 지지로 이어졌지만, 그 결과는 양극화 심화로 중산층마저 위기의식을 느끼는 상황에 이르렀다.

경제 대통령에 대한 기대감이 지금까지는 대통령 지지율을 떠받쳐 주는 순기능을 했지만 임기 후반에는 오히려 대통령에 대한 절망의 근거로 작용할 가능성도 배제할 수 없다.

자신의 삶이 무시당하고 소외당하고 있다고 느끼는 대중이 늘어날 때 대통령이 내려야 하는 처방은 단순하다. 이들의 삶을 다시 통치의 영역으로 끌어안고 보듬는 것이다. 대중의 관심과 고민, 절박하게 원하는 것을 수용하고 이것을 어젠다를 통해 제기하고 공감을 이끌어 내야 한다. 다행히 이명박 대통령은 경제에 주력해 왔고 이 점에 대해서는 대중도 일말의 기대가 있는 듯 하다.

이는 남은 임기에도 이명박 대통령이 경제 분야에 주력해 일정한 성과를 내야만 대중의 절망감도 어느 정도 누그러질 수 있음을 의미한다. 그런데 문제는 '어떻게' 할 것인가이다. 보수 정체성이 강한 정파적 성격의 갈등형 어젠다는 오히려 반대층의 결집만 강화하는 역기능이 클 것이다.

이명박 대통령은 좀 더 타협적·포용적인 모습을

> 자신의 삶이 무시당하고 소외당하고 있다고 느끼는 대중이 늘어날 때 대통령이 내려야 하는 처방은 단순하다. 이들의 삶을 다시 통치의 영역으로 끌어안고 보듬는 것이다. 대중의 관심과 고민, 절박하게 원하는 것을 수용하고 이것을 어젠다를 통해 제기하고 공감을 이끌어 내야 한다.

보이면서 보수층을 넘어 더 많은 대중을 끌어안고자 노력할 때 소통하려는 모습으로 보일 것이다. 그리고 대통령에 대한 반감도 누그러지고 기대감도 조금씩 살아날 것이다.

10장

2012년 대선, 보수 진영과 진보 진영은 어떤 어젠다를 제기해야 하는가

대통령의 통치와 어젠다에 대해 지금까지는 주로 역사적 경험을 중심으로 서술했다. 이 장에서는 과거를 분석하는 데 그치지 않고 차기 대선에서 제기될 어젠다를 살펴보고자 한다. 본문의 분석이 어디까지 확장될 수 있는지 그 현실적·실천적 함의를 적극적으로 도출하려는 시도라고 할 수 있다.

대통령의 일상적 통치와 선거는 다른 정치 활동이며, 그 작동 메커니즘도 상이하다. 하지만 선거 당시의 열망과 통치 과정에서의 실망이라는 한국 정치의 암울한 사이클을 경험적으로 분석하고 그 고리를 끊어 내기 위해서도 필요한 작업이다.

1_ 통치 경험을 대선에 적용하기

통치와 선거의 어젠다 | 민주주의는 가치와 제도적 실천의 결합체이다. 대중의 열망이 극대화되는 선거 국면에서는 가치를 내

> 현재 대통령의 통치로부터 차기 대선의 가장 중요한 가치와 어젠다가 도출된다. 따라서 통치를 분석하며 다가올 대선을 이야기한다는 것은 타당하면서도 실천적인 작업이다. 무엇보다 선거와 당선 이후의 시행착오를 줄이면서 한국 정치의 반복된 문제, 즉 '열망과 실망의 사이클'을 끊는 계기가 될 수 있을 것이다.

건 동원이 절정에 이른다. 2002년 대선이 단적인 사례다. 반면에 일상적인 통치의 국면에서는 선거에서 제기된 가치를 제도적으로 실천하고 현실화하는 것이 중요하다.

하지만 차기 대선의 가장 중요한 가치와 어젠다는 무에서 도출되지 않는다. 대통령의 통치, 특히 현재의 통치로부터 큰 영향을 받는다. 2007년 대선을 보면, 당시 핵심 어젠다였던 경제성장은 노무현 대통령의 통치 실패, 즉 부동산·교육 등 여러 사회 분야에서 양극화가 심화되고 서민층이 경제적 어려움을 겪으면서 자연스럽게 분출될 수 있었다.

이렇듯 현재 대통령의 통치로부터 차기 대선의 가장 중요한 가치와 어젠다가 도출된다. 따라서 통치를 분석하며 다가올 대선을 이야기한다는 것은 타당하면서도 실천적인 작업이다. 또한 대선의 어젠다들이 선거용으로 제기되고 당선 이후에는 '폐기'되는 위험을 막을 수도 있다.

선거에서 제기되는 어젠다가 통치에 대한 역사적 경험과 결합한다면 실천 가능성을 높여 줄 뿐만 아니라 대중에게도 훨씬 설득력이 있을 것이다. 무엇보다 선거와 당선 이후의 시행착오를 줄이면서 한국 정치의 반복된 문제, 즉 '열망과 실망의 사이클'을 끊는 계기가 될 수 있을 것이다.

대선의 구성 요소, 구도·인물·이슈 | 거칠게 구분하면 대선은 구도·인물·이슈 등으로 구성된다. 이 장에서는 이슈와 어젠다 중심으로 차기 대선에 접근해 볼 것이다.

먼저 '구도'에 대해 살펴보자. 구도는 선거에 결정적 영향을 미치는 내·외부 환경이다. 예를 들어 '노무현 정부 심판'의 성격이 명확했던 2007년 대선의 구도는 현 정부의 당시까지 통치행위에 대한 책임을 묻는 '회고 투표'의 성격이 뚜렷했다. 그 결과 중도와 보수층이 '반노무현층'으로 결집하면서 진보층이 고립되는 구도로 선거가 치러졌다.

'인물'은 대선에서 매우 중요한 요인이다. 우리 사회에는 강력한 카리스마를 선호하는 등 '인물 중심주의' 경향이 강하다. 강준만 교수가 언급했듯이 "한국인들은 고난과 시련의 역사로 인해 '영웅 대망론'에 친숙하다. 희망이 없는 상황에서 영웅이 모든 걸 돌파해 주길 기대하는 심리다"(강준만 2011).

대선마다 어김없이 등장하는 제3후보론은 기존 정치권에 비해 '때 묻지 않은' 참신한 인물에게 거는 기대감의 발현이다. 정당이 사회를 제대로 대표하지 못하면서 대중의 열망이 '정당' 대신 '인물'에 집중되었다. 하지만 인물 중심의 정치 참여는 가치와 대의에 기반을 두지 않기에 불안정하다. 인물 중심주의는 대선에서 나타난 열광적 지지가 대선 이후 실망으로 변하는 원인이기도 하다.

이제 '이슈'에 대해 살펴보자. 과거 대선에서는 '구도'와 '인물'이 결정적 역할을 했다. 선거 구도와 인물이 정해진 상황에서 이

> 이슈와 어젠다를 중심으로 대선을 살펴보는 것은 중요하며 유용하다. 선거의 구도와 인물은 다분히 공급자 중심, 즉 정치인 중심의 접근 방식이다. 여기에서 대중의 열망이 투여될 공간은 별로 없다. 이에 반해 이슈와 어젠다는 대중의 요구·열망과 만나는 공간이다. 어젠다를 통해 대선을 본다는 것은 대중의 요구가 대선 구도에, 그리고 인물에 어떻게 투영되는지를 살펴보는 것이기도 하다. 무엇보다 대선의 '시대정신'을 확인하고 선거에 적극 반영하는 작업이다.

슈는 부수적 역할만 할 수 있었을 뿐이다. 따라서 이슈를 중심으로 대선을 살펴보는 것은 부분만 건드리는 작업이 될 위험성도 있다.

그럼에도 이슈와 어젠다를 중심으로 대선을 살펴보는 것은 중요하며 유용하다. 선거의 구도와 인물은 다분히 공급자 중심, 즉 정치인 중심의 접근 방식이다. 여기에서 대중의 열망이 투여될 공간은 별로 없다. 이에 반해 이슈와 어젠다는 대중의 요구·열망과 만나는 공간이다.

어젠다를 통해 대선을 본다는 것은 대중의 요구가 대선 구도에, 그리고 인물에 어떻게 투영되는지를 살펴보는 것이기도 하다. 무엇보다 대선의 '시대정신'을 확인하고 선거에 적극 반영하는 작업이다.

대중이 열망하는 모든 것이 대선의 이슈나 어젠다가 되는 것은 아니다. 핵심 어젠다로 부상하기 위해서는 적대와 갈등을 내포해야 하고 지지층을 결집·동원할 수 있어야 한다. 다수를 결집하는 어젠다일수록 대선 구도에 강력한 영향을 미칠 것이다.

한편 대선 후보가 어젠다를 제기할 때 구체적인 정책이 아니라 말을 통해 표현하고 대중과 소통한다. 정치인의 말은 선거 국면에서 특히 중요하다. 말을 통해 대중의 관심과 지지를 결집시키기도 하고 반대층을 자극하기도 한다. 어젠다를 통한 분석이 중요한 이유다.

2_ 대선의 시대정신

'먹고사는' 문제를 어떻게 해결할 것인가 2012년 대선을 본격적으로 분석하기에 앞서 2012년 대선의 성격에 대해 살펴보자. 대선의 성격은 대중이 가장 절박하게 느끼는 문제가 무엇인지에 좌우된다. 이는 대선의 '시대정신'을 규명하는 것이기도 하다.

물론 대중이 절박하게 느끼는 문제라고 해서 곧바로 대선의 성격에 영향을 주거나 어젠다로 부상하는 것은 아니다. 정당 또는 대선 후보가 여기에 주목하고 대안을 제시하며 중심적인 갈등 축으로 부상할 때 대선에 영향을 줄 수 있다.

과거에 치러진 선거를 떠올려 보자. 앞서 언급했듯이 2002년 대선은 정치 개혁과 탈권위주의를 향한 열망이 지배한 '정치 선거'의 성격이 강했다. 반면에 2007년은 '국민 성공 시대'로 대변되는 풍요에 대한 열망이 지배한 '경제 선거'였다.

사실 2002년 대선과 2007년 대선 모두 민심의 기류에는 양극화 심화와 경제 불안감이 자리하고 있었다. 하지만 노무현 대통령은 IMF 경제 위기 이후, 경제·사회 전반에 걸쳐 전면화하고 있는 이 같은 흐름을 제대로 보지 못했다.

2002년 대선 당시에는 양극화 위기에 대해 정치권은 물론 대중도 충분히 자각하지 못했다. 다른 한편, 정치 개혁이라는 화두가 노무현이라는 개혁적 인물과 만나면서 선거 공간에서 폭발력을 발휘했다. 당시 이회창 후보의 한나라당이 색깔론을 펼치면서 '민주 대 반민주'의 프레임을 제공한 측면도 무시할 수 없다.

즉 2002년 대선은 사실상 경제 이슈가 절박하게 부상하기 시작했으나 구체제 청산의 성격을 띤 사실상 마지막 '정치 선거'로 머물렀다. 그리고 노무현 대통령이 2005년 이후 양극화 해소를 최우선 국정 과제로 삼고 주력했지만 이미 늦었다.

양극화로 인해 민생 위기가 심화되고 있는 상황에서 치러진 2007년 대선은 진보적인 사회경제적 대안을 제시하지 못해 무능하다고 낙인찍힌 민주화 정치 세력에 대한 심판과 마찬가지였다. 대중의 요구가 분배가 아닌 성장으로 쏠린 배경에는, 진보 세력에 대한 불신, 그리고 이명박이라는 인물에 대한 기대감이 있었다. 그 결과 2007년 대선은 싸우기도 전에 승패가 결정되었다고 할 수 있다.

사실 IMF 경제 위기 직후 치러진 1997년 대선에서도 핵심 화두는 '경제'였다. 어느 정치 세력에게 외환 위기를 야기한 책임이 있으며(회고 투표), 경제 위기를 헤쳐 나가는 데 어느 세력이 더 신뢰할 만한지가 투표에서 중요한 기준으로 작용했다. 그 결과 대통령 소속당 후보인 이회창 후보가 낙선하고 DJP 연합을 성사시킨 김대중 후보가 당선되어 처음으로 정권 교체가 이루어졌다.

이렇듯 IMF 경제 위기 이후 치러진 대부분의 선거는 '경제'가 핵심 화두였다. 앞서도 언급했듯이 대중의 최우선 관심 이슈는 1990년대 후반부터는 일관되게 경제로 집중되었고 이에 제대로 대응하지 못한 정치 세력은 외면당했다. 2012년 대선도 세부적인 결은 다르지만 다시 '경제 선거'가 될 가능성이 높다.

어떻게 먹고살 것인지가 중요하다 '먹고사는 문제'를 어떻게 해결할지에 대한 대안을 제시하는 것이 관건이다. 2012년 대선을 준비하는 대부분의 정치 세력이 '경제'를 강조하고 '민생'을 주장하고 있다.

여러 차례 언급했듯이 양극화와 민생 위기의 심각성을 제대로 보지 못한 노무현 시대의 실패는 2007년 대선에서 '묻지 마 풍요', '묻지 마 성장'에 대한 열망으로 이어졌다. 대중이 원한 성장은 성장을 통해 분배가 이루어지는 '공동체형 성장'에 가까웠지만, '분배 없는 성장'이 지속되면서 서민의 삶도 외면당했다. 이에 절망한 민심은 분배와 '복지 확충'으로 향하고 있다. 민주화 이후 20년 넘게 지나고서야 비로소 복지가 정치의 전면에 등장해 갈등 축으로 부상하고 있는 것이다.

이는 여론조사에서도 확인된다. 한국일보가 2011년 6월 10일 발표한 조사에서는 성장보다는 분배를 중시하는 여론이 56.8퍼센트에 이르렀다. 노무현 정부 임기 후반인 2006년 12월(45.3퍼센트)과 2009년 2월(40.4퍼센트)에 실시된 조사와 비교하면 각각 11.5퍼센트포인트, 16.4퍼센트포인트나 증가한 수치다.

이 조사에서 진보 성향층은 물론 보수 성향층에서도 성장보다 분배를 중시하는 쪽으로 급격히 이동하고 있는 것으로 나타났다. 사실 그 전까지 분배보다 성장을 중시하는 민심은 매우 확고했다. 성장에 대한 절대적 믿음 위에서 이명박 정부가 출현할 수 있었지만 이명박 대통령의 통치로 절대적 성장주의가 깨지는 역설적 상황이 발생했다.

> 2012년 대선은 민주화 이후 최초로 경제·사회 문제에 대한 해법을 놓고 '노선 투쟁'이 본격화되는 선거가 될 수 있다. '경제' 또는 '민생'이라는 명확한 이슈에 대해 정치 세력이 저마다 해법을 제시하고 대중의 관심과 동의를 구하는 선거가 될 가능성이 높다.

양극화로 빚어진 대중의 삶의 문제가 워낙 절박한 만큼 이 문제가 대선을 규정할 것이다. 따라서 2012년 대선은 민주화 이후 최초로 경제·사회 문제에 대한 해법을 놓고 '노선 투쟁'이 본격화되는 선거가 될 수 있다. '경제' 또는 '민생'이라는 명확한 이슈에 대해 정치 세력이 저마다 해법을 제시하고 대중의 관심과 동의를 구하는 선거가 될 가능성이 높다.

3_ 민심의 거대한 변화

성장이 전부는 아니다 2012년 대선을 앞두고 민심의 기류가 변화될 조짐이 뚜렷하다. 변화의 핵심은 경제 불안이 정치 불안으로 전이되고 있다는 것이다. 그동안 경제는 노선의 문제가 아니라 실행의 문제, 능력의 문제에 가까웠다. 경제를 둘러싼 갈등의 양상이 무엇이든, 해결책은 경제성장 및 경제 회복으로 귀결되었다.

하지만 앞서도 언급했듯이 성장주의 신화가 깨지고 있다. 성장이 아닌 분배가 더 중요하며, 빈부 격차를 해소하는 것이 더 시급하다는 인식이 확산되고 있다. 복지를 위한 증세에도 찬성 의견이 우세하다. '세금을 더 내고 사회복지를 늘려야 한다' 52.2퍼센트, '세금을 덜 내고 개인 소득을 늘려야 한다' 43.2퍼센트로 나타난 바 있다(2010년 9월 29일 조사).

복지 이슈에 대한 관심과 지지가 높은 것이 비단 최근의 일은 아니다. 문제는 이 이슈가 정치의 전면에 등장하고 선거의 핵심 갈등 축으로 부상했다는 점이다. 무상 급식 이슈를 놓고 갈등이 빚어진 2010년 지방선거가 단적인 사례다. 2011년 8월에는 무상 급식이 적용될 범위를 놓고 서울시에서 주민 투표가 실시되기도 했다.

복지 이슈가 차기 대선에서 후보 선택의 핵심 기준으로 작용할 가능성도 높아졌다. 차기 대선과 관련해 "다음 대선에서 경제성장을 강조하는 후보와 복지 확대를 강조하는 후보가 맞붙는다면 누구를 지지하겠는가"라는 질문에 대해 '경제성장을 강조하는 후보' 45.6퍼센트로 '복지 확대를 강조하는 후보' 51.2퍼센트라는 여론조사 결과가 이를 뒷받침한다(2010년 10월 23일 조사).

보수 언론도 자본주의 비판에 나서 | 민심의 기류 변화는 이명박 대통령의 '말'에서도 드러난다. 2011년 광복절 경축사에서 자본주의의 폐해를 지적하며 '공생 경제'를 강조했다. 자신이 고수해 온 경제정책 노선과 배치되는 주장인 셈이다

> 오늘 분명히 우리가 인식해야 할 것은 기존의 시장경제가 새로운 단계로 진화해야 한다는 사실이며 …… '탐욕 경영'에서 '윤리 경영'으로, '자본의 자유'에서 '자본의 책임'으로, '부익부 빈익빈'에서 '상생 번영'으로 진화하는 시장경제의 모델이 요구되고 있다.

보수 언론의 논조도 확연히 변하고 있다. 그동안 줄기차게 '시장경제'를 강조해 왔던 보수 언론들이 대기업의 '횡포'를 비판하며 '공정 사회'를 강조하고 있다. 이명박 정부의 경제정책에 대한 여론의 변화가 심상치 않음을 보여 주는 대목이다.

『조선일보』가 2011년 8월에 기획한 '자본주의 4.0'은 대표적인 사례다. 『조선일보』는 자본주의 4.0 기획에 대해 다음과 같이 언급하고 있다.

> 20세기 초 자유방임의 고전 자본주의 시대(자본주의 1.0)를 지나 1930년대 대공황 이후 케인스가 내세운 수정자본주의(자본주의 2.0), 1970년대 자유시장 자본주의(신자유주의·자본주의 3.0)에 이어 등장한 새 자본주의를 뜻한다. '다 같이 행복한 성장'을 추구하는 자본주의 4.0 시대엔 기업과 국가의 일방적인 성장을 위해서 중산층만 희생시켜서는 안 된다. 경제의 중추적인 허리 역할을 하는 중산층이 빈곤층으로 떨어질 걱정을 하지 않고 일을 하면서 경제에 소비 여력을 제공하고 양질의 노동력을 공급해 주어야만 지속 가능한 사회가 되기 때문이다(『조선일보』 2011/08/05).

『조선일보』는 이 기획에서 '사회 양극화', '비정규직 양상'을 비판하고 나아가 신자유주의 자체가 문제라며 근본적 비판을 서슴지 않는다. 전문가들의 말을 빌려 시장에만 맡기는 신자유주의 시장경제의 한계를 극복해야 한다고 제안한다. 또한 "이젠 사회적 모순을 정부의 힘이 아닌 시장과 기업의 힘으로 극복하는 자본주의 4.0 시대를 열어야 한다."라고 강조했다.

양극화에 따른 대중의 고통이 어제오늘의 일은 아니다. 하지만 이는 이명박 정부의 성장 노선에 대한 비판과 결합하면서 경제문제를 넘어 사회문제이자 정치 문제로 전화하고 있다.

균열 구조의 변화 : 계층 갈등의 부상 | 그동안 우리 사회의 핵심적인 갈등과 균열은 지역 갈등이었다. 2005년 7월 노무현 대통령의 대연정 제안도 지역주의를 해소한다는 명분에서 제기되었다.

그런데 이명박 정부 집권 중반 이후 어떤 정치인도 지역주의 해소가 가장 시급한 과제라고 주장하지 않는다. 양극화 심화에 따른 계층 갈등이 지역 갈등을 대신하고 있다. 계층 갈등이 대중의 삶에 미치는 규정력이 훨씬 큰 것이다.

지역 갈등과 세대 갈등 등 기존의 갈등이 중요하지 않다는 의미가 아니다. 이 같은 갈등이 해소된 것은 더욱 아니다. 현상적으로 드러난 지역 갈등과 세대 갈등의 핵심을 들여다보면, 결국 계층 문제가 자리 잡고 있다는 사실이 중요하다.

예를 들어 보자. 20대와 30대는 이명박 정부에 가장 비판적인 연령층이다. 청년 실업 문제, 비정규직 문제, (일을 해도 늘 빈곤에 시달리는) 신빈곤 문제가 집약된 층이 바로 20대와 30대이다. 부모의 경제력과 사회적 지위에 따라 교육과 취업의 기회가 달라지고 계층이 달라진다. 즉 이들의 정치의식을 규정하는 핵심 요인은 바로 계층 갈등 문제다.

40대의 민심 이반도 비슷하다. 자산과 소득의 양극화는 심화되고 주거·의료·교육·일자리 등과 관련한 불안감은 고조되고 있다. 이제는 중산층이 아닐 뿐 아니라 언제든 서민층·빈곤층으로 하락할 수 있다고 인식하면서, 사회 안전망과 정부의 적극적 개입을 요구하는 목소리가 높아지고 있다.

이렇듯 40대 이하 계층의 '좌클릭' 경향은 50대 이상의 보수적 경향과 부딪히면서 세대 갈등 양상으로 나타난다. 하지만 그 이면에는 사회경제적 문제를 둘러싼 불안과 계층 하락에 대한 두려움이 자리 잡고 있다.

보수 정부의 핵심 지지 기반이었던 영남, 특히 이른바 PK(부산 경남) 지역에서 나타난 (이명박 정부에 대한) 민심 이반도 이런 맥락에서 봐야 한다. 민심 이반의 결정적 계기는 부산 저축은행 사태, 영남권 신공항 무산 등이다. 하지만 더 본질적인 문제는 수도권과 지방 간 불균형과 양극화가 심화되는 가운데 지방 경제가 휘청대고 지방에 거주하는 대중의 삶이 휘청거린다는 점이다.

전통적으로 보수적 성향을 보였던 자영업 층의 '좌클릭' 조짐 등 세대·계층·지역을 망라해 나타나고 있는 '반이명박' 현상은 사회경제적 문제가 진원지임을 명백히 보여 주고 있다.

물론 이런 현상은 2012년 대선에서 이명박 정부 및 여당에는 악재로, 민주당을 비롯한 야당에는 기회로 작용할 것이다. 하지만 2012년 대선에서 영남의 대중이 보수 세력이 아닌 진보 세력을 대안으로 선택하기는 쉽지 않을 것이다. 대중적 차원에서는 이미 사회경제적 문제와 이에 따른 계층 갈등이 주요 갈등으로 부상했지만 그것을 담을 대안이 부재할 때, 즉 진보 세력이 대안이 되지 못할 경우에는 다시 보수 세력을 지지하는 것으로 회귀할 가능성이 높다.

"정치에서 가장 파국적인 힘은 하나의 갈등을 전혀 다른 갈등으로 대체하면서 기존의 모든 갈등 구도를 뒤바꿔 놓는 권력"이다(샤츠슈나이더 2008). 이 점에서 계층 갈등이 기존의 갈등 구조를 대체하며 부상한다는 것은 민심의 변화를 넘어 정치의 거대한 변화를 필요로 한다.

문제는 이미 사회적 차원에서 균열 구조가 달라지기 시작했지만 정당이 이를 따라가지 못하고 있다는 점이다. 민심은 분명 바뀌고 있지만 2012년 대선이 어떤 결과로 나타날지를 예측하기 어려운 이유다.

> "정치에서 가장 파국적인 힘은 하나의 갈등을 전혀 다른 갈등으로 대체하면서 기존의 모든 갈등 구도를 뒤바꿔 놓는 권력"이다. 이 점에서 계층 갈등이 기존의 갈등 구조를 대체하며 부상한다는 것은 민심의 변화를 넘어 정치의 거대한 변화를 필요로 한다. 문제는 이미 사회적 차원에서 균열 구조가 달라지기 시작했지만 정당이 이를 따라가지 못하고 있다는 점이다.

4 _ 대선의 이슈

복지 이슈의 파괴력 이제 차기 대선의 이슈에 대해 논해 보자. 2012년 대선을 앞두고 양극화 심화에 따른 계층 갈등이 핵심적 갈등 축으로 부상하고 있다. 대중이 분배 및 복지에 대한 사회적 감각을 지니게 되었고 이 문제가 핵심 이슈라는 데는 이견이 없을 듯하다.

그동안 복지 정책은 진보 정당을 중심으로 꾸준히 제기되어 왔다. 하지만 중요한 정치 이슈가 되지 못하다가 이명박 정부 아래에서 비로소 정치 세력들이 주목하고 경쟁하는 핵심 이슈가 되었다. 복지 이슈가 갑자기 정치 이슈로 부상한 까닭은 무엇일까?

누차 언급한 바와 같이 양극화 현상이 심화되면서 중산층과 서민층의 상대적 박탈감이 커졌다. 특히 성장을 내세운 이명박 정부에 대한 실망으로 분배 요구가 높아졌다. 하지만 이것만으로는 충분한 설명이 되지 않는다. 서민들의 민생 불안 문제는 이미 오래전부터 사회적 위기가 될 조짐을 보였기 때문이다.

도화선이자 불씨로 작용한 것은 2010년 지방선거 기간 경기도에서 시작된 무상 급식 논쟁이었다. 위기론에 휩싸인 진보 진영에서 대안을 제시하지 못한 상황도 영향을 미쳤다. 합의에 도달할 만한 설득력 있는 대안이 부재한 상황에서 무상 급식을 필두로 한 복지 이슈가 적극적·통일적 대안으로 수용될 수 있었다. 이렇듯 대중의 열망을 정치 세력이 본격적 어젠다로 수용하면서 분배 및 복지 이슈가 한국 정치의 핵심 이슈로 부상한 것이다.

분배 및 복지 이슈는 대중이 자신의 삶과 관련된 절박한 문제로 받아들이고 있기 때문에 대선에서 상당한 파급력을 지닐 것이다. 따라서 다수 대중의 관심과 참여를 끌어낼 수 있는 새로운 갈등 축의 역할을 할 가능성이 높다.

정치 개혁 등의 이슈가 소수 고관심층만이 참여하는 갈등 구도를 지니는 데 반해, 현재 한국 사회에서 복지 이슈는 일부 상층을 제외한 다수 대중이 자신의 문제로 인식하고 적극적으로 참여할 가능성이 높은 이슈다.

"모든 갈등의 결과는 이에 관여하는 구경꾼의 규모에 따라 결정"(샤츠슈나이더 2008)되기 때문이다. 복지라는 거대한 갈등 축을 어느 세력이 전유해 설득력 있는 대안을 내놓을 것인가에 따라 대선의 승패가 좌우될 것이다.

복지 이슈는 진보 진영에게 유리한가 그동안 복지 이슈는 진보 정당 및 진보적 사회운동 단체를 중심으로 제기되어 왔다. 따라서 외형적으로는 복지 이슈가 진보 진영에 유리해 보인다. 무상급식을 필두로 보편적 복지 논쟁을 주도하는 것도 진보 진영이다.

하지만 복지 이슈는 특정 진영이 선점하기 어려운 복잡한 성격을 지닌다. 서구의 경우 20세기 초반까지 복지가 발달한 과정에서 상당 부분 보수 세력이 주도했고, 한국에서도 주요 복지 제도가 도입된 시기는 권위주의 시대였다. 진보와 보수 모두 복지 이슈에 일정한 지분을 행사할 수 있는 셈이다.

복지 이슈를 둘러싼 정치 상황도 진보 진영 중심으로 진행되고 있지 않다. 일단 차기 대선을 준비하는 유력 정치인들치고 복지 어젠다를 언급하지 않은 정치인은 없다. 진보는 물론 보수 진영에서도 복지 어젠다를 외면할 수 없는 상황에 이르렀다고 하지만 보수 진영 일부에서는 소극적으로 대응하는 데 그치지 않고 적극적으로 복지 이슈를 제기하고 있다.

유력한 차기 주자인 박근혜 전 한나라당 대표가 대표적인 사례다. 그는 2009년 5월 미국 스탠퍼드 대학교 강연에서 '원칙이 선 자본주의'를 강조하며 이명박 대통령의 성장 노선과 선을 그었다.

정부는 공동체에서 소외된 경제적 약자를 확실히 보듬어야 합니다.

단순히 약자를 도와주는 것이 아닙니다. 각자가 저마다의 소질을 바탕으로 GDP 창출에 참여할 수 있도록 지원해야 합니다. 경제 발전의 최종 목표는 소외 계층을 포함한 모든 국민이 함께 참여하는 공동체의 행복 공유에 맞춰져야 하기 때문입니다.

또한 박근혜 전 대표는 2009년 10월 26일 박정희 전 대통령 30주기 추도식에서 "아버지의 궁극적인 꿈은 복지국가 건설이었습니다. 경제성장을 그토록 노력했지만 경제성장 자체가 목적은 아니었습니다."라며 복지국가를 강조했다.

이 같은 움직임은 보수의 틀을 넘어 중도층까지 포용해 외연을 확대하겠다는 적극적 의지의 표명이며, 그 결과 보수 세력에 대한 기대감도 높아질 수 있다. 그리고 보수의 어젠다는 현실에 기반을 둔 측면이 크기 때문에 실현 가능성 면에서도 설득력이 있다.

보수 진영의 복지는 복지 정책을 실현할 최선의 수단을 선택하는 것에 초점이 맞추어진다. 정책 수단을 선택하는 데는 재원 조달 가능성과 실효성 확보가 핵심 문제다.

보수 진영 내에서도 적극적 복지를 강조하는 안종범 교수는 『어떤 복지국가에서 살고 싶은가』(이창곤 2010b)에서 "보수의 복지는 국민이 선택한 부담 수준과 복지 수준을 기초로 이에 걸맞은 개별 복지 프로그램들의 우선순위를 설정하는 것이다."라고 강조한 바 있다. 보수의 복지는 실효성이라는 측면에서 설득력이 있다.

진보가 내세우는 '거창한' 복지, '근본주의적' 복지보다 보수의 복지가 대중에게는 훨씬 현실적으로 받아들여질 가능성도 적지 않다.

복지가 진보 진영의 사회경제적 대안이 될 수 있을지를 진지하게 고민하지 않은 채, 복지의 범위에만 초점을 맞춰 지지를 얻고자 한다면, 오히려 대중은 복지의 실현 가능성에 관심을 기울일 것이다.

실현 가능성 측면에서는 아직까지 집권 경험이 풍부한 보수 세력이 더 신뢰를 얻을 수 있다. 이 점에서 진보 진영의 '무상' 복지 어젠다는 불충분할 뿐만 아니라 위험하기까지 하다.

진보 진영이 복지 어젠다를, 기존의 협애한 갈등 축을 대신할 수 있는 새로운 갈등 축으로 만들기 위해서는, 복지가 기존의 보수 세력이 제시한 성장 일변도의 경제 질서의 대안이 될 수 있다는 점을 보여 공감대를 넓혀야 한다. 대중에게 중요한 것은 1백 퍼센트 무상 복지인지 아닌지가 아니라 자신들의 절박한 삶을 실제로 개선시키고 변화시킬 수 있는, 실현 가능한 비전과 정치 주체의 능력이다.

복지 프레임은 보수에게 불리한가 | 한편 차기 대선이 복지 프레임으로 치러질 경우 보수 진영이 분열되는 등 자기 덫에 빠질 것이라는 시각도 있다. 즉 진보의 이슈이므로 보수 진영이 복지를 핵심 정책으로 제시하는 순간, 진보적 프레임에 갇힐 가능성이 높다는 것이다.

이는 보수 진영이 복지를 강조할수록 진보가 집권해야 할 당위성을 강화할 뿐만 아니라, 복지에 대한 논쟁이 본격화되었을 때 증세 없이 복지국가를 실현하겠다는 보수 진영의 접근이 모순적이고 결국 복지를 실현하려는 의지가 없음이 드러나리라는 논리에 바탕을 둔다.

그렇다면 보수 진영이 복지를 주장하면 보수의 분열로 이어질 가능성이 높은가? 우리나라에서 보수 진영을 지탱하는 핵심층은 '박정희 향수층'이며, 이들은 성장주의를 신봉해 왔다. 앞서 언급했듯이 이들에게 성장이란, 성장의 효과로 서민층의 경제적 삶도 나아지는 것, 즉 '공동체형 성장주의' 또는 성장과 분배를 별개라고 여기지 않는 '일체형 성장주의'다.

이렇듯 보수층이 선호하는 성장주의에는 분배 및 복지가 내포되어 있기에 보수 진영에서 복지를 강조한다고 해서 보수층이 이탈할 가능성은 높지 않아 보인다. 정치 공학적 측면으로 좁혀 살펴보더라도 보수 진영이 복지 프레임을 수용할 경우 대선에서 불리하다고만 볼 수 없는 이유다.

복지가 대선의 핵심 이슈로 부상할수록 그 내용 못지않게 복지를 공급할 수 있는 정치 세력의 능력 유무가 중요하게 부각될 것이다. 어쩌면 무상 복지 등 '과감한 복지' 행보는 보수 진영과 차별화하고자 하는 진보 진영에 덫이 될 수도 있는 행위다. 복지 공급 능력이 뒷받침되지 않는다면 말이다.

('실천적 결과'로 대중의 요구에 부응하는) 책임 윤리가 뒷받침되지 않는 신념 윤리만으로는 대중을 설득할 수 없다. 복지 어젠다 역시 '보편 복지'라는 신

념 윤리를 넘어 이를 실현할 수 있는 능력, 즉 책임 윤리와의 결합이 절대적으로 필요하다.

사회경제적 구조에 대한 대안이 제시되어야 | 한편 복지 이슈만으로는 한계가 있다는 비판이 진보 진영 내부에서 제기되고 있다. 경제구조를 직접적으로 개혁하려는 전망 없이, 국가의 복지 재정지출을 통한 소득 재분배, 즉 2차적이고 사후적인 분배는 사회경제적 구조를 변화시킬 대안이 될 수 없다는 문제의식이다.

근로소득을 개선시키는 등의 1차적 분배 구조 개선이 우선되어야 한다는 것이다. 신자유주의 질서 아래 나타난 노동 유연화를 대체할 만한 명확한 대안이 제시되고 시행될 수 있어야, 복지 이슈도 제 역할을 할 수 있다.

이 같은 비판은 복지 이슈에 주력하고 있는, 민주당을 비롯한 자유주의적 색채를 띤 야당을 겨냥하고 있다. 노동과 고용 등을 포함한 경제 분야에서 대안을 마련하는 데는 소극적으로 대응하면서 복지 이슈만으로 보수 정당과 차별화하려고 하는 양태에 대한 비판인 것이다. 사회경제적 비전이 뒷받침되지 않은 복지 이슈는 범위의 문제로 치환되고, 실현 가능성의 문제로 축소되기 쉽다. 앞서도 언급했듯이 이 같은 징후가 나타나고 있다.

다시 무상 급식 이야기로 돌아가 보자. 무상 급식 논쟁은 학교에서 공짜 밥을 먹느냐 아니냐의 문제가 아니라 어떤 경제 모델이 좋은지를 따지는 문제이다. 즉 무상 급식 논쟁은 '먹고사는 문제'에서 진보가 보수와 어떻게 다른지를 보여 주는 '하나의' 사례다. 따라서 무상 급식을 떠받치고 있는 경제 모델에 대한 논의 없이 무상 급식의 필요성이나 중요성으로 논의를 끌고 갈 때 진보 진영은 벽에 부딪힐 가능성이 높다.

최장집 교수의 지적처럼 "복지 문제는 단편적인 이슈 하나를 가지고 다루어서는 안 되며, 전체적인 복지에 대한 비전이나 실제 정책으로 만드는 플랫폼이 있어야 한다"(이창곤 2010a).

5_ 대선의 어젠다

소수파는 정체성 강화, 다수파는 중도 강화 | 개별 어젠다는 저마다 상이한 내용과 함의를 담고 있지만 결국 무엇을 어떻게 할 것인가의 문제, 즉 어젠다의 내용과 노선의 문제로 귀결된다. 2012년 대선에서 주요하게 다루어져야 할 핵심 어젠다의 내용은 이미 충분히 살펴봤다. 대중의 관심은 양극화에 따른 민생 위기를 어떻게 해결할지에 집중되어 있다. 따라서 어떤 방식으로 해결할지를 보여 주는 대안과 노선이 중요하다.

대선이 다가오면 진보와 보수 각 진영에서는 정체성을 강화하는 전략으로 갈 것인가, 중도 강화 전략으로 갈 것인가를 놓고 열띤 논쟁이 벌어진다. 보수정당인 한나라당이나 상대적으로 자유주의적·진보적 성격을 띠고 있는 민주당 등 양대 정당이 외연을 확대하지 않고 기존의 지지층만으로 대선에서 승리하기는 어렵다.

따라서 외연을 확대하는 방법으로 정체성을 강화할지, 중도 노선을 강화할지를 결정하는 노선 선택 문제가 중요하다.

본문에서 살펴본 노무현·이명박 대통령 시기에 대한 분석 결과는 소수파로서 진보 진영은 정체성을, 다수파로서 보수 진영은 중도 포용 정책을 강화해야 함을 시사한다.

이는 과거 선거의 경험과도 부합한다. 다수파로서 보수 진영(한나라당)은 중도 강화 전략을 내세웠을 때 외연 확대는 물론 정권 창출도 가능했다. 2007년 대선이 그 단적인 사례다. 당시 이명박 후보는 보수 정당 소속이었으나 대중에게는 진보적 후보로 인식되었다. 특히 안보 분야에서는 보수적 노선과 일정한 거리를 두었고 '민생'과 '경제'를 중시하는 '중도의 진취적' 지도자임을 강조했다. 이에 반해 박근혜 후보는 상당히 보수적인 인물로 인식되었다.

결과적으로 이명박 후보가 보수층은 물론 진보층에서도 높은 지지를 얻으면서 대선에서 큰 격차로 당선될 수 있었다. 17대 대선 직전의 조사에서는 진보층의 38.5퍼센트가 이명박 후보를 지지한 것으로 나타나, 진보층에서마저 민주당 정동영 후보(22.4퍼센트)를 앞섰다(2007년 11월 13일 조사).

반면에 2002년 대선은 한나라당이 보수 정체성을 고집하다 실패한 사례라 할 수 있다. 당시 한나라당 이회창 후보는 민주당 노무현 후보에 대해 색깔론 공세를 펴는 등 과도하게 보수적 정체성을 내세웠고 결국 패배했다.

이렇듯 한나라당이 다수파의 위치를 계속 지키려고 한다면 중도 강화 전략을 강화해야 한다는 점은 비교적 명확하다.

물론 진보 진영은 정체성 강화, 보수 진영은 중도 강화라는 노선을 채택해야 한다고 일반화하는 데는 한계가 있다. 민주화 이후 한국이라는 공간적·시대적 상황을 감안해 분석한 결과이기 때문이다. 변화한 대중과 달리 정치 세력은 여전히 보수에 편향되어 있기 때문에 이를 바로잡는 과정에서 진보·보수 진영에는 저마다 다른 요구가 제기되는 것이다.

보수의 좌클릭 노선 | 대선을 앞두고 한나라당 내에서 '좌클릭' 움직임이 가시화되고 있다. 2011년 7월 4일 한나라당 전당대회에서 출마를 선언한 7명의 후보들은 (정도의 차이는 있지만) 저마다 친서민 정책을 내세우면서 한나라당의 정책 기조를 좀 더 타협적·포용적으로 바꿔야 한다고 주장한 바 있다.

후보들에 대한 『동아일보』(2011/06/23)의 설문 조사에 따르면 출마한 후보 7명이 한나라당의 정책 노선에 대해 '성장과 복지를 아우르는 절충 방향으로 가야 한다'고 응답했다. 『한겨레』(2011/06/20)에 따르면 민주당의 핵심 정책인 무상 급식 이슈에 대해 긍정적 의견을 표명한 후보도 7명 가운데 4명이나 되었다.

이 같은 변화는 2012년 총선과 대선을 앞두고 한나라당의 위기감이 매우 크다는 데서 출발한다. 단지 한나라당의 위기를 넘어 보수의 위기로 전화하는 조짐도 나타나고 있다.

보수의 위기를 염려하는 사람들이 모두 타협적인 성격의 '좌클릭' 행보를 지지하는 것은 아니다. 오히려 표를 좇아 오락가락하면서 보수의 가치를 제대로 실현하지 못했을 뿐만 아니라, '좌클릭'을 하면서 민주당과 차별성이 없어졌으니 보수 정체성을 강화해야 한다는 주장도 설득력 있게 제기되고 있다.

앞서 언급한 것처럼 노무현 정부 후반 '진보의 위기'가 야기된 것은 충분히 진보적인 어젠다를 제기하지 못하면서 지지층의 실망과 이탈을 불러왔기 때문이다. 그리고 이명박 정부 아래에서 '보수의 위기'가 논의되고 있는 것은 지나치게 보수 편향적 성격의 어젠다를 제기하면서 보수층조차 충분히 아우르지 못했기 때문이다.

> 노무현 정부 후반 '진보의 위기'가 야기된 것은 충분히 진보적인 어젠다를 제기하지 못하면서 지지층의 실망과 이탈을 불러왔기 때문이다. 그리고 이명박 정부 아래에서 '보수의 위기'가 논의되고 있는 것은 지나치게 보수 편향적 성격의 어젠다를 제기하면서 보수층조차 충분히 아우르지 못했기 때문이다.

이 같은 과거의 경험은 다수파인 보수 정부가 타협적이고 포용적인 정책을 제시함으로써 외연을 확대할 수 있음을 보여 준다. 이명박 대통령은 대선에서 보수 정체성을 벗어났기 때문에 당선될 수 있었다. 일부 보수파 유권자들의 우려가 있었음에도 2007년 대선에서 보수층이 '보수적이지 않은 후보'를 지지한 것은 보수파의 결집력을 보여 준다. 또한 2012년 대선에서도 보수파가 전략적 선택을 할 수 있음을 시사한다. 따라서 보수 후보가 중도 강화 전략을 취하면 상당한 위력을 발휘할 것이다.

진보 정체성의 강화는 필요조건 | 먼저 진보의 지지를 확보한다면, 손학규라는 캐릭터를 놓고 볼 때 중도 쟁탈전에서는 박근혜에게 자신이 있다.

민주당이 1997년 정권 교체를 이루고, 2002년 정권을 재창출할 수 있었던 핵심 요소는 DJP 연합과 노무현·정몽준 단일화로 대표되는 '중도 포괄 전략'이다.

민주당의 유력 대선 주자인 손학규 의원이 가야 할 길을 놓고 내부의 견해가 엇갈리고 있다(『내일신문』 2011/05/09에 실린 민주당 당직자와 선거 전문가의 견해). 전자는 진보 정체성 강화론을, 후자는 중도 강화론을 대변한다고 볼 수 있다. 물론 다분히 정치공학적 접근이다. 지지층의 요구, 즉 지지층에 대한 반응성이라는 측면이 빠져 있기 때문이다.

앞서 살펴봤듯이 진보 성향의 소수파 대통령으로서 노무현 대통령은 진보적 정체성이 강한 갈등형 어젠다를 제기했을 때 지지층도 결집하면서 지지율에도 긍정적 영향을 주었다. 그리고 진보적 정체성이 약해 보수 진영과 차별화되지 않는 '타협형 어젠다'를 제기했을 때 지지층은 이탈했다.

이에 반해 보수 성향의 다수파 대통령으로서 이명박 대통령은 포용적인 '타협형 어젠다'를 제기했을 때 지지율에도 긍정적 영향을 미쳤다. 이 같은 분석 결과를 차기 대선 후보에게도 적용할 수 있을까?

노무현 대통령 임기 후반에 제기된 진보 위기론은 사회경제적 의제에서 진보 진영이 설득력 있는 대안을 제시하지 못했기 때문에 제기되었다. 그리고 이 같은 문제 제기는 여전히 유효하다. 진보의 위기는 지속되고 있으며, 이는 노선(대안)의 문제이자, 능력의 문제로 나타나고 있다.

진보의 위기는 진보적 대안, 즉 진보적 노선에 입각한 사회경제적 비전을 제시하는 것으로 극복될 수 있다. 즉 보수와 차별화되는 진보 정체성을 어떻게 구체화할지의 문제다. 따라서 진보 정체성 강화는 위기의 진보 진영이 피할 수 없는 과제다.

진보는 이유 없이 지지하지 않는다 | 보수는 현실에서 출발하고 진보는 발 딛고 있는 바닥이 아니라 앞을 본다. 이에 따라 진보 세력과 보수 세력의 인식의 차이가 생긴다. 현실에서 출발한다는 것은 '이익'에 기반을 둔다는 점을, 이상을 중시한다는 것은 '가치'를 중시한다는 것을 의미한다. 이는 보수 진영의 강력한 결집력을 설명한다.

> 보수는 자신에게 이익이 되면 후보가 부끄러워도 밀어주지만, 진보는 그렇지 않습니다. 진보 진영은 자신의 지지가 스스로에게 떳떳해야 하죠. 이 사람을 지지하는 게 자랑스러운가 아닌가. 정동영의 사례에서 증명됐죠. 스스로에게 떳떳하지 않으면 투표장에 안 가요 (『프레시안』 2011/07/26).

보수가 '지금의 현실'을 정당화하는 정책을 추진하는 경향이 있는 반면, 소수파로서의 진보는 '지금의 현실이 나아진 내일의 모습'을 추상적으로 구성한다. 진보 세력이 꿈꾸는 '내일의 모습'에 대해 지지층마다 해석이 다를 수 있기에 이를 묶어 줄 강력한 이념적 틀(정체성)이 요구된다.

한편 이념적으로 '일관된 보수'나 '일관된 진보'는 소수다. 다수 대중은 자신의 이념 성향을 규정하는 기준이 저마다 다르다.

이를 좀 더 상세히 살펴보자. 이념은 '좋은 사회'란 어떤 사회이며(가치 차원), '좋은 사회'를 누가 이끌어야 하며(세력 차원), '좋은 사회'를 이끌 세력이 추진해야 하는 정책은 무엇인지(정책 차원) 등 다층적으로 구성되어 있다. 물론 이 요소들이 반드시 일치하지는 않는다. 2007년 대선에서 자신을 진보 성향이라고 생각한 유권자의 상당수가 이명박 후보를 진보 후보로 간주하면서 지지를 보냈던 것도 이 틀 안에서 설명될 수 있을 것이다.

특히 세 번째 항목인 '좋은 사회'를 구현할 정책에 대한 입장은 진보와 보수의 차이 못지않게 각 진영 안에서도 차이가 클 수 있다. 보수 성향 유권자들은, 오랜 경험을 통해 보수 세력이 집권했을 때 어떤 정책을 추진할지에 대해 상대적으로 구체적인 상을 갖고 있을 것이다.

반면에 진보 성향 유권자들은 가치와 세력에 대한 입장에서 어느 정도 합의를 도출했더라도 그 세력이 어떤 정책을 추진해야 할지에 대해서는 쉽게 합의하기 어렵다. 진보 세력의 집권 경험이 적기 때문이다.

이렇듯 기대가 다양하고 편차가 크기 때문에, 진보 진영이 추진하는 정책이 자신의 생각과 어긋날 때는 지지를 철회하는 것으로 이어질 가능성도 높다. 진보 진영이 정체성과 노선을 강화해야 하는 것은 이 때문이다.

아울러 정체성과 노선을 실천하는 능력의 문제 또한 중요하다. 정체성만으로는 지지층을 계속 결집시키는 데 한계가 있다. 대선 국면이 지나고 통치 국면이 시작되면 이는 특히 중요해질 문제이기도 하다.

6_ 2012년 대선과 한국 정치

인물 중심주의에서 어젠다와 노선으로 앞서도 언급했듯이 그동안 대선에서는 인물 중심주의적 경향이 두드러진 반면, 어젠다나 노선은 부차적인 변수로 여겨졌다. 2007년 대선도, 경제에 대한 대중의 강렬한 욕구가 이명박이라는 '입지전적 성공을 거둔' 인물에 투영된 선거였다.

'먹고사는 문제'를 다루는 데 진보가 무능하다고 낙인찍히면서 능력의 문제가 다른 모든 요인을 압도한 선거였던 셈이다. 조국 교수가 언급한 대로 "경제문제를 해결하는 데 진보가 보수보다 유능할 것이라는 대중의 생각이 2007년 이명박을 선택한 배경"이었다(조국·오연호 2010). 이렇듯 경제문제를 해결하기를 바라는 대중의 열망이 능력에 대한 관심으로 집중되면서 '노선'의 문제는 배제되었다.

하지만 2012년 대선을 앞두고 과거와는 다른 조짐들이 나타나고 있다. 이는 차기 대통령으로 어떤 리더십을 선호하는지를 묻는 여론조사 결과에서 드러난다. 대중은 과거와 달리 수평적 리더십을 지닌 인물, 큰 혼란을 야기하지 않고 포용적·통합적인

> 2012년 대선에서는 '인물' 요인이 약화될 가능성이 있다. 대신에 정책이나 '노선', 즉 어젠다가 경쟁의 축이 될 수 있다. 이 점에서 2012년 대선은 '노선 경쟁'이 본격화되는 첫 대선이 될 가능성도 적지 않다. 2012년 대선은 '먹고사는' 문제, 즉 경제·사회 분야 어젠다가 중심이 될 것이다. 여기에서 '노선'의 문제란 곧 정치의 역할에 대한 문제이다.

자세로 국정을 이끌 인물, 이념 색채가 약한 합리적·실용적 덕목을 갖춘 인물을 선호하고 있다(정장선 의원실 2011년 6월 24일 조사).

이전까지 대중이 대통령으로 선호한 인물은 강력한 정체성을 지녔거나, 입지전적 '스토리를 지닌' 강력한 카리스마를 체현한 인물이었다. 하지만 2012년 대선에서는 '인물' 요인이 약화될 가능성이 있다. 대신에 정책이나 '노선', 즉 어젠다가 경쟁의 축이 될 수 있다. 이 점에서 2012년 대선은 '노선 경쟁'이 본격화되는 첫 대선이 될 가능성도 적지 않다.

여러 차례 언급했듯이 2012년 대선은 '먹고사는' 문제, 즉 경제·사회 분야 어젠다가 중심이 될 것이다. 그리고 여기에서 '노선'의 문제란 곧 정치의 역할에 대한 문제이다.

이는 시장 참여자들이 벌이는 게임의 규칙을, 정치가 어떻게 개입해서 조정할지를 둘러싼 문제를 의미한다. 규칙을 정하는 것은, 창출된 부와 가치를 사회적 차원에서 분배할 때 적용될 우선순위와 절차를 다루기에, 대중의 삶에 직접적이고 중대한 영향을 미친다.

하지만 진보 정부를 자임한 노무현 대통령은 "권력이 정치권력에서 자본 권력으로, 시장 권력으로 넘어갔다."라고 하면서 스스로 정치적 역할을 놓아 버렸다. 그리고 이명박 대통령은 공공연하게 정치의 역할을 축소하면서 사회 제 분야에서 시장 논리를 우선시했다.

차기 대선은 정치권력이 시장 권력을 제어하고, 오남용된 경제 권력을 법적으로 규제할 방안을 마련하는 데 진보와 보수 진영이 해법을 제시해야 할 선거가 될 것이다.

따라서 문제는 결국 정치인 것이다!

> 차기 대선은 정치권력이 시장 권력을 제어하고, 오남용된 경제 권력을 법적으로 규제할 방안을 마련하는 데 진보와 보수 진영이 해법을 제시해야 할 선거가 될 것이다.

사회와 괴리된 한국 정치 | 양극화가 심화되면서 대중의 관심사가 '먹고사는' 문제로 집중되자, 경제문제가 정치 문제화되고 있다. 즉 경제 분야에서 발생한 '계층 갈등'이 정치 분야의 기존 갈등을 대체하고 있다.

그러나 정치체제는 변화된 대중의 요구를 제대로 따라잡지 못하고 있다. 최장집 교수가 언급했듯이 한국 정치의 특징은 사회와 괴리되어 있다는 데 있다(최장집 2006). 위로부터 권력이 창출되었기에 하부 기반이 부재하다. 그 결과 정치적 대표 체제 내부에서의 갈등은 사회적 갈등의 내용과 다르다.

정치체제가 사회적 갈등을 제대로 반영하지 못하고 정치 이슈의 일부로 갈등이 협소해지면서 정당 간 경쟁은 더 치열해진다. 서로의 차이와 선명성을 내세우기 위한 공격적 수사만이 무성할 뿐, 실제 대안에서는 거의 차이가 없다.

2012년 대선은 대중적 차원에서 본격화된 경제·사회 분야의 갈등을 정치가 대표할 수 있느냐를 보여 주는 중대한 선거다. 만일 정치가 이 같은 갈등을 외면한다면 정치와 대중 간 괴리는 더욱 확대되는 한편, 정치의 역할은 점점 축소될 수밖에 없다.

일단 정치권이 사회경제적 어젠다에 적극적으로 대응하고 진보·보수 진영이 각각의 대안을 제시하고자 하는 움직임이 나타나고 있다. 특히 진보 진영은 민주 정부 10년을 거치며 경제·사회 분야의 문제를 해결하는 데 무능하다는 낙인을 극복하는 것이 시급하다. 이를 위해 단편적인 복지 이슈를 넘어 복지에 대한 전체적인 비전, 더 나아가 재분배를 포함한 사회경제적 대안을 제시할 수 있는지가 중요하다.

사실 표면적으로 드러나는 대중의 관심과 열망은 변화무쌍하다. 2007년 대선과 2008년 총선에서는 '욕망의 정치'로 표현되듯이 성장과 성공을 바라는 대중의 욕구가 정점에 이르렀다. 그리고 2012년 차기 대선과 총선을 앞두고는 분배와 복지에 대한 관심, 즉 '가치의 정치'가 중요해지고 있다.

'욕망'과 '가치'는 '먹고사는' 문제에 대한 대중의 관심의 다른 표현이다. 이와 같은 대중의 관심과 요구를 개인의 욕망이라는 차원으로 '사사화'하는 것을 막고 공적인 영역에서 다루는 것이 진보의 과제이자 정치의 역할이다.

> 정치가 대중 개인의 삶에 대한 욕구에 대해 해답을 주지 못한 상황에서 욕망의 정치로 비판하는 것은 정치인의 직무유기다. 보수의 위기는 '욕망'의 수준으로만 제한하고 사사화하면서 이 속에서 정치적 이득을 취하려고 한 '불순함'에 있다. 반면에 진보의 위기는 그 욕망조차 대중의 일부이고 정치가 해결해야 할 과제임을 직시하지 못한 '나태함'에 있다.

정치가 대중 개인의 삶에 대한 욕구에 대해 해답을 주지 못한 상황에서 욕망의 정치로 비판하는 것은 정치인의 직무유기다. 보수의 위기는 '욕망'의 수준으로만 제한하고 사사화하면서 이 속에서 정치적 이득을 취하려고 한 '불순함'에 있다. 반면에 진보의 위기는 그 욕망조차 대중의 일부이고 정치가 해결해야 할 과제임을 직시하지 못한 '나태함'에 있다.

진정한 통합의 정치가 필요하다 ｜ 노무현 정부를 포함한 민주 정부 10년의 가장 큰 문제는 선거에서의 공약과 달리 당선되고 난 후에는 지지층의 이해관계를 벗어난 정책을 추진했다는 점이다.

이로 인해 열망과 실망의 불행한 사이클이 반복되었다. 선거에서는 지지층을 대표하는 부분의 대표자로 충분했지만 집권 후에는 전체를 대표하는 역할이 요구된다. 문제는 이 과정에서 한 정당의 지도자라는 사실을 외면하고 갈등을 회피하려는 경향이 나타난다는 것이다. 하지만 "대통령이 전체의 이익을 대표하는 태도를 취할 경우 결과적으로 기득 이익과 타협하게 된다."

진보층의 기대와 지지로 당선된 대통령이 취임한 이후에 국민 전체의 대표자라는 위상을 강조하는 것은, 통합을 강조하는 지배 담론의 영향력도 크다. 통합을 강조하는 담론은 갈등이나 분열을 부정적인 것으로 전제한다. 갈등이나 균열은 곧 사회 분열로 간주된다.

하지만 사회는 균열과 갈등으로 구성되어 있다. 또한 정치가 통합을 강조할수록 한국 사회의 균열은 더 깊어졌고 갈등은 더 많아졌다.

> 대통령이 전체의 이익을 대표하는 태도를 취할 경우 결과적으로 기득 이익과 타협하게 된다. 진보층의 기대와 지지로 당선된 대통령이 취임한 이후에 국민 전체의 대표자라는 위상을 강조하는 것은, 통합을 강조하는 지배 담론의 영향력도 크다. 하지만 사회는 균열과 갈등으로 구성되어 있다. 또한 정치가 통합을 강조할수록 한국 사회의 균열은 더 깊어졌고 갈등은 더 많아졌다.

정치의 최종 목표가 사회 통합일 수는 있지만 그것이 시작은 아니다. 통합이 정치의 시작이 되는 경우 차이, 갈등, 소외, 균열은 억압되고 이들이 표출되거나 대별될 수 있는 사회적 기반은 약화될 것이다(최장집 2006).

진정한 통합을 바란다면 갈등을 직시해야 한다. 또한 지지층의 이해관계와 요구에 적극적으로 대응하는 행위가, 국민 전체를 대표하라는 명분에 의해 훼손되어서는 안 된다.

참고문헌

강준만. 2011. 『강남 좌파 : 민주화 이후의 엘리트주의』. 인물과사상사.
경향신문특별취재팀 엮음. 2007. 『민주화 20년의 열망과 절망 : 진보·개혁의 위기를 말하다』. 후마니타스.
김헌태. 2009. 『분노한 대중의 사회 : 대중 여론으로 읽는 한국 정치』. 후마니타스.
노무현. 2009. 『진보의 미래 : 다음 세대를 위한 민주주의 교과서』. 동녘.
노무현재단 엮음. 2010. 『운명이다 : 노무현 자서전』. 유시민 정리. 돌베개.
라이트, 폴 C. 2008. 『대통령학 : 국정 어젠다, 성공에서 실패까지』. 차재훈 옮김. 한울아카데미.
마키아벨리, 니콜로. 2008. 『군주론』 제3판 개역본. 강정인·김경희 옮김. 까치.
문재인. 2011. 『문재인의 운명』. 가교.
샤츠슈나이더, E. E. 2008. 『절반의 인민주권』. 박수형·현재호 옮김. 후마니타스.
오연호. 2009. 『노무현, 마지막 인터뷰』. 오마이뉴스.
이창곤 엮음. 2010a. 『진보와 보수 미래를 논하다 : 대한민국 국가 비전 논쟁』. 밈.
____. 2010b. 『어떤 복지국가에서 살고 싶은가 : 대한민국 복지국가 논쟁』. 신광영 감수. 밈.
조국·오연호. 2010. 『진보 집권 플랜 : 오연호가 묻고 조국이 답하다』. 오마이북.
최장집. 2006. 『민주주의의 민주화 : 한국 민주주의의 변형과 헤게모니』. 후마니타스.
____. 2010. 『민주화 이후의 민주주의 : 한국 민주주의의 보수적 기원과 위기』 개정2판. 후마니타스.

『국민일보』. 2011/07/21. "정치권, 잦아진 재벌 때리기 왜? … 상대적 박탈감 '서민 표심' 끌어안기".
『내일신문』. 2011/05/09. "손학규의 길 : 중도확대냐, 진보강화냐"(민주당 당직자와 선거 전문가의 견해).

_____. 2011/06/10. "'실패한 정권' 낙인 … 지지층 '흔들'".
『동아일보』. 2011/06/23. "[한나라 당권후보 정책 분석] 성장 → 성장 + 복지 … 여 당권후보 7인 좌클릭".
『연합뉴스』. 2006/08/24. "김의장 "민주세력 먹고사는 문제엔 무능했다"".
『오마이뉴스』. 2005/08/22. "젖 달라는데 책 읽어주는 대통령 : [김헌태의 여론 뒤집어보기] 국민에게서 너무 멀리 떨어지다".
『조선일보』. 2011/08/05. "[자본주의 4.0] 대기업만으론 중산층 못키워 … 强소기업 1000개 만들자".
『프레시안』. 2007/03/27. "김근태 "한미FTA 결과는 재앙" … 시한부 단식".
_____. 2011/07/26. "문재인, '젠틀'인가 '물렁'인가? … 그럼 김두관은?"(김어준).
『한겨레』. 2006/11/22. "[성한용 칼럼] 노무현은 실패해야 하는가".
_____. 2011/06/20. "무상급식 지점서 3명은 '왼쪽 깜박이'".

한국사회여론연구소 조사

2003년 10월 20일	2004년 2월 2일	2004년 5월 10일
2004년 6월 10일	2004년 7월 1일	2004년 8월 31일
2005년 4월 26일	2005년 7월 12일	2005년 8월 30일
2005년 10월 13일	2005년 12월 13일	2006년 11월 28일
2007년 1월 23일	2007년 10월 4일	2007년 11월 13일
2008년 1월 31일	2008년 4월 28일	2008년 5월 15일
2008년 6월 13일	2008년 9월 22일	2009년 2월 3일
2009년 3월 26일	2009년 5월 28일	2009년 6월 22일
2010년 2월 23일	2010년 9월 29일	2010년 10월 23일

정장선 의원실 조사 2011년 6월 24일
조선일보-TNS 조사 2009년 2월 23일

표·그림 차례

표 차례

2-1 | 어젠다 추출 과정 ·········· 37
2-2 | 노무현 대통령 시기 어젠다 유형화 결과 ·········· 38
2-3 | 이명박 대통령 시기 임기 초반 어젠다 유형화 결과 ·········· 39
2-4 | 노무현 대통령 시기 임기 구분 ·········· 40
3-1 | 노무현 대통령 시기별 대통령 지지율, 정당 지지율, 전망적 경제 인식 ·········· 48
3-2 | 노무현 대통령의 주요 어젠다 및 유형화 1 (정치·행정 분야 9개 항목) ·········· 55
3-3 | 노무현 대통령의 주요 어젠다 및 유형화 2 (경제·사회 분야 12개 항목) ·········· 59
3-4 | 노무현 대통령의 주요 어젠다 및 유형화 3 (외교·통일·국방 분야 6개 항목) ·········· 64
4-1 | 노무현 대통령 시기 임기 전체 분야별 어젠다의 빈도 및 지지율 ·········· 79
4-2 | 노무현 대통령 시기 임기 초반 분야별 어젠다의 빈도 및 지지율 ·········· 80
4-3 | 노무현 대통령 시기 임기 중반 분야별 어젠다의 빈도 및 지지율 ·········· 82
4-4 | 노무현 대통령 시기 임기 후반 분야별 어젠다의 빈도 및 지지율 ·········· 84
4-5 | 노무현 대통령 시기 임기 전체 동원형/반응형 어젠다의 빈도 및 지지율 ·········· 86
4-6 | 지지 정당별 이라크 파병 어젠다 찬성 평균 지지율 ·········· 87
4-7 | 노무현 대통령 시기 임기 초반 동원형/반응형 어젠다의 빈도 및 지지율 ·········· 89
4-8 | 노무현 대통령 시기 임기 중반 동원형/반응형 어젠다의 빈도 및 지지율 ·········· 94
4-9 | 노무현 대통령 시기 임기 후반 동원형/반응형 어젠다의 빈도 및 지지율 ·········· 97
4-10 | 노무현 대통령 시기 임기 전체 갈등형/타협형 어젠다의 빈도 및 지지율 ·········· 101
4-11 | 노무현 대통령 시기 임기 초반 갈등형/타협형 어젠다의 빈도 및 지지율 ·········· 103
4-12 | 노무현 대통령 시기 임기 중반 갈등형/타협형 어젠다의 빈도 및 지지율 ·········· 108
4-13 | 노무현 대통령 시기 임기 후반 갈등형/타협형 어젠다의 빈도 및 지지율 ·········· 110
5-1 | 분야별 어젠다가 노무현 대통령 지지에 미치는 영향력 ·········· 113
5-2 | 임기 전체 정치·행정 분야의 어젠다와 노무현 대통령 지지 ·········· 116
5-3 | 임기 전체 경제·사회 분야의 어젠다와 노무현 대통령 지지 ·········· 116
5-4 | 임기 초반 정치·행정 분야의 어젠다와 노무현 대통령 지지 ·········· 120

5-5 | 임기 초반 경제·사회 분야의 어젠다와 노무현 대통령 지지 ·············· 120
5-6 | 임기 중반 정치·행정 분야의 어젠다와 노무현 대통령 지지 ·············· 123
5-7 | 임기 중반 경제·사회 분야의 어젠다와 노무현 대통령 지지 ·············· 123
5-8 | 임기 후반 경제·사회 분야의 어젠다와 노무현 대통령 지지 ·············· 124
5-9 | 동원형/반응형 어젠다가 노무현 대통령 지지에 미치는 영향력 ·········· 126
5-10 | 임기 전체 동원형 어젠다와 노무현 대통령 지지 ························ 127
5-11 | 임기 전체 반응형 어젠다와 노무현 대통령 지지 ························ 127
5-12 | 임기 초반 동원형 어젠다와 노무현 대통령 지지 ························ 129
5-13 | 임기 초반 반응형 어젠다와 노무현 대통령 지지 ························ 129
5-14 | 임기 중반 동원형 어젠다와 노무현 대통령 지지 ························ 132
5-15 | 임기 중반 반응형 어젠다와 노무현 대통령 지지 ························ 132
5-16 | 임기 후반 동원형 어젠다와 노무현 대통령 지지 ························ 134
5-17 | 임기 후반 반응형 어젠다와 노무현 대통령 지지 ························ 134
5-18 | 갈등형/타협형 어젠다가 노무현 대통령 지지에 미치는 영향력 ·········· 137
5-19 | 임기 전체 갈등형 어젠다와 노무현 대통령 지지 ························ 138
5-20 | 임기 전체 타협형 어젠다와 노무현 대통령 지지 ························ 138
5-21 | 노무현 대통령 시기 지지 정당별 갈등형/타협형 어젠다 찬성률 ·········· 140
5-22 | 임기 전체 정치·행정 분야의 갈등형 어젠다와 노무현 대통령 지지 ······ 143
5-23 | 임기 전체 정치·행정 분야의 타협형 어젠다와 노무현 대통령 지지 ······ 145
5-24 | 임기 전체 경제·사회 분야의 갈등형 어젠다와 노무현 대통령 지지 ······ 144
5-25 | 임기 전체 경제·사회 분야의 타협형 어젠다와 노무현 대통령 지지 ······ 144
5-26 | 임기 초반 정치·행정 분야의 갈등형 어젠다와 노무현 대통령 지지 ······ 146
5-27 | 임기 초반 정치·행정 분야의 타협형 어젠다와 노무현 대통령 지지 ······ 146
5-28 | 임기 초반 경제·사회 분야의 갈등형 어젠다와 노무현 대통령 지지 ······ 147
5-29 | 임기 초반 경제·사회 분야의 타협형 어젠다와 노무현 대통령 지지 ······ 147
5-30 | 임기 중반 경제·사회 분야의 갈등형 어젠다와 노무현 대통령 지지 ······ 149
5-31 | 임기 중반 경제·사회 분야의 타협형 어젠다와 노무현 대통령 지지 ······ 149
5-32 | 임기 후반 경제·사회 분야의 갈등형 어젠다와 노무현 대통령 지지 ······ 151
5-33 | 임기 후반 경제·사회 분야의 타협형 어젠다와 노무현 대통령 지지 ······ 151
6-1 | 이명박 대통령 시기 임기 초반 대통령 지지율, 정당 지지율, 전망적 경제 인식 ··· 156

6-2 | 이명박 대통령의 주요 어젠다 및 유형화 1 (정치·행정 분야 4개 항목) ·········· 160
6-3 | 이명박 대통령의 주요 어젠다 및 유형화 2 (경제·사회 분야 9개 항목) ·········· 162
6-4 | 이명박 대통령의 주요 어젠다 및 유형화 3 (외교·통일·국방 분야 2개 항목) ·········· 165
7-1 | 이명박 대통령 시기 임기 초반 분야별 어젠다의 빈도 및 지지율 ·········· 172
7-2 | 이명박 대통령 시기 임기 초반 동원형/반응형 어젠다의 빈도 및 지지율 ·········· 173
7-3 | 이명박 대통령 시기 임기 초반 갈등형/타협형 어젠다의 빈도 및 지지율 ·········· 176
8-1 | 분야별 어젠다가 이명박 대통령 지지에 미치는 영향력 ·········· 180
8-2 | 임기 초반 정치·행정 분야의 어젠다와 이명박 대통령 지지 ·········· 182
8-3 | 임기 초반 경제·사회 분야의 어젠다와 이명박 대통령 지지 ·········· 182
8-4 | 동원형/반응형 어젠다가 이명박 대통령 지지에 미치는 영향력 ·········· 184
8-5 | 임기 초반 동원형 어젠다와 이명박 대통령 지지 ·········· 185
8-6 | 임기 초반 반응형 어젠다와 이명박 대통령 지지 ·········· 185
8-7 | 갈등형/타협형 어젠다가 이명박 대통령 지지에 미치는 영향력 ·········· 187
8-8 | 임기 초반 갈등형 어젠다와 이명박 대통령 지지 ·········· 188
8-9 | 임기 초반 타협형 어젠다와 이명박 대통령 지지 ·········· 188
8-10 | 이명박 대통령 시기 임기 초반 지지 정당별 갈등형/타협형 어젠다 찬성률 ·········· 189
8-11 | 임기 초반 경제·사회 분야의 갈등형 어젠다와 이명박 대통령 지지 ·········· 190
8-12 | 임기 초반 경제·사회 분야의 타협형 어젠다와 이명박 대통령 지지 ·········· 190

그림 차례

3-1 | 노무현 대통령 지지율 추이 (2003년 5월~2007년 12월) ·········· 51
3-2 | 한미 FTA에 대한 여론 추이 ·········· 75
5-1 | 어젠다와 대통령 지지 ·········· 117
6-1 | 이명박 대통령 임기 초반 지지율 추이 (2008년 3월~2009년 10월) ·········· 157

회귀분석표

표 5-1 | 분야별 어젠다가 노무현 대통령 지지에 미치는 영향력

	정치·행정 분야			경제·사회 분야		
	B	S.E.	Exp(B)	B	S.E.	Exp(B)
어젠다	.831***	.047	2.296	.545***	.037	1.724
한나라당 지지	-2.160***	.058	.115	-2.037***	.048	.130
민주노동당 지지	-1.047***	.061	.351	-.739***	.056	.478
무당파	-1.596***	.055	.203	-1.373***	.045	.253
호남	.022	.053	1.023	.180***	.054	1.197
영남	.029	.035	1.030	.269***	.041	1.309
성	-.180***	.039	.835	.009	.035	1.009
연령	-.166***	.022	.847	-.279***	.019	.756
학력	-.107***	.035	.899	-.158***	.031	.854
소득	-.159***	.029	.853	-.173***	.024	.841
상수	1.039	.145	2.828	1.189	.125	3.284
R제곱	0.270			0.225		
적중률	74.4			73.9		
N	14023			19286		

주: *는 95퍼센트 수준에서 **는 99퍼센트 수준에서 ***는 99.9퍼센트 수준에서 유의하다는 의미다.
B, S.E., Exp(B)는 각각 회귀계수, 표준편차, 기댓값을 가리킨다.

표 5-9 | 동원형/반응형 어젠다가 노무현 대통령 지지에 미치는 영향력

	동원형			반응형		
	B	S.E.	Exp(B)	B	S.E.	Exp(B)
어젠다	.785***	.039	2.193	.571***	.042	1.770
한나라당 지지	-2.168***	.051	.114	-2.032***	.052	.131
민주노동당 지지	-1.014***	.058	.363	-.788***	.059	.455
무당파	-1.498***	.048	.224	-1.418***	.049	.242
호남	.024	.048	1.024	.231***	.058	1.260
영남	.048	.032	1.049	.276***	.044	1.318

	B	S.E.	Exp(B)	B	S.E.	Exp(B)
성	-.154***	.036	.857	.027	.038	1.028
연령	-.206***	.020	.814	-.252***	.020	.777
학력	-.104***	.032	.902	-.151***	.033	.860
소득	-.164***	.026	.849	-.195***	.026	.823
상수	1.029	.130	2.799	1.151	.134	3.161
R제곱	0.258			0.232		
적중률	75.8			73.1		
N	18004			16217		

표 5-18 | 갈등형/타협형 어젠다가 노무현 대통령 지지에 미치는 영향력

	갈등형			타협형		
	B	S.E.	Exp(B)	B	S.E.	Exp(B)
어젠다	.887***	.043	2.427	.506***	.038	1.659
한나라당 지지	-2.056***	.051	.128	-2.059***	.050	.128
민주노동당 지지	-.965***	.056	.381	-.886***	.060	.412
무당파	-1.549***	.048	.212	-1.372***	.048	.254
호남	-.030	.048	.970	.235***	.057	1.265
영남	.016	.032	1.016	.324***	.043	1.382
성	-.076*	.035	.927	-.057	.037	.944
연령	-.192***	.020	.826	-.256***	.020	.774
학력	-.102***	.032	.903	-.142***	.033	.867
소득	-.170***	.026	.843	-.173***	.026	.841
상수	.972	.130	2.644	1.130	.132	3.096
R제곱	0.258			0.223		
적중률	74.1			74.8		
N	17246			17940		

표 8-1 | 분야별 어젠다가 이명박 대통령 지지에 미치는 영향력

	정치·행정 분야			경제·사회 분야		
	B	S.E.	Exp(B)	B	S.E.	Exp(B)
어젠다	.932***	.078	2.541	1.398***	.069	4.045
민주당 지지	-1.651***	.122	.192	-1.306***	.097	.271

	B	S.E.	Exp(B)	B	S.E.	Exp(B)
자유선진당 지지	-.903***	.255	.405	-.731***	.173	.481
무당파	-1.233***	.083	.291	-1.013***	.065	.363
호남	-.608***	.155	.544	-.297**	.106	.743
영남	.166*	.085	1.181	.054	.067	1.055
성	-.122	.076	.885	-.007	.059	.993
연령	.339***	.040	1.404	.187***	.031	1.206
학력	-.028	.067	.972	-.051	.052	.950
소득	-.067	.056	.936	-.062	.044	.940
상수	-.992	.276	.371	-.478	.215	.620
R제곱	0.253			0.244		
적중률	75.2			70.3		
N	4090			5988		

표 8-4 | 동원형/반응형 어젠다가 이명박 대통령 지지에 미치는 영향력

	동원형			반응형		
	B	S.E.	Exp(B)	B	S.E.	Exp(B)
어젠다	1.314***	.064	3.722	.768***	.071	2.155
민주당 지지	-1.423***	.094	.241	-1.622***	.111	.198
자유선진당 지지	-.765***	.177	.465	-.925***	.217	.397
무당파	-1.091***	.063	.336	-1.202***	.076	.301
호남	-.328**	.107	.720	-.375**	.129	.687
영남	.047	.066	1.048	.208**	.078	1.231
성	-.019	.058	.981	-.054	.069	.948
연령	.197***	.031	1.218	.284***	.037	1.328
학력	-.075	.051	.928	-.036	.061	.965
소득	-.025	.043	.975	-.138**	.052	.871
상수	-.444	.209	.641	-.443	.254	.642
R제곱	0.253			0.238		
적중률	70.9			71.3		
N	6325			4374		

표 8-7 | 갈등형/타협형 어젠다가 이명박 대통령 지지에 미치는 영향력

	갈등형			타협형		
	B	S.E.	Exp(B)	B	S.E.	Exp(B)
어젠다	.979***	.054	2.662	1.376***	.098	3.960
민주당 지지	-1.521***	.084	.218	-1.315***	.146	.269
자유선진당 지지	-.763***	.156	.466	-.948***	.272	.387
무당파	-1.088***	.058	.337	-1.082***	.095	.339
호남	-.376***	.096	.687	-.245	.157	.782
영남	.050	.059	1.051	.245*	.099	1.278
성	-.020	.052	.980	-.105	.087	.901
연령	.220***	.028	1.246	.193***	.046	1.212
학력	-.069	.046	.933	-.089	.077	.915
소득	-.059	.039	.943	-.113	.065	.893
상수	-.405	.189	.667	-.213	.316	.808
R제곱	0.225			0.263		
적중률	70.4			71.0		
N	7589			2970